"十三五"国家重点图书出版规划项目

智能制造系列丛书

数据驱动与企业管理

祁大伟 宋立丰 著

DATA-DRIVEN AND
ENTERPRISE MANAGEMENT

北京

本书封面贴有清华大学出版社防伪标签,无标签者不得销售。
版权所有,侵权必究。举报: 010-62782989, beiqinquan@tup.tsinghua.edu.cn。

图书在版编目(CIP)数据

数据驱动与企业管理/祁大伟,宋立丰著. —北京: 清华大学出版社,2022.3(2023.11重印)
(智能制造系列丛书)
ISBN 978-7-302-59540-3

Ⅰ. ①数… Ⅱ. ①祁… ②宋… Ⅲ. ①数字技术－应用－企业管理 Ⅳ. ①F272.7

中国版本图书馆 CIP 数据核字(2021)第 229973 号

责任编辑:	左玉冰
封面设计:	李召霞
责任校对:	欧　洋
责任印制:	丛怀宇

出版发行:	清华大学出版社		
	网　　址:	https://www.tup.com.cn, https://www.wqxuetang.com	
	地　　址:	北京清华大学学研大厦 A 座	邮　编: 100084
	社 总 机:	010-83470000	邮　购: 010-62786544
	投稿与读者服务:	010-62776969, c-service@tup.tsinghua.edu.cn	
	质量反馈:	010-62772015, zhiliang@tup.tsinghua.edu.cn	
印 装 者:	涿州市般润文化传播有限公司		
经　　销:	全国新华书店		
开　　本:	170mm×240mm	印　张: 12.5	字　数: 249 千字
版　　次:	2022 年 3 月第 1 版		印　次: 2023 年 11 月第 4 次印刷
定　　价:	49.00 元		

产品编号: 091477-01

智能制造系列丛书编委会名单

主　任：
　　周　济

副主任：
　　谭建荣　李培根

委　员（按姓氏笔画排序）：
　　王　雪　　王飞跃　　王立平　　王建民
　　尤　政　　尹周平　　田　锋　　史玉升
　　冯毅雄　　朱海平　　庄红权　　刘　宏
　　刘志峰　　刘洪伟　　齐二石　　江平宇
　　江志斌　　李　晖　　李伯虎　　李德群
　　宋天虎　　张　洁　　张代理　　张秋玲
　　张彦敏　　陆大明　　陈立平　　陈吉红
　　陈超志　　邵新宇　　周华民　　周彦东
　　郑　力　　宗俊峰　　赵　波　　赵　罡
　　钟诗胜　　袁　勇　　高　亮　　郭　楠
　　陶　飞　　霍艳芳　　戴　红

丛书编委会办公室

主　任：
　　陈超志　张秋玲

成　员：
　　郭英玲　　冯　昕　　罗丹青　　赵范心
　　权淑静　　袁　琦　　许　龙　　钟永刚
　　刘　杨

Foreword 丛书序 1

制造业是国民经济的主体,是立国之本、兴国之器、强国之基。习近平总书记在党的十九大报告中号召:"加快建设制造强国,加快发展先进制造业。"他指出:"要以智能制造为主攻方向推动产业技术变革和优化升级,推动制造业产业模式和企业形态根本性转变,以'鼎新'带动'革故',以增量带动存量,促进我国产业迈向全球价值链中高端。"

智能制造——制造业数字化、网络化、智能化,是我国制造业创新发展的主要抓手,是我国制造业转型升级的主要路径,是加快建设制造强国的主攻方向。

当前,新一轮工业革命方兴未艾,其根本动力在于新一轮科技革命。21世纪以来,互联网、云计算、大数据等新一代信息技术飞速发展。这些历史性的技术进步,集中汇聚在新一代人工智能技术的战略性突破,新一代人工智能已经成为新一轮科技革命的核心技术。

新一代人工智能技术与先进制造技术的深度融合,形成了新一代智能制造技术,成为新一轮工业革命的核心驱动力。新一代智能制造的突破和广泛应用将重塑制造业的技术体系、生产模式、产业形态,实现第四次工业革命。

新一轮科技革命和产业变革与我国加快转变经济发展方式形成历史性交汇,智能制造是一个关键的交汇点。中国制造业要抓住这个历史机遇,创新引领高质量发展,实现向世界产业链中高端的跨越发展。

智能制造是一个"大系统",贯穿于产品、制造、服务全生命周期的各个环节,由智能产品、智能生产及智能服务三大功能系统以及工业智联网和智能制造云两大支撑系统集合而成。其中,智能产品是主体,智能生产是主线,以智能服务为中心的产业模式变革是主题,工业智联网和智能制造云是支撑,系统集成将智能制造各功能系统和支撑系统集成为新一代智能制造系统。

智能制造是一个"大概念",是信息技术与制造技术的深度融合。从20世纪中叶到90年代中期,以计算、感知、通信和控制为主要特征的信息化催生了数字化制造;从90年代中期开始,以互联网为主要特征的信息化催生了"互联网+制造";当前,以新一代人工智能为主要特征的信息化开创了新一代智能制造的新阶段。

这就形成了智能制造的三种基本范式，即：数字化制造(digital manufacturing)——第一代智能制造；数字化网络化制造(smart manufacturing)——"互联网＋制造"或第二代智能制造，本质上是"互联网＋数字化制造"；数字化网络化智能化制造(intelligent manufacturing)——新一代智能制造，本质上是"智能＋互联网＋数字化制造"。这三个基本范式次第展开又相互交织，体现了智能制造的"大概念"特征。

对中国而言，不必走西方发达国家顺序发展的老路，应发挥后发优势，采取三个基本范式"并行推进、融合发展"的技术路线。一方面，我们必须实事求是，因企制宜、循序渐进地推进企业的技术改造、智能升级，我国制造企业特别是广大中小企业还远远没有实现"数字化制造"，必须扎扎实实完成数字化"补课"，打好数字化基础；另一方面，我们必须坚持"创新引领"，可直接利用互联网、大数据、人工智能等先进技术，"以高打低"，走出一条并行推进智能制造的新路。企业是推进智能制造的主体，每个企业要根据自身实际，总体规划、分步实施、重点突破、全面推进，产学研协调创新，实现企业的技术改造、智能升级。

未来20年，我国智能制造的发展总体将分成两个阶段。第一阶段：到2025年，"互联网＋制造"——数字化网络化制造在全国得到大规模推广应用；同时，新一代智能制造试点示范取得显著成果。第二阶段：到2035年，新一代智能制造在全国制造业实现大规模推广应用，实现中国制造业的智能升级。

推进智能制造，最根本的要靠"人"，动员千军万马、组织精兵强将，必须以人为本。智能制造技术的教育和培训，已经成为推进智能制造的当务之急，也是实现智能制造的最重要的保证。

为推动我国智能制造人才培养，中国机械工程学会和清华大学出版社组织国内知名专家，经过三年的扎实工作，编著了"智能制造系列丛书"。这套丛书是编著者多年研究成果与工作经验的总结，具有很高的学术前瞻性与工程实践性。丛书主要面向从事智能制造的工程技术人员，亦可作为研究生或本科生的教材。

在智能制造急需人才的关键时刻，及时出版这样一套丛书具有重要意义，为推动我国智能制造发展作出了突出贡献。我们衷心感谢各位作者付出的心血和劳动，感谢编委会全体同志的不懈努力，感谢中国机械工程学会与清华大学出版社的精心策划和鼎力投入。

衷心希望这套丛书在工程实践中不断进步、更精更好，衷心希望广大读者喜欢这套丛书、支持这套丛书。

让我们大家共同努力，为实现建设制造强国的中国梦而奋斗。

周济

2019年3月

Foreword 丛书序 2

技术进展之快,市场竞争之烈,大国较劲之剧,在今天这个时代体现得淋漓尽致。

世界各国都在积极采取行动,美国的"先进制造伙伴计划"、德国的"工业 4.0 战略计划"、英国的"工业 2050 战略"、法国的"新工业法国计划"、日本的"超智能社会 5.0 战略"、韩国的"制造业创新 3.0 计划",都将发展智能制造作为本国构建制造业竞争优势的关键举措。

中国自然不能成为这个时代的旁观者,我们无意较劲,只想通过合作竞争实现国家崛起。大国崛起离不开制造业的强大,所以中国希望建成制造强国,以制造而强国,实乃情理之中。制造强国战略之主攻方向和关键举措是智能制造,这一点已经成为中国政府、工业界和学术界的共识。

制造企业普遍需要提高质量、增加效率、降低成本,同时还需要不断敏捷地适应广大用户不断增长的个性化消费需求,以及应对进一步加大的资源、能源和环境等方面的约束与挑战。然而,现有制造体系和制造水平已经难以满足高端化、个性化、智能化产品与服务的需求,制造业进一步发展所面临的瓶颈和困难迫切需要制造业的技术创新和智能升级。

作为先进信息技术与先进制造技术的深度融合,智能制造的理念和技术贯穿于产品设计、制造、服务等全生命周期的各个环节及相应系统,旨在不断提升企业的产品质量、效益、服务水平,减少资源消耗,推动制造业创新、绿色、协调、开放、共享发展。总之,面临新一轮工业革命,中国要以信息技术与制造业深度融合为主线,以智能制造为主攻方向,推进制造业的高质量发展。

尽管智能制造的大潮在中国滚滚而来,尽管政府、工业界和学术界都认识到智能制造的重要性,但是不得不承认,关注智能制造的大多数人(本人自然也在其中)对智能制造的认识还是片面的、肤浅的。政府勾画的蓝图虽气势磅礴、宏伟壮观,但仍有很多实施者感到无从下手;学者们高谈阔论的宏观理念或基本概念虽至关重要,但如何见诸实践,许多人依然不得要领;企业的实践者们侃侃而谈的多是当年制造业信息化时代的陈年酒酿,尽管依旧散发清香,却还是少了一点智能制造的气息。有些人看到"百万工业企业上云，实施百万工业APP培育工程"时劲头十足，可真准备大干一场的时候，又仿佛云里雾里。常常听学者们言，CPS（cyber-physical systems，信息-物理系统）是工业4.0和智能制造的核心要素，CPS万不能离开数字孪生体（digital twin）。可数字孪生体到底如何构建？学者也好，工程师也好，少有人能够清晰道来。又如，大数据之重要性日渐为人们所知，可有了数据后，又如何分析？如何从中提炼知识？企业人士鲜有知其个中究竟的。至于关键词"智能"，什么样的制造真正是"智能"制造？未来制造将"智能"到何种程度？解读纷纷，莫衷一是。我的一位老师，也是真正的智者，他说："智能制造有几分能说清楚？还有几分是糊里又糊涂。"

所以，今天中国散见的学者高论和专家见解还远不能满足智能制造相关的研究者和实践者们之所需。人们既需要微观的深刻认识，也需要宏观的系统把握；既需要实实在在的智能传感器、控制器，也需要看起来虚无缥缈的"云"；既需要对理念和本质的体悟，也需要对可操作性的明晰；既需要互联的快捷，也需要互联的标准；既需要数据的通达，也需要数据的安全；既需要对未来的前瞻和追求，也需要对当下的实事求是，如此等等。满足多方位的需求，从多视角看智能制造，正是这套丛书的初衷。

为助力中国制造业高质量发展，推动我国走向新一代智能制造，中国机械工程学会和清华大学出版社组织国内知名的院士和专家编写了"智能制造系列丛书"。本丛书以智能制造为主线，考虑智能制造"新四基"[即"一硬"（自动控制和感知硬件）、"一软"（工业核心软件）、"一网"（工业互联网）、"一台"（工业云和智能服务平台）]的要求，由30个分册组成。除《智能制造：技术前沿与探索应用》《智能制造标准化》《智能制造实践》3个分册外，其余包含了以下五大板块：智能制造模式、智能设计、智能传感与装备、智能制造使能技术以及智能制造管理技术。

本丛书编写者包括高校、工业界拔尖的带头人和奋战在一线的科研人员，有着丰富的智能制造相关技术的科研和实践经验。虽然每一位作者未必对智能制造有全面认识，但这个作者群体的知识对于试图全面认识智能制造或深刻理解某方面技术的人而言，无疑能有莫大的帮助。丛书面向从事智能制造工作的工程师、科研人员、教师和研究生，兼顾学术前瞻性和对企业的指导意义，既有对理论和方法的描述，也有实际应用案例。编写者经过反复研讨、修订和论证，终于完成了本丛书的编写工作。必须指出，这套丛书肯定不是完美的，或许完美本身就不存在，更何况智能制造大潮中学界和业界的急迫需求也不能等待对完美的寻求。当然，这也不能成为掩盖丛书存在缺陷的理由。我们深知，疏漏和错误在所难免，在这里也希望同行专家和读者对本丛书批评指正，不吝赐教。

在"智能制造系列丛书"编写的基础上，我们还开发了智能制造资源库及知识服务平台，该平台以用户需求为中心，以专业知识内容和互联网信息搜索查询为基础，为用户提供有用的信息和知识，打造智能制造领域"共创、共享、共赢"的学术生态圈和教育教学系统。

  我非常荣幸为本丛书写序,更乐意向全国广大读者推荐这套丛书。相信这套丛书的出版能够促进中国制造业高质量发展,对中国的制造强国战略能有特别的意义。丛书编写过程中,我有幸认识了很多朋友,向他们学到很多东西,在此向他们表示衷心感谢。

  需要特别指出,智能制造技术是不断发展的。因此,"智能制造系列丛书"今后还需要不断更新。衷心希望,此丛书的作者们及其他的智能制造研究者和实践者们贡献他们的才智,不断丰富这套丛书的内容,使其始终贴近智能制造实践的需求,始终跟随智能制造的发展趋势。

2019 年 3 月

Preface 前言

随着数字经济时代的到来,数字经济已成为时下的热门话题,而数据作为一种新的生产要素,也成为企业经济增长的重要组成部分。数据的变革驱动着企业管理的变革,面对数字经济时代所带来的机遇与挑战,企业管理变革为了什么?企业管理变革的动向和新趋势是什么?企业管理如何进行变革?企业管理变革遇到的问题有哪些?应该如何去解决?本书将围绕着这些问题展开介绍。

本书共分为10章。第1章介绍在数字经济时代的背景下,数字革命与管理变革的联结;第2章介绍数字科技在管理变革中应用的新通道;第3章介绍随着企业管理变革产生的技术创新与商业模式创新;第4章介绍数字时代下企业在组织架构变革、人力资源管理模式、领导力提升和组织文化创新四个方面的转型动向与发展。第5章至第9章分别介绍企业在供应链、生产运营、知识管理、商业生态系统、管理会计这五个方面的转型趋势与新发展路径。第10章介绍传统产业数字化转型的意义与路径,以及对转型过程中遇到的问题所提出的对策与建议。

本书设置了9个典型案例及配套的扩展阅读案例,针对每章的主题,选取了典型企业进行案例分析,能够帮助读者开阔视野,引导读者结合自己生活中的场景,在实践与理论之间建立有效的桥梁。此外,本书也对区块链、智慧供应链等专业名词的概念和特点进行了简要介绍,为读者更好地理解数据驱动奠定了基础。

本书是一本广泛适用的普及读物,适用对象包括对大数据、人工智能和企业数字化转型感兴趣的企业高管、创业者、IT技术人员、营销人员、相关专业的学生等,以给予借鉴与启发。

本书由祁大伟负责全书大纲的拟定和编写的组织工作,并对全书进行统稿和总纂。各章写作的具体分工如下:第1章、第2章、第3章、第4章由祁大伟编写修订;第5章、第6章由宋立丰编写修订;第7章、第8章由祁大伟编写修订;第9章由宋立丰编写修订;第10章由祁大伟、宋立丰编写修订。本书在编写过程中得到了学界学者及多位师生的大力帮助,在此一并致谢。

受作者水平的限制,书中疏漏难免,欢迎广大读者批评指正!

祁大伟　宋立丰

Contents 目录

第 1 章　数字经济时代的联结：从数字革命到管理变革　001

- 1.1　传统企业管理的新挑战　001
  - 1.1.1　管理环境新变化　001
  - 1.1.2　管理思维新转变　002
  - 1.1.3　管理能力新要求　003
- 1.2　数字经济时代的数据变革　003
  - 1.2.1　数字经济时代的关键生产要素：数据　003
  - 1.2.2　数据要素推动经济发展——经济数字化时代的到来　004
- 1.3　数字经济时代的管理理论变革　006
  - 1.3.1　企业管理的需求侧管理变革　006
  - 1.3.2　企业资源的数据生产要素变革　007
  - 1.3.3　数字经济时代赋能数据新价值　009
- 1.4　数字经济时代的企业战略管理新动向　010
  - 1.4.1　信息管理新方式：信息和业务数字化　010
  - 1.4.2　企业竞争新局面：跨界竞争　011
  - 1.4.3　企业合作新机遇：互利共生　011
- 1.5　数字经济时代企业管理变革的历史机遇　012
  - 1.5.1　企业管理变革为了什么　012
  - 1.5.2　互联互通：企业变革新趋势　012

第 2 章　数字科技与管理变革新通道　015

- 2.1　从颠覆性科技革命到管理变革自觉性　015
  - 2.1.1　数字科技时代的管理变革　015
  - 2.1.2　科技革命下的企业管理机遇与挑战　018
- 2.2　数字科技在管理变革中的应用　020

2.2.1　大数据技术与管理变革　　　　　　　　　　　　　020
　　　2.2.2　区块链技术与管理变革　　　　　　　　　　　　　022
　　　2.2.3　人工智能与管理变革　　　　　　　　　　　　　　024

第 3 章　创新管理跃迁：数字化企业变革持续迸发　　030

　3.1　数字化管理变革　　　　　　　　　　　　　　　　　　030
　　　3.1.1　数字技术与创新驱动　　　　　　　　　　　　　　030
　　　3.1.2　管理变革的数字创新驱动　　　　　　　　　　　　037
　3.2　数字驱动机制推动技术创新　　　　　　　　　　　　　　038
　　　3.2.1　技术创新类型　　　　　　　　　　　　　　　　　038
　　　3.2.2　技术创新的数字化发展　　　　　　　　　　　　　038
　　　3.2.3　技术创新驱动的管理变革路径　　　　　　　　　　039
　3.3　数字驱动机制推动商业模式创新　　　　　　　　　　　　040
　　　3.3.1　商业模式简述　　　　　　　　　　　　　　　　　040
　　　3.3.2　商业模式创新发展　　　　　　　　　　　　　　　041
　　　3.3.3　商业模式创新与企业管理变革　　　　　　　　　　041

第 4 章　"互联网+"时代组织数字化转型的动向与发展　　047

　4.1　数字时代的组织架构演进新趋势　　　　　　　　　　　　047
　　　4.1.1　组织架构概述　　　　　　　　　　　　　　　　　047
　　　4.1.2　传统组织架构——实体型组织　　　　　　　　　　047
　　　4.1.3　组织架构变革新动力：互联网与数据驱动　　　　　049
　　　4.1.4　大数据环境下的新型组织架构形态　　　　　　　　049
　4.2　数字革命驱动组织人力资源管理新模式　　　　　　　　　053
　　　4.2.1　"互联网+"人力资源系统重构　　　　　　　　　　054
　　　4.2.2　大数据下的人才挖掘机制　　　　　　　　　　　　055
　　　4.2.3　大数据下的人才培训模式　　　　　　　　　　　　056
　　　4.2.4　大数据下薪酬管理的实现　　　　　　　　　　　　057
　　　4.2.5　大数据下人力资源管理效率的提升　　　　　　　　058
　4.3　信息爆炸时代组织领导力提升的新要素　　　　　　　　　058
　　　4.3.1　数字革命中领导者面临的机遇与挑战　　　　　　　058
　　　4.3.2　新环境领导力提升着力点　　　　　　　　　　　　060
　4.4　大数据下的组织文化创新实践新路径　　　　　　　　　　064
　　　4.4.1　组织文化概述　　　　　　　　　　　　　　　　　064
　　　4.4.2　数据化变革带来创新精神新维度　　　　　　　　　064
　　　4.4.3　数据化变革为文化创新氛围创造新条件　　　　　　066

第5章 共建共享，为供应链插上"数字化翅膀" — 071

- 5.1 数字化情境下的供应链 — 071
  - 5.1.1 智慧供应链的发展 — 071
  - 5.1.2 智慧供应链的特点 — 072
  - 5.1.3 智慧供应链的优势 — 073
  - 5.1.4 智慧供应链的意义 — 074
- 5.2 基于数字化的智能采购 — 074
  - 5.2.1 数字化采购理念 — 075
  - 5.2.2 智能采购模式的实施 — 076
  - 5.2.3 采购质量监管 — 077
- 5.3 供应商管理 — 078
  - 5.3.1 数字化情境下的供应商管理 — 078
  - 5.3.2 供应商的共同利益维护 — 080
  - 5.3.3 供应商社会责任 — 081
- 5.4 数字化情境下的智慧物流 — 082
  - 5.4.1 智慧物流的发展 — 082
  - 5.4.2 智慧物流数字化体系 — 083
  - 5.4.3 基于数字化的智能仓储 — 085
- 5.5 数字化下的供应链金融 — 086
  - 5.5.1 供应链信息化是供应链金融数字化的基础 — 086
  - 5.5.2 传统供应链金融依托数字化的转型 — 087
  - 5.5.3 区块链＋供应链金融 — 087

第6章 新制造——"智能+"赋能生产运营转型升级 — 092

- 6.1 数据驱动产品研发设计重要性日益显现 — 092
  - 6.1.1 全球战略：智能制造引领新一代制造业革命 — 092
  - 6.1.2 德国："工业4.0"战略 — 093
  - 6.1.3 日本：机器人新战略 — 094
- 6.2 数字化产品研发设计：重构与消费者之间的关系 — 095
  - 6.2.1 新技术——由基于经验的产品研发设计向数据驱动转型 — 095
  - 6.2.2 数据驱动产品研发设计主要特征 — 096
  - 6.2.3 数据驱动产品研发设计转型路径 — 097
- 6.3 数字化产品生产制造：从制造业大国向制造业强国转型 — 098
  - 6.3.1 工业大数据——赋能数字化转型 — 098
  - 6.3.2 人工智能、工业机器人——掀起新一轮工业革命浪潮 — 099
  - 6.3.3 智能化技术——重塑竞争新格局 — 099

6.4 "工业＋互联网"：打造智能制造生态圈 …………………………… 100
　　6.4.1 工业互联网概念内容 ……………………………………………… 100
　　6.4.2 工业互联网整体架构——发挥互联与协同功能 ……………… 101
　　6.4.3 互联革命，经济发展驶入新赛道 ……………………………… 102
6.5 智能制造面临的困难挑战及对策建议 …………………………………… 103
　　6.5.1 困难挑战 …………………………………………………………… 103
　　6.5.2 对策建议 …………………………………………………………… 104

第7章 知识管理革命：数字驱动知识复利增长引擎　108

7.1 企业管理模式新视野——知识管理 ……………………………………… 108
　　7.1.1 知识管理的背景和由来 …………………………………………… 108
　　7.1.2 知识管理的规律及误区 …………………………………………… 109
　　7.1.3 知识管理新的应用形式——神秘的"知识集市" ……………… 110
7.2 大数据情境下的知识管理 ………………………………………………… 111
　　7.2.1 数字经济时代传统知识管理面对的挑战——沿着旧地图，
　　　　　一定找不到新大陆 ………………………………………………… 111
　　7.2.2 大数据时代知识管理的特点 ……………………………………… 112
　　7.2.3 大数据赋能企业知识管理创新 …………………………………… 113
　　7.2.4 "实战"中的知识管理新讨论 …………………………………… 115
7.3 人工智能时代的知识管理 ………………………………………………… 116
　　7.3.1 什么是AI …………………………………………………………… 116
　　7.3.2 人工智能对知识管理的多维影响 ………………………………… 116
　　7.3.3 在人工智能时代，知识管理出现了哪些新的变化 …………… 118
　　7.3.4 人工智能时代对知识管理提出什么挑战 ……………………… 119
7.4 数字经济时代知识管理的发展趋势：从"赋能"到"智能" …………… 119

第8章 重塑：企业商业生态系统演化新动力　124

8.1 平台生态系统的兴起 ……………………………………………………… 124
　　8.1.1 平台：物种的连接者 ……………………………………………… 124
　　8.1.2 平台商业生态系统：改变价值循环的新生态 ………………… 124
8.2 平台生态系统的搭建 ……………………………………………………… 127
　　8.2.1 数字科技：平台的力量 …………………………………………… 127
　　8.2.2 数字驱动：如何使用平台的力量 ………………………………… 128
　　8.2.3 信息共享：平台生态系统内部运行机制 ……………………… 128
8.3 平台生态系统的领导与治理 ……………………………………………… 131
　　8.3.1 数字化：约束平台的力量 ………………………………………… 131
　　8.3.2 演化方向：生态系统的领导与治理 ……………………………… 132

8.4 平台生态系统的局限与演化方向 ... 133
 8.4.1 垄断趋势：平台经济的死胡同 ... 133
 8.4.2 后平台经济时代：从中心化走向去中心化 ... 134

第9章 大数据时代管理会计的范式革命 ... 138

9.1 大数据时代下的管理会计新坐标 ... 138
 9.1.1 企业管理与管理会计 ... 138
 9.1.2 大数据背景下的会计数据新特征 ... 139
 9.1.3 数据驱动的企业财务管理信息系统变革 ... 139
 9.1.4 大数据时代下的管理会计新发展 ... 141

9.2 大数据时代下的企业管理会计数字化转型新路径 ... 142
 9.2.1 数字化转型 ... 142
 9.2.2 管理会计的数字化转型 ... 143
 9.2.3 大数据背景下管理会计信息系统在制造业企业中的实践应用 ... 144

9.3 "互联网＋"下的业财融合新格局 ... 147
 9.3.1 管理会计新趋势——业财融合 ... 147
 9.3.2 "互联网＋业财融合"框架构建基础 ... 149
 9.3.3 "互联网＋业财融合"框架构建路径 ... 150
 9.3.4 "互联网＋业财融合"落地保障措施 ... 151

9.4 "大智移云"下的财务共享新蓝图 ... 152
 9.4.1 管理会计发展新起点 ... 152
 9.4.2 财务共享服务典型技术——RPA ... 153
 9.4.3 企业财务共享应用评价 ... 155
 9.4.4 财务共享与企业风险治理 ... 155

第10章 传统企业数字化变革 ... 159

10.1 数字化转型势不可挡 ... 159
 10.1.1 数字经济时代已经来临 ... 159
 10.1.2 传统产业的数字化转型 ... 160
 10.1.3 传统产业数字化转型的重要意义 ... 163

10.2 传统产业数字化转型的趋向与路径 ... 164
 10.2.1 传统产业数字化转型的趋向 ... 164
 10.2.2 传统产业数字化转型的路径 ... 165

10.3 紧跟数字经济时代潮流，开启数字化新篇章 ... 167
 10.3.1 传统产业数字化转型面临的问题 ... 167
 10.3.2 推动传统产业数字化转型的对策建议 ... 168

参考文献 ... 175

第 1 章
数字经济时代的联结：从数字革命到管理变革

随着新的科技革命和产业革命的到来，数字经济逐步走进大众视野，俨然成为时下的热门话题。数字经济时代的到来不仅为企业提供了新的发展契机，同时也成为传统企业管理需要面临的全新挑战。

数字经济时代中"数字"一词不仅指数据、大数据，在新时代，数据已不再是简单的数据，而是已成为一种新的生产要素，成为企业发展经济过程中不可忽视的一部分，我们已全面迎来数字经济时代。那么，数据要素将如何推动经济高质量发展？数字经济对传统企业管理有哪些方面的冲击？未来企业战略管理将向哪些方面侧重？企业管理变革在数字经济时代迎来的历史机遇是什么？接下来将逐一进行论述。

1.1 传统企业管理的新挑战

1.1.1 管理环境新变化

随着互联网、物联网、5G 技术等数字技术的不断更新发展，以及数字基础设施的不断完善，不仅企业进行商务活动的环境发生了改变，而且在各种数字科技的应用之下，企业还在不断产生新的需要进行分析和管理的数据。这两方面的变化改变了当前传统的企业管理环境。

在数字基础设施不够完善的时代，传统的企业商业活动是在具体的实体环境中进行的，企业一般情况下都是在约定的时间和活动区域内为顾客提供服务或者与合作者进行商业洽谈等。就实体环境中进行的商业活动来看，地点、活动环境、时间等因素都相对稳定，而随着数字技术的飞速发展，数字基础设施不断完善，企业的数字化程度也越来越高，更多的商业活动需要在依托于互联网技术的虚拟环境中进行，并且在虚拟环境中进行商业活动的比重日渐增长。

首先，虚拟环境中进行的商业活动不再局限于地方区域，可以在全国甚至全球范围内实时进行，商业活动受地理环境的影响越来越小，这使得顾客对于产品或者服务的个性化需求越来越多,同时企业还需做好相应的策略应对顾客需求的长尾现象。其次,由于互联网技术的出现,企业与其上下游之间的关系类型越来越丰富,在依托于互联网技术的虚拟环境中,供应链上的企业之间的交互更加便捷,成员之间的关系愈加密切,同时由于虚拟环境中的社交成本相较于实体环境减少很多,企业可以更加快速地扩大其社交网络,使其商业活动范围更加广泛。最后,2020年新型冠状病毒肺炎疫情初期,在国家号召居家隔离的背景之下,国内绝大多数企业纷纷选择了居家办公,居家进行线上办公的方式极大地改变了企业的管理环境,企业员工的工作地点不再集中。但是居家办公也使得员工面临的家庭中不确定因素越来越多,这成为企业管理一个新的挑战。在疫情的影响之下,企业越来越注重进行活动的实体环境与虚拟环境的不断融合,而此情形的不断改变也在督促企业管理者不断完善企业管理活动。

同时,企业在不断更新内部数字技术设备并逐步加大数字技术在工作中的应用。随着企业在虚拟环境中进行的活动日益丰富,企业不断产生新的数据,企业业务环境的数字化以及工作内容的数字化,迫使企业提高对数据的管理能力。

从以上分析可以看出,在数字经济时代,企业在虚拟环境中进行商业活动时,地点、时间、活动环境等环境因素都发生了前所未有的改变。这对于企业管理者来说既是机遇也是挑战,传统企业管理者需要在新的管理环境中敏锐觉察并及时地调整其管理经营活动。

1.1.2　管理思维新转变

企业管理者的管理思维是推动企业数字化转型并跟上数字经济时代大潮流的关键所在。随着企业面临的国内市场环境以及国际市场环境的日益变化,市场竞争压力与日俱增,企业管理者需要根据时代的变换改变其管理思维。

人工智能、物联网、互联网以及5G技术等数字技术的不断普及与应用,使得信息传播在全国甚至全球范围内变得十分迅速,企业运营过程中应用数字技术的工作也越来越多。数字信息传播速度的加快,督促企业管理者在管理经营过程中要有一定的形象意识,需要不断塑造和改善企业员工以及企业品牌的正面形象,并且在企业出现一定的经营问题时要迅速采取改进措施。在信息传播飞速的互联网时代尽可能降低负面信息对于企业的不良影响,并通过不断维护和完善企业正面形象提高企业的品牌影响力。同时,在数字经济时代,企业管理者要不断塑造其新的决策逻辑思维,因为有了企业内部不断产生的数据和数据使用工具,管理者不再像过去仅凭借经验和直觉做经营决策,而是要从市场数据出发,以数据为基础,寻找市场规律,然后再借助工作经验对企业的经营活动作出判断和决策。

传统企业管理思维对于数字经济时代已经不再适用,企业管理者需要根据时代不断转变其管理思维,使管理思维与时俱进,不断打破原有的思维模式,在时代发展浪潮中发现企业发展的新机遇。

1.1.3 管理能力新要求

数字经济时代,数据成为十分重要的一个因素,企业在管理过程中需要改变以往对于数据的传统认识,在新时代的视角下重新审视数据对于本公司的作用及价值。而企业想要把握住数字转型这一机会,便要提高数据管理的能力。

数据管理能力主要体现在数据收集、分析、管理和保护方面,具体而言便是企业如何灵敏地通过数字基础设施来收集市场上与公司经营相关的数据;如何分配专业性人才通过不同的数据分析工具对收集的数据进行一定的分析、预测并使用数据分析的结果为公司的决策提供一定的科学依据;对于收集的数据、工作过程中产生的数据以及分析出来的数据结果,如何进行保管、保护以及备份等;如何防止数据泄露、丢失等问题的出现。这些需要企业管理者认真思考并采取一定的措施。

1.2 数字经济时代的数据变革

1.2.1 数字经济时代的关键生产要素:数据

1. 新要素:数据

随着全球信息科技的飞速发展,以及人类生产方式的演变,生产要素也发生一定的变化:一些在原先生产过程中只是起依附作用的生产要素,上升为具有决定作用的关键生产要素;另一些在原先生产过程中起重要作用的关键生产要素,在此后的生产过程中作用逐渐降低,甚至变得不起多大作用。而在企业需要拥有分析海量数据的能力的情况下,劳动力、土地等传统生产要素皆可转为数据要素,市场要素流动可集中表现为数据要素的流动进而提升全要素生产率,数据要素逐渐走向企业战略布局中的重要位置。我们逐步迈向以新基建为战略基石、以数据为关键要素、以产业互联网为高级阶段发展的数字经济时代。

数字经济时代的到来意味着数据也一跃成为重要生产要素,数据与土地、资本等要素结合形成现实的生产要素。"单纯的数据资源只是可能的生产要素,劳动构成数据成为现实生产要素的必要不充分条件,数据通过与劳动相结合形成知识积累,进而更好地与管理相结合,才会使数据更充分地成为现实生产要素。"为此,我们需要正确认识数据作为新型生产要素的重要意义,并采取一定的措施,在正确应用和配置数据要素的情况下推动数字经济的有效发展。

2. 新特征:数据变革

与资本、土地、劳动力等传统生产要素不同,数据作为数字经济时代的一种新型生产要素,具有非竞争性、可再生性、强渗透性、零边际成本等新特征。

第一,非竞争性。数据具有的最突出的特点便是强非竞争性,与其他传统生产要素不同,数据可以无限次复制给多个主体同时使用,一人使用结束后,并不会对数据价值进行更改,其他主体也可在数据价值不变的情况下使用这部分数据。数据的非竞争性特征意味着开放共享不仅不会带来数据价值的下降,反而会促进数据要素的重复使用和对数据进行最大化的挖掘开发,进而创造更大的社会价值。

第二,可再生性。传统的生产要素都是有限的、不可再生的,像土地、劳动力等传统生产要素都是不可再生的,即它们在短时间内不可以重复使用,因此必须要合理配置所有生产要素方能不断满足人类无限的消费需求。而新型生产要素——数据却截然不同,在数字经济时代,数据已经存在于人类各种生产活动中,只要存在互联网和数字技术便可以源源不断地产生新的数据,不仅不会随着使用次数的增多而减少数据,反而会随着使用的过程产生新的数据,并且数据要素可以循环使用,随着使用与分享范围的扩大而提升数据价值。

第三,强渗透性。数据要素不仅自身价值含量高,而且对土地、劳动力、资本等传统生产要素具有很强的渗透性。互联网技术和数字科技的飞速发展,实现了各个生产部门的连接,与此同时数据要素凭借其高度的传播性和可再生性的特点,与传统生产要素进行有效结合,突破固有的经济边界,实现了跨时空的流动和连接。借助数据要素优化传统生产要素的资源配置,与传统生产要素之间相互补充和作用,改善传统生产要素质量,提升传统生产要素使用效率,加快形成推动高质量发展的资源利用方式,对经济增长产生乘数作用,为经济发展注入新动能。

第四,零边际成本。数据与石油等自然资源的一个重要区别是它是由人的活动所产生的,是人类从事经济社会活动的附属产品。用户一旦使用数字技术在互联网上进行活动,便会留下其大量的个人数据信息,这表示一个国家在线活动的网民数量越多,该国的数据资源就越丰富,在此基础上加快经济社会数字化建设可以形成本国丰富的数据资源优势。在零边际成本背景下,同一数据要素的重复使用不但不会增加成本,反而会带来较大的递增价值创造,这避免了资源被多人使用出现"公共地悲剧"的问题。并且数据要素一旦可以连接所有主体,数字经济的发展将不受传统生产要素所面临的稀缺性约束。零边际成本是数字经济具有显著规模经济和范围经济的重要基础,同时也为向消费者免费供应商品或服务提供了重要的成本基础,突破了非数字经济中边际成本递增所带来的供给限制。零边际成本下更多人使用数据要素,在不增加成本的同时会极大地增加产品供应和社会总福利。因此,鼓励数据要素的开放共享和再使用将会极大地释放数字经济的增长潜能。

1.2.2 数据要素推动经济发展——经济数字化时代的到来

科学技术是第一生产力,技术进步是生产力发展的原动力。大数据技术、人工智能等新兴技术的发展与应用不但快速提升全要素生产率,还通过激发配套的创新机制和生产方式促进社会进步。信息技术和数字技术革命使数据成为新的生产要素,并通过数字化改造机制和平台机制优化生产要素的组成、结构和秩序,进一步促使数据成为关键生产要素,形成具有加速机制和普惠机制的新的经济形态——数字经济。而数据要素促进经济高质量快速发展主要体现在以下几方面。

第一,数据要素有助于企业实现规模经济。与传统工业企业相比,数字经济时代的数字技术企业具有更强的规模经济效应。一方面,数字技术企业主要提供数字软件产品和数据信息服务,数据要素是其核心生产力。虽然研发数字产品的初始投入成本很高,但研发成功的数字产品依托于互联网技术和智能终端可以实现几近于零成本的无限次复制,这使得数字技术企业的平均成本曲线随着产出增加而呈现明显的下降趋势,因此企业具有很强的扩大生产规模的动力。另一方面,数字技术企业的利润会随着用户规模的扩大而实现指数化增长,随着企业以用户为导向处理海量原始数据信息能力的提升和为用户提供数据信息服务水平的提高,用户数量持续增长,进而不断提升收益水平。因此,数字经济时代的企业更容易形成规模经济的增长机制,企业在保持技术领先的基础上可以达到更大的产出规模[7]。

第二,数据要素有助于企业获得范围经济。数字经济时代的范围经济取决于网络平台的用户规模和用户交易信息,有效利用数据要素可以扩大平台企业及其他市场主体的范围经济效应。一方面,依托于互联网平台和数字技术可以实现跨空间的需求匹配,即全球范围内的产品供应商和消费者在互联网平台上实现实时联通,通过实现多样化产品与各不相同的需求偏好之间的供需匹配,有效提高了资源配置效率。另一方面,产品供应商可以对互联网平台的用户数据信息进行分析,根据数据结果对消费者进行精准营销。数字经济时代,企业不仅可以根据数据结果大批量销售畅销品,也可以使小众产品更好地匹配到个性化需求用户,通过拓展业务进一步提高企业收益水平,从而形成范围经济的增长机制。

第三,数据要素有助于降低市场交易成本。数字经济时代的企业可以通过较低的成本购买数据服务,从而获得某一市场的大样本乃至全体数据信息,有效降低市场交易成本。在此基础上企业可以产生两方面的经济效应:一方面,降低企业现有交易的搜寻匹配和讨价还价的成本,更加畅通地实现企业与企业间、企业与消费者之间的信息沟通和市场交易,从而提升市场交易效率;另一方面,市场信息的不断完善和交易成本的下降,可以催生一些新交易,扩大各行业的产出规模。由此可见,数据要素在各行业的大规模投入有助于降低市场交易成本,这对于提高资源配置效率以及扩大企业产出规模具有重要作用。

第四,数据要素有助于企业降低管理成本。在数字经济时代,企业通过投入数据要素和追加数字化的生产性服务,对业务流程进行数字化、智能化升级,可以大幅度降低企业管理成本,推动企业做大做强。首先,企业业务流程数字化之后,管理者可以通过云计算平台实时分析业务流程的运营信息,可以及时发现并管理出现的问题,不断改进和优化企业业务流程的各个环节,提高企业的管理效率。其次,数字经济时代企业可以通过互联网平台更加准确、迅速地捕捉市场需求信息,推动企业从供给导向转变为客户需求导向,进而提高企业的库存管理水平和决策的精确性,以及提高企业应对市场风险的能力。最后,企业在提高传统生产要素智能化水平的背景下,可以加快资产周转速度,在不增加传统生产要素投入的情况下,单位时间内可以生产出更多产品,从而获得更高的收益。由此可见,企业增加数据要素投入有助于降低管理成本,提高资源配置效率和市场竞争力。

数据要素对经济增长的作用机制如图 1-1 所示。

图 1-1　数据要素对经济增长的作用机制[①]

1.3　数字经济时代的管理理论变革

1.3.1　企业管理的需求侧管理变革

数字经济时代的到来,意味着改革开放的经济高速发展目标的达成和高质量发展新格局的诞生,而这种经济目标的践成和持续推进实质上是市场供需体制变革的实现途径。在长期的经济发展中,国家、社会、企业一直强调对市场供给侧的管理,通过对产品生产、制造的政策支持,社会生产力的解放和企业工业化制造的规模化生产,实现规模效益下的经济高速发展。但是在新经济时代下,社会物质生活极大丰富后,以规模化生产为目标的供给侧改革似乎难以满足拥有富足物质且趋于个性化消费的市场需求的升级,使得市场供需平衡被打破,经济发展陷入不稳定,影响发展规律在经济社会的践成,即经济高速发展目标达成后向"扬弃"的高质量经济发展的递进机制被打破。因此,在数字经济时代,除了要进行经济市场的供给侧结构性改革,亦要关注需求侧管理变革的践成。

需求侧管理可以解除制约经济内循环畅通和国内社会需求增长的经济架构桎梏,是通过经济体制改革和政府政策指引,疏通经济内循环各循环节点、释放本国社会需求潜力以实现新的经济背景下新市场供需平衡,而进行的一系列市场经济体制完善和内生经济增长动力培养的需求管理变革过程。实际上,在以往的需求

---

① 王颂吉,李怡璇,高伊凡. 数据要素的产权界定与收入分配机制[J]. 福建论坛(人文社会科学版),2020(12):138-145.

管理中,对经济内生需求的刺激往往依托于通过宏观经济政策来进行需求调节,特别是在逆经济周期发展的金融危机发生时,在积极的政府财政政策和适度宽松的货币政策下,以增加货币发行量、增设债券的方式调动社会消费实现内生市场需求增加。这种需求管理方式虽然短期内实现了内生需求急剧上升,但是给经济长期稳定发展埋下了隐患,积极的财政政策带来通货膨胀风险,而短期的消费需求暴增极易透支市场潜力。可以看出,传统需求侧管理的市场需求调节机制存在一定程度的风险,而数字经济时代的国内国际经济形势复杂化、一体化似乎使这种具有潜在威胁性的需求侧管理机制同新格局市场供需新平衡达成的需求侧管理目标在逻辑上难以自洽融合。而为实现高质量经济发展新格局下的市场供需新平衡,需求侧管理的目标不仅包括及时、有效地应对突发的逆经济周期事件,更包括为促进经济发展、熨平经济逆周期而进行的实现持续性需求迸发的需求稳定性管理,即需求侧管理变革致力于对实现潜在需求持续增加的内生需求增长动力的培养,推动经济持续发展。

具体来看,需求侧管理变革正在不断进行,并对实现需求满足的企业生产、制造、营运的企业管理理论产生了巨大影响。企业作为社会需求满足的最前端、社会经济发展的基本单位,数字化时代背景下需求侧管理实现的内生消费需求有着个性化、多样化、复合化特征,为实现需求侧变革的社会需求的满足直接推动了企业管理需求层次理论的变革。传统的需求层次理论将社会需求分为层级分明的五个层次,且认为各层次需求是阶梯式满足的。而实际上,这种需求满足的认知在管理理论探讨中由于与实践发展的脱节,其在管理学中作为基础理论的地位一直备受争议,但其内含的管理思想在数字经济时代的需求侧管理变革下被明确地展现出来并实现了变革发展。以往的需求层次理论备受争议的根源在于其阶梯式需求满足的思想内涵,认为高层次需求的满足必然是建立在低层次需求满足基础上的,而数字经济时代的需求侧管理变革后,社会需求多是个性化、多样化的需求。结合需求层次理论,这种个性化、多样化的社会需求是高层次社会需求特征的现代化表现,需求层次理论存在的阶梯式需求满足的管理争议不再被作为该理论关注的焦点。而需求侧管理变革注重内生需求动力的培养后,企业进行了定制化生产、智能生产变革,也就是为实现高层次需求满足发挥数字经济时代的技术驱动力,将需求层次理论研究的重点放在高层次需求为契合需求变化而进行的一系列需求满足的管理路径研究中,丰富和延伸了需求层次理论的应用范围,不仅是作为社会需求认知的工具,也是赋予需求侧变革管理理论基础的重要理论依据,即数字经济时代的企业需求侧管理变革实现了企业管理需求层次理论的变革发展。

1.3.2 企业资源的数据生产要素变革

生产要素是社会生产生活、经济发展的基础,而生产要素变革更是推动经济转型的重要依据。通常来讲,生产要素是实现价值创造的资源基础,包括资本、土地、人力等,要想实现价值创造,必然需要协调多要素进行生产,而数字化时代背景下高质量经济发展的价值创造不仅是价值创造实现,更是要保证价值创造实现的优异化,即需要要素变革来提升要素质量,并将变革后的高质量要素作为商品投入经济市场,在市场中充分发挥其要素价值,实现最大化价值适应的价值创造。由于数字经济时代下的高度信息化发展,数据作为新的生产要素成为企业生产资源中的"硬通货",经济市场普遍认为掌握了数据要素,即掌握了新经济时代的竞争优势。

数据,作为顶层设计认知的新生产要素,其在市场经济中的作用机制极为复杂,目前对其意义的普遍认知尚未达成。已有研究对数据在企业管理中的作用的表述主要有两个方面:一方面,数据作为信息范畴的抽象,企业在拥有了海量信息后对市场环境有了足够的认识,实现了企业决策管理的优化;另一方面,数据作为有时间效力的生产资源,加快企业资产的流转,加速企业全产业链的资源流通,实现企业资源管理能力的提升。而以上两个方面对于数据意义的表述基于传统的管理理论。在数字经济时代,作为关键的市场资源,在市场经济的融入和价值创造过程中,数据展现出其依托于实体生产要素实现企业价值创造的特征,而这种依赖性发展难以充分发挥数据要素能力,作为企业基础资源的数据要素变革亟待成就。那么,类似于传统生产要素变革方案,如深化土地改革制度、完善劳动力流动制度和资本市场的要素转换制度,数据要素的变革也是制度层面的。在以往的数据要素管理中,虽然其基础要素的认知被普遍认同,但实际只是作为行业的一个生产资源,重要性被忽略。而数字经济时代,为了发挥并实现数据要素的作用,进行了数据生产、管理等一系列有关数据要素的制度变革,数据要素在企业价值创造中的基础性作用得到了落实。

数据要素自进入管理理论始,就推动了基于资源的管理理论变革。基于资源的管理理论通常是对传统的资本、土地、人力要素进行探讨,为分析企业组织架构、竞争实力等提供理论基础。而当数据要素出现并在企业管理中重要性不断提升,尤其是变革后,作为企业发展的要素基础的数据资源渗透于企业管理各个层面,资源理论于管理实践的滞后性愈加明显,为了保持理论活力,资源管理理论需要变革发展。通常认为资源基础观的内涵为,拥有独占的特色化资源的企业在该资源利用下创造价值,实现竞争优势。那么,从资源基础观的内涵可以分析数据要素变革下的资源管理理论的变革:其一,数据作为企业特色化资源后,数据基础观强调对数据资源的独占拥有,而实际是目前数据资源的权利属性并不明确,数据要素融入企业管理后对强调资源所有权的资源管理理论构成要件产生巨大冲击。其二,在数字经济时代下企业所拥有的往往是数据要素使用权,此时进行的是背离了所有权必要性的特色化资源使用的价值创造,于是企业竞争优势实现的资源管理理论目标也不再确定。也就是说,为实现数字经济时代的资源充分利用,数据要素变革是发挥数据要素价值的重要举措,而数据要素变革后融入企业管理,必然给原有的企业资源认知带来冲击,即基于数据要素变革发展实现了基于资源的管理理论变革发展。

1.3.3 数字经济时代赋能数据新价值

数字经济时代,数据作为独立的生产要素存在,是重要的社会价值创造资源基础。为充分发挥数据资源的作用需要对数据价值进行重新赋能。而数据本身就蕴含数据所有价值、数据采集价值、数据隐私价值等,这些零散的数据价值是作为市场基本单位的企业数据使用下的价值溢出,而对于这种重要的溢出的数据价值的认知一直处于零散状态,并不利于企业获取数字经济时代竞争优势、培养企业竞争实力。实际上,数据作为可以创造企业价值的资源,某种程度上可以视为独特的企业财产,而在数字经济时代的信息数据共享机制下,数据作为企业财产的本质则具有数据共享特征,与企业财产的数据认知有着本质的矛盾。也就是说,数据其实是公权和私权的结合体,在公权认知下数据是社会公共资源的一种,数字经济时代并不能改变数据的公共资源属性;而私权认知的是个性化、差异化数据,在数字经济时代下数据价值重要性被强调,数据被赋予优越价值属性。总的来说,数字经济时代带来了数据价值的再赋能。

具体看来,数字经济时代对数据进行价值再赋能,可以从数据权益的视角来理解数据新价值,数据新价值包括数据权价值、数据物权价值和数据人权价值。其一,数据权价值。数据本身即具有数据隐私价值、数据所有价值等,而数字经济时代将数据作为重要企业生产要素后,数据权概念定义的数据价值创造是通过企业独占数据所有权、支配权、收益权获取全部数据价值的数据价值赋能。其二,数据物权价值。在此价值观点下,将企业所拥有的数据作为普遍存在的生产要素,数据是企业基础所有物,且具有公共产品属性,数字经济时代企业趋于将这种公共产品属性的企业所有物投入企业联盟的联合生产中,赋予了数据物权价值的数据价值,创造强调数据为纽带的市场经济主体协调发展。其三,数据人权价值。与数据物权价值相反,在数字经济时代,爆发式增长的数据被个人拥有,但是数据价值是双向传递实现的,私人数据主体和数据平台企业通过数据授权和被授权实现双方受益,实现数据价值在全社会的普遍传递。而且不论是数据物权价值还是数据人权价值都是在管制平台下实现的,而这个管制平台其实是数据价值传递的渠道,也是数据新价值下的第三方受益者。可以看出,数据新价值实际上实现了企业数据管理过程的相关者利益同企业利益的分化认知和社会利益整合,基于数据权益视角赋能的数据新价值实际上是企业利益相关者理论的企业间利益平衡的实践(图1-2)。

因此,数字经济时代赋能的数据新价值实现,实际上是数据价值下企业间数据利益共享的企业管理利益相关者理论的变革和发展。利益相关者理论是指为实现各个参与企业管理过程的利益相关者获取平衡的利益而进行的企业统筹管理的理论抽象,该管理理论认为企业发展是多方协同的价值共创发展,强调企业所进行的

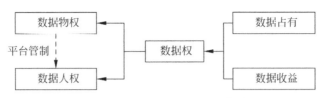

图 1-2 数据权益视角的数据价值分析

管理活动应以实现利益相关者利益的平衡为基础。而数据作为企业价值创造新要素并基于数字经济时代价值再赋能后,数据新价值带来利益相关者管理理论的变革发展。首先,数据权价值下的数据作为稀缺资源由企业所独占。企业同数据供给的个体、组织和企业间的关系疏离,企业拥有完整的数据财产权益,数据价值创造的收益由数据资源所有企业所独占,数据权价值创造的企业价值创造以企业占有全部数据价值利益为发展趋势,并不考虑第三方企业的利益平衡。其次,数据物权下的价值创造契合利益相关者理论逻辑。数据物权价值实现本质与传统资源价值是一致的,数据资源和其他资源意义没有独特性,企业趋于通过与第三方利益相关者的利益平衡实现共赢的利益相关者理论践成。最后,数据人权的数据价值认知。与数据权的数据价值创造相反,第三方拥有绝对的数据权利,并通过单次数据权利的授予获得多次利益,而这种数据收益是契合了利益相关者理论的。第三方通过数据权利授予获益,而企业则通过收集的付费数据实现企业数据价值创造,即数据人权的数据价值实现了数据反馈的相关者利益平衡。因此,数据新价值促进了利益相关者管理理论变革,基于不同的数据权益保护视角,企业向利益相关者分享数据收益的意愿不同,从而实现了不同数据价值认知的利益平衡发展实践,也就实现了数据价值再赋能下的利益相关者管理理论的利益平衡机制的丰富,推动利益相关者理论在数字经济时代的实践反馈的调节、发展。

1.4 数字经济时代的企业战略管理新动向

1.4.1 信息管理新方式:信息和业务数字化

在传统办公过程中,企业多采用手写文本或打印文本保存信息的方式,这种方式会加大企业管理信息的难度和查询信息的时间成本。而在数字科技发展飞速的今天,企业基于数字设备将文本信息整理为数字格式进行保存,不仅可以节省查询信息的时间,同时可以节省保存纸质文本的空间。虽然信息数字化可以给企业带来很多的便利,未来也将逐步全面应用到各行各业,但是企业管理过程中需注意,此过程仅为信息数字化过程,而非流程数字化过程。

在云计算、大数据、人工智能等技术不断应用于企业的过程中,我们发现基于数字化技术的支持,真正实现了业务与技术的交互。企业可以利用数字技术改变商业模式,并提供创造收入和价值的新机会,它是转向数字业务的过程。数字业务则联通模糊数字世界和物理世界,以此创建新的业务设计。例如西门子、施耐德等跨国企业巨头,基于同一个底层的数据库,把所有的人、IT(信息技术)系统、自动化系统联通在一起,为现实工厂在虚拟世界里建立一个"数字化双胞胎"。

1.4.2　企业竞争新局面：跨界竞争

数字化革命催生新产业时代。工业时代是原有生产要素的组合,而在新产业时代,数字化把原有要素全部更新为数字的价值,出现了新的组合,新组合完全改变了各个产业的空间。

数字技术带来的跨界竞争成为时下热点研究话题。从未涉足这个行业的企业加入该行业时对这个行业边界的理解是截然不同的,可以从另外一个全新的视角重新审视这个行业市场并找到适合自己的进入点。例如腾讯觅影的 AI(人工智能)辅诊,有效降低全科医生漏诊率,辅诊准确率高,而且能提供实时诊疗建议。此时人工智能和医疗产业之间的空间完全改变了,腾讯这一高科技平台企业就成功打入医疗健康行业。

1.4.3　企业合作新机遇：互利共生

数字化时代拓展了产业边界的同时,也改变了商业竞争的底层逻辑。数字化转型是对传统商业关系进行重构的过程,重构之后的新型商业关系形态重新定义了企业—产品—用户的市场角色,代表着更强连接、更多交互、更多维度的价值创造模式,也成为企业在数字化革命中赢得竞争优势的关键所在。

首先,平台间的竞争不再是一场零和博弈。如何通过强强联盟的生态构建与产品组合以扩大市场成为平台企业竞争的关键,率先与大型平台、更多其他平台或企业展开联合的企业平台,会在更广泛的领域内获得强链接能力和协同优势。其次,除了平台企业间的合作,更为重要的改变是数字化时代的消费革命带来了消费需求与生产过程的融合。随着数字化平台上产品数量和种类的不断增加,产品市场不再成为定义竞争边界和竞争者的关键要素。顾客本身要求参与创造和体验,赢得市场的关键不再是以更低的成本、更高的效率来满足顾客的一般性需求,而是如何迎合顾客本身提出的个性化需求。在这一阶段的消费变革中,就需要企业调整边界以和整个供应链乃至利益相关者进行合作,创造一种新的富有生产力的联结型商业模式。研究发现,基于算法、机器学习和人工智能预测的更准确的消费者需求信息使得行业中的合谋企业能够设定定制化的价格,但同时也提高了合谋企业成员在高需求时期采用低价格的可能性。也就是说,更准确的消费者需求预测能够降低产品价格,提高消费者剩余。

1.5 数字经济时代企业管理变革的历史机遇

1.5.1 企业管理变革为了什么

数字经济时代的到来,必然引起一场大规模的企业管理变革。为了更好地面对数字经济时代所带来的管理方面的挑战,把握住市场方面的机遇,处理好生产要素变化这一局面,企业管理过程中要及时地调整企业战略措施,结合数字科技的应用,重新规划企业资源配置和业务流程,同时需要合理配置新的人员安排,以达到可以快速响应市场对于产品和服务需求的变化,降低其对企业生产力的影响。

企业管理变革是为了企业可以更好地适应新环境,具备迎接新挑战的能力和做好准备工作。在环境变化中做好管理变革是一个企业的核心能力,使其可以差异化竞争并且有效适应不断变化的世界,让企业可以在时代变革的潮流中基业长青。

1.5.2 互联互通:企业变革新趋势

1. 产业互联

随着互联网技术的飞速发展,越来越多的行业和产业开始借助互联网进行产业升级和业务拓展,也借助互联网将产业的各个环节进行联结,甚至不同企业之间的业务环节也可以通过互联网进行在线协作完成。通过互联网实现的产业互联主要是指各行各业的每个工作环节联结起来进行线上操作,可以实现实时协作,具体体现在智能商业、平台经济两方面。

1)智能商业

数字经济时代的商业智能化主要体现在在线化、数据化和算法化这三方面。数据是数字经济时代的重要生产要素之一,同时也是智能商业的基础。随着互联网在全国甚至是全球范围内的普及度越来越高,我们在互联网上留下了越来越多的数字痕迹,而这成为可以为我们提供个性化甚至是定制化服务的重要依据。同时产业互联网催生很多线上交流互动的软件和平台,这将会直接产生很多实时流动的互动数据。企业通过有效地运用这些数据并通过算法来分析顾客的喜好,以此来驱动企业的业务不断改善,同时通过算法分析数据后可以大幅度提高供需匹配度,从而可以降低交易成本。

同时,随着物联网、人工智能等技术的不断发展,一批又一批新的智能终端正在成为数据的入口。例如智能家居、智能汽车、智能机器人等,无处不在的传感器、智能设备、通信设施等形成了一个智能网络,使得人与人、人与机器、机器与机器以及服务与服务之间可以互联,从而实现生产和管理的高度集成。用户可以通过在

第 1 章 数字经济时代的联结：从数字革命到管理变革

智能网络上的操作产生各种数据，智能网络可以通过这些数据构造用户的数字形象。通过用户数字形象的不断构造逐渐形成数字世界，而数字世界是现实世界的全方位映射且可以全方位、实时地反馈现实世界。数字世界与现实世界的互联互通，可以通过数字世界的数据分析结果对现实世界的决策进行判断，不断优化现实世界的资源配置效率。

2）平台经济

互联网技术、5G 技术等数字科技的飞速发展，以及移动互联网终端——智能手机等的出世，使越来越多的内容可以通过移动互联网终端进行操作。以往的产业供应链环节是一层接着一层进行传递的模式，从原材料到消费者中间经过了很多的环节，生产商与消费者之间也会经过分销商、零售商等环节，跨层的互动较少。而通过互联网可以实现供应链源头与终端的直接对话，极大地缩短了产业供应链上各环节之间的对话周期，用户需求可以通过互联网平台进行直接反馈，可以减少产业链的价值创造环节，加快创新速率。

产业供应链上的生产环节也可以通过互联网平台进行集约化生产和采购，极大地提高生产效率，尤其现在的制造业也开始随着工业互联网和互联网等技术的不断发展成熟而逐步实现产业平台化、共享化。而制造业的共享可以在互联网的帮助下将两端进行连接，改变制造业信息不对称的局面，甚至可以打破行业壁垒，实现跨行业的互动，有效提高制造厂闲置资产、人员等的利用率和供需匹配程度，使得供需双方的匹配更加合理化和高效化。

每一个产业供应链必然存在其核心企业，在过去想要搭建一个数字化的产业协作网络成本很大，需要各种设备和专业人才等条件才可以。在数字经济时代，飞速发展的互联网、人工智能等技术和专业人才的不断培养使得搭建成本降至很低，每一个核心企业和供应链都可以根据自身情况和市场需求进行合理的配置，逐步构建适合其在新时代前进的数字化产业协作网络，以此可以快速响应市场需求。在此情形之下，各行各业逐渐实现了产业互联，对传统的产业结构进行了打破、重组。企业想要在这个重组的过程中脱颖而出，必须紧跟时代潮流，迅速调整组织架构适应新的产业存在状态，以助企业顺流而上。

2．**价值互联**

数字经济时代下，劳动、资本等生产要素的互联可以在互联网上实现。价值互联主要指的就是生产要素通过互联网进行连接，而不仅仅是资产的互联，对于价值互联我们可以从区块链、智能合约两方面进行理解。

1）区块链

区块链技术不仅仅是一项技术，更是一系列技术的组合，最早源于比特币，其产生是为了解决陌生个体之间的信任问题，也称为"分布式账本"。区块链这种分布式账本主要有以下特征。

第一，分布式记账。多个主体可随时参与记账，不再是单一主体进行记账。

第二,过程账本。记账不再仅是记录结果,过程中的信息流、资金流等全部数据都会被记录。

第三,加密账本。加密算法使得数据一旦被记录就不可随意篡改。

第四,共享账本。每个网络节点都有权限对各个节点展示的账本进行查看,可以实现账本的透明化和共享化。

记账的本质是为了建立共同的信念,记账越准确可靠、越难以被篡改,就越值得信赖,共识就越牢靠。区块链技术的产生就是为了解决人性的可靠性和信用度问题,通过技术手段消除对于人性的不确定因素,让陌生主体之间可以共用一个不可篡改的共享账本,使这些主体之间更容易产生信任。陌生主体之间的信任成本降低,交易成本将会下降,协作效率便会提高。

随着数字化革命的深化,所有用户主体都将会通过互联网映射到数字世界,每个人都将拥有自己的数字ID(数字识别号)和数字账户。数字世界的协作将会成为数字账户之间的协作,其账户间的资本变动将会映射到数字世界的账本中,而数字世界的账本要比传统的物理账本更连贯、全面、清晰,可追溯且更实时。因此,未来区块链这种数字账本将成为数字经济的基础设施。

2)智能合约

智能合约主要指以数字形式形成的承诺,合约的参与双方可以在数字世界确定的协议上执行承诺的协议,并且智能合约一旦写入程序中并触发执行,其协议的全部内容将由计算机执行。基于区块链技术的智能合约可以在没有第三方参与的情形下进行可信交易,交易过程可以追踪和追溯,同时协议一旦触发便可以自动、独立且安全地执行,这不仅可以提高合约签订的效率也提高了合约执行的确定性。智能合约的出现和使用可以很大程度上降低合约双方交流的信息成本和交易成本。

数字经济时代,随着数字科技的应用范围的不断扩大,智能合约可以应用的领域也越来越广泛。为了更好地应用智能合约技术,我们一方面需要从法律角度明确其地位;另一方面需要建立可以允许干涉其暂停或者终止的机制,以促使智能合约的应用更加合理和灵活。

第 2 章

数字科技与管理变革新通道

全球化发展趋势下,国内国际企业竞争发展的实质转化为对软实力的竞逐,包括技术开发与应用、知识传播、文化创新等企业管理的多个维度的竞争加剧。而新时代我国整体物质水平的提高、社会需求的多样性转变,急需企业在生产、制造、运输等多领域进行管理的变革和发展,以实现社会需求的满足、企业的持续发展。然而,企业管理的变革和发展是技术驱动的,如蒸汽机技术实现企业工业化发展,电力驱动企业生产规模化等。当今,多样化、复合化需求的满足需要实现定制化、个性化企业变革,数字科技发展作为我国企业发展、数字化转型升级的关键技术驱动装置,是破除技术更新落后市场运作的企业发展困境、实现管理变革的重要选择。

而数字经济时代的到来,我国通过虹吸外国先进技术、加大国内关键技术发展政策扶持,已经实现了对关键数字技术的引进与特色化发展,以大数据、区块链、人工智能等为代表的数字科技核心技术已活跃在我国企业管理、生产价值创造的各个领域。同时,以核心技术的充分发展为基石,数字科技的不断进步实现了企业基础技术的升级,大幅度提升了企业组织内信息处理速度、发展战略决策精准度以及企业外部风险系统处理及时度,实现多维度数字技术推动的企业管理变革和发展。

可以说,数字技术打开了新经济时代企业管理变革的绿色通道。而如何理解数字技术在企业管理中的含义?其又如何影响企业管理变革的发展?本章通过分析科技革命下数字技术,分析大数据、区块链、人工智能关键数字技术对企业管理变革发展的影响,讨论数字科技下的企业管理变革。

2.1 从颠覆性科技革命到管理变革自觉性

2.1.1 数字科技时代的管理变革

1. 科技革命简述

现有研究对"科技革命"内涵进行了时间维度、技术情境等多视角的探讨,而相关理论对科技革命的共识尚未达成。但是,一般来说,现有研究普遍将科技革命划分为四个发展阶段,如表 2-1 所示。第一次工业革命阶段。18 世纪末,以纺织机诞生为开端,蒸汽机作为企业生产动力的使用标志着第一次工业革命的到来,实现了生产力的解放,企业生产由手工生产发展为机器生产管理阶段。第二次工业革命阶段。随着19世纪末资本主义经济的发展,电力出现并融入企业生产、制造的多个领域,以电力应用、化学制造和企业工业化为主要标志,企业科学管理机制下标准化技术的实现推动了企业规模化生产的实现,技术创新开发与应用进入繁荣期,技术发展成为企业管理和经济发展的聚焦点。第三次工业革命阶段。20世纪40年代,以电子技术的发明和普及为标志,核技术、半导体、计算机等一系列创新技术的发明和应用的全球化普及掀起了全球经济发展高潮,产业结构升级、发展,第三产业逐步取代第一、第二产业成为社会经济发展主要经济形式。而随着技术在生产生活各个层面的应用,企业作为经济社会生活的最基本单位,其概念范围极其丰富,管理发展为一门真正的科学,技术与企业管理的连接正式确立。第四次工业革命阶段。以20世纪70年代后的微电子学、网络技术及自动化技术的应用为主要标志,涵盖了空间技术、航空航天、新能源等多个技术层面的数字技术发展,实现企业生产的全面机械化和自动化,科技成为人类社会发展和改造世界的主要方式。此次革命亦被称为"科技革命",科技在社会生活、经济发展各领域全面辐射、渗透,而数字科技作为人类社会实践的产物,科技革命实现了数字科技在社会生产生活的广泛应用,对企业管理变革的影响凸显。因此,随着科技革命的发展和全面覆盖,为使企业生产、制造等各领域适应新科技,以数字科技为切入点进行的企业管理变革研究成为现代企业管理的重要研究方向。

表2-1 工业革命阶段

工业阶段	第一次工业革命	第二次工业革命	第三次工业革命	第四次工业革命("科技革命")
时间	18世纪末	19世纪末	20世纪40年代	20世纪70年代
主要标志	蒸汽机、纺织机	电气应用、化学制造、企业工业化	电子技术、计算机	微型计算机、互联网络科技
管理变革	工业化管理	规模化管理	企业管理	科学管理

2. 科技革命促进管理变革

1)科技推动的管理变革

科技是社会经济发展重要动力和人类的智慧结晶,科技革命的不断推进,推动了社会生产生活方式升级和企业结构的变革。而企业作为社会生产生活的最基本单位,直面市场需求的最前端,是科技发展推动企业价值创造的起点,企业作为科技革命的直接受益方,科技发展推动了企业管理变革实践。事实上,科技进步是促进高质量经济发展和社会需求满足的关键,为全面发挥科技对经济成长的强大推动作用,企业生产、制造等价值创造过程应当与科技适应进行适度的变革。也就是说,科技发展与管理变革在理论上并不排斥,甚至是紧密连接的,呈现出理论逻辑上的耦合递进:科技推动管理经营结构的多层次变化,实现企业管理新发展。

因此，科技革命促进的管理变革在实践上表现为数字技术带来的企业变革发展。实际上，数字科技通过对企业产业基础设施的优化、升级，加速实现数字技术在企业经营各个领域的融合进程，优化产业结构，实现传统企业的数字化转型，以技术应用培育企业核心竞争力，实现市场需求变革下的企业管理变革和企业持续发展的价值创造。以 5G 技术应用为例，超高速数据传输突破企业管理的时空限制，实现企业跨时空经营管理和国际化经营发展，同时也有利于实现新经济时代企业经济效益的可持续以及向全球化企业管理变革发展，这一变革正印证了企业管理依赖数字科技实现变革发展的理论逻辑。而科技集成发展的数字化时代的到来，实现了数字技术向企业管理各领域的全面化、整合推进过程。科技推动管理变革共识下，关键数字技术对信息的处理、传输促进了市场竞争机制下的开放式、协同化企业价值创造过程的创新，企业管理突破了单一技术的情境依赖性，即数字化时代的科技发展对管理变革的推动更具有复杂性、综合性。科技繁荣的数字化时代到来对企业管理变革既是机遇又是挑战。

2）数字科技时代的关键数字技术发展

数字科技时代，也被称为数字化时代，数字科技是将信息编码为"1"和"0"的计算机语言进行信息储存，实现信息存储方式变革的信息运行规则的泛称。目前对于数字技术概念的理解分为两个范畴：微观层面上，数字技术是实现企业资源优化配置的生产工艺、生产设施和生产方法等技术的数字化改进；宏观层面上，数字技术实现了企业生产要素的创新，即数字技术在实现现存企业资源的优化配置基础上，将时代生产要素（数据要素）融入企业的生产方式、产业结构数字转型过程中，通过新要素的全产业参与实现企业技术进步、升级，提升企业管理效率。也就是说，数字技术对企业管理变革有着深远影响，而其中核心数字技术应用对这种变革发展的影响最为显著。本书将大数据、区块链和人工智能作为数字化时代的关键数字技术，论述其在数字化时代的发展。

首先，移动互联网和大数据中心的应用与发展。数字化时代的数据发展有三个特性：数据规模大、数据种类复杂和数据信息集中。数据信息中心成为数字技术进步的信息基站和企业间信息沟通的桥梁。而移动互联网在数字化时代被广泛使用，成为现代信息联结的关键技术，信息成为实现企业生产发展的新资源要素。"互联网＋"大数据中心的构造也使企业信息要素的抓取、转换能力显著提高，实现规模化、集中化市场信息处理同企业生产计划的精准匹配，企业信息处理能力显著提高。也就是说，数字化时代的互联网、大数据技术发展突破了传统信息技术覆盖范围有限、数据失真的桎梏，有效进行市场供需数据匹配分析和预测，进行了技术应用的卫星定位、信息通信等多个新型业态和模式的发展实践，渗透到企业发展的各个领域，在及时提供市场信息的基础上，更是作为企业实体经济发展的重要资源要素，推动信息多次动态反馈下的企业管理变革。

其次，区块链技术的应用和发展。数字化时代实现了社会各层面数据中心集结,增加了数据规制的风险,在单方数据提供的传统数字信息技术作用下,缺乏合理的数据处理和信息安全保护工具对数据的真实性进行合理评估,数字技术的数据处理能力发展受到严重制约。而区块链技术的应用和发展正是破除数据失真、数据市场不平衡发展问题的关键。相较于传统的数据处理技术,区块链技术实现了数据去中心化,信息密钥的数据分布式存储和信任机制建设大幅增加了数据处理结果的有效性,超体量企业生产相关信息在弱数据中心的网络的不同节点上进行实时互动,有效信息沟通渠道的极大化使数据价值投入企业经济价值增益中。也就是说,区块链技术应用实现了信息资源价值极大化赋能,有效信息传递机制的构建实现了企业对市场信息的无限认知,大幅提升了企业数据处理能力,降低了企业成本,实现了数据化企业管理价值创造。

最后,人工智能技术的应用和发展。人工智能是在移动互联网、大数据和区块链技术基础上对数据处理技术的再次优化,深度学习的数字技术发展实现了机器技术向人工智能技术的演化,是实现企业自主思考、动态发展的重要技术支撑。具体来说,企业引入人工智能技术对企业管理层的各个领域进行技术改造,如自动生成会计表单的智能财务管理技术促使企业成本管理变革实现,即人工智能技术的极广泛应用帮助企业主体实现对成本、收益数据的全面思考,帮助动态市场竞争数据自动收集下的企业智能化生产、制造实现。同时,数字化时代人工智能技术全面融入企业管理实践后,作为企业深度学习的典型技术,为机器人、虚拟生产的企业生产新业态发展奠定基础,实现全产业的人工智能技术发展的智能化产业升级,有效避免因被动数据传导产生的数据失真问题,助力数字化时代的企业虚拟产业管理并推进传统产业的数字化转型发展。

不难看出,大数据、区块链、人工智能等关键技术进步和应用实践其实是依托于数字化时代的数据存储永久性、处理及时性、系统有序性和动态反馈发展数据特点。这些关键技术基于数字化时代的数据特性实现了在社会生产中的广泛普及、应用,实现社会生产数据需求的满足,而为契合互动化、多样化、个性化生产、制造需求下的市场供需平衡,关键技术进步倒逼企业管理变革发展(具体参照2.2节表述),为积极应对企业在生产、制造等领域的管理新挑战,需借数字技术实现科技推动的管理变革,这就再次印证了数字科技推动企业管理变革理论的逻辑自洽性、实践可行性。

2.1.2 科技革命下的企业管理机遇与挑战

人类社会发展目前经历的四次工业革命带来了生产关系、生活方式等多领域的变革,而第四次工业革命,即科技革命,带来的影响作用范围最为广泛而深刻。与前三次工业革命(传统工业革命)实现的企业生产集中化、产业同质性、制造规模化管理变革相比,科技革命更注重生产变革基础上的企业价值创造再升级。具体来说,一方面,科技革命改变了企业生产方式和组织形态,推动企业在数字技术下的管理升级，实现现存资源价值创造；另一方面，科技革命作为充分利用数据资源、实现企业管理变革的技术革命，实现企业基于数据要素的核心竞争力培育以带动数据渗透的企业价值创造升级。因此，在关键数字技术不断发展完善的科技革命下，智能、综合的数字技术进步催生了多样化、私人定制化需求。为满足新的市场需求，企业管理必须适时变革，而这种变革由于科技革命技术发展的不确定，对企业管理来说，既是机遇亦是挑战。

一方面，科技革命带来企业管理新机遇。科技革命带来组织生产技术、产业结构的优化，互联网等关键数字技术应用激发了企业对管理模式及创新发展的思考。从组织管理到业务模式，传统企业管理似乎难以满足数字化时代多样化、复合型市场需求，而数字技术引入企业管理后，传统企业利用数字技术的数字化转型实现了企业在生产技术、商业模式、企业文化等多个方面创新变革。企业制造业向私人定制化、智能制造等新型生产制造方式、商业模式转化的企业创新实现，而企业创新其实是企业管理变革的一项重要内容，是数字技术实现企业管理变革、规模效益优化的主要途径。也就是说，数字技术推动企业创新发展，企业创新能力提升下实现数字化时代企业竞争优势的不断积累、增叠。科技革命作为管理变革的可持续动力装置，已经且还在不断刺激着企业创新在企业管理的全方位实现，推动管理变革发展。由此可见，科技革命的数字技术进步带来企业管理变革的机遇。当前，互联网技术、人工智能等数字技术集结的科技革命带来的企业自动化、智能化发展或成为新一轮企业管理变革的发展方向。

另一方面，科技革命带来企业管理新挑战。数字科技发展推动企业管理变革发展成为社会普遍认知，完成管理变革的传统企业实现了实体经营向虚拟网络化管理的经营方式转变，并在大数据中心等技术支持下优化企业平衡预算和成本管理。然而，"科技是一把双刃剑"，科技革命对管理变革的影响也是如此。科技进步带来企业创新发展的同时，也为企业管理埋下了隐患，具体来说，其风险表现在两个层面：其一，核心技术难以由企业独占，竞争优势弱化下的企业发展不稳定。数字化时代以电子交易为主的平台化交易模式转变实现了多元化消费需求的满足，而需求满足的企业定制化生产技术基于网络效应的全产业传递，难以实现企业核心技术竞争力的培育。同时，定制化的企业生产关键技术的形成往往是流行的，无法作为企业发展的核心技术维持企业长久发展，而数字化时代核心技术不断延伸、变化，企业也无法真正掌握核心技术。企业基于流行经济的生产技术和产业结构变革的企业管理不稳定性增加，竞争实力也在一定程度上削弱。其二，新型商业模式迸发市场背景下的变革发展难以预测。随着数字化时代的到来，传统商业模式由于运营成本高、采购管理效率低下等问题的确难以适应经济发展的潮流。而数字科技催生的新商业模式，如共享经济模式、分享经济模式，作为适应数字化时代的商业模式，实现了降低企业管理成本、提升企业价值效益的目标，但在一定程度上似乎亦是企业管理的新风险来源。数字化时代技术发展有动态演化的特性，数字技术支持的新商业模式的运作亦是动态的且对市场需求有着强依赖特点,这也就说明新商业模式的经济运作周期难以预测、企业决策的风险管理越发困难,企业在不同技术发展周期实行多元化的商业模式成果并非一致,复杂市场背景下的企业变革难以预测、风险激剧。

总的来说,科技革命对企业管理的影响利弊兼具,仅从机遇形成或风险增加的某一方面看待科技革命对管理变革的推动作用都是片面的。关键数字技术的创新和在社会生产生活中的泛化使用是数字化时代到来的标志,数字科技对企业管理的影响分析应从关键技术应用对管理变革的作用分析开始(2.2节具体讨论),全面、系统地认识数字技术应用对管理变革逻辑、企业发展实践的影响。

2.2 数字科技在管理变革中的应用

2.2.1 大数据技术与管理变革

1. 移动互联网与大数据中心

大数据的概念自被提出以来已有学者从要素资源、技术创新等多个理论视角进行了讨论,提出了大数据是通过信息技术实现海量信息处理的,有摩尔增长特性、多样化的要素资产说,以及多元异质数据集合的技术创新中心说等。总的来说,大数据发展作为信息技术变革基础情境,对其理解应从其实现的数据变革上进行分析。大数据出现带来了信息的 4V 数据化发展:其一,海量数据化(volume),移动互联网技术下,大数据作为信息采集、储存、整理的数据中心,提供社会生产生活各领域的海量数据资源;其二,数据传输多样化(variety),大数据中心出现,原本点对点的数据传输方式创新发展,点对面、面对面的数据传输方式多样化发展;其三,数据处理高效化(velocity),大数据作为全面的、多样化信息集结结构,实现市场供需信息的全面识别,提供充分处理的准确数据;其四,数据价值化(value),大数据的信息全面渗透到社会生活和企业生产的各个层面,数据成为社会价值创造的新生产要素,数据信息实现了价值赋能的数据化发展。由此看来,数字化时代对大数据的理解首先应对大数据核心技术,即对移动互联网与大数据中心技术进行具象化理解。

目前,对大数据关键技术(移动互联网、大数据中心技术)的理解可从三个层面进行:一是社会生产生活数据集成器。移动互联网实现了生产信息向"0"和"1"的数据化编码,而大数据中心将这种数据化应用到社会生产生活的各个领域。大数据技术的应用使得生产活动所有行进轨迹全面记录、监测,从社会生产、企业制造到个人购买等行为信息皆是大数据计算的数据节点,大数据技术的数据泛化发展实现了对社会信息的数据化集成。二是实现信息数据网状裂变和数据爆炸的加速器。为实现传统信息技术信息不平衡、有限信息桎梏的突破,大数据中心技术基于互联网技术不断进步,实现信息数据的网状裂变和多数据结合数据中心的形成,社会生产生活海量数据涌入数据网络并在大数据中心技术作用下不断增加,实现了全面、多样性市场信息提供。三是多主体协同发展的驱动器。互联网技术实现对数据收集、存储、处理的第一步,而大数据中心技术基于数据的初步整理对数据再处理,数据联网下实现了市场主体信息数据可视化,并在大数据中心技术下实现数据自主反馈,对多主体信息互通并合作实现数据处理技术进步、多主体互动的信息机制,企业竞争、技术进步更加强调协同发展的理念,实现大数据技术深度数据挖掘下的协同经济发展。

2. 大数据推动管理变革:趋于理想的数据化决策

1) 大数据下企业向全面化认知的无限接近

大数据技术已经成为实现社会认知的关键工具,在生产生活各层次全面普及。数字化时代对大数据技术的应用使得信息交易成为市场交易主要交易方式。与传统信息技术支持的信息交易相比,大数据应用的信息交易有显著不同,如表2-2所示。利用大数据中心技术收集的信息基于技术发展实现了制度信任的信息多次传递,信息交易更为频繁,并在4V信息特性下实现了信息交易占市场交易的比重不断增加,信息交易主导的市场经济运作下,对于大数据技术的社会认知发生重大变化,企业管理重点也出现变动。实际上,大数据技术的应用对企业管理变革的推动在于其对企业决策的影响,大数据技术的应用使得信息流通速度大幅提升。企业获得充分的市场信息后在互联网技术下实现了信息在企业内部的及时传递,帮助企业进行符合经济运行规律的企业决策,再利用大数据技术收集动态信息以监测市场动态及时进行企业决策修正和调整,即企业实现对经济市场信息全面化认知的无限接近。而数字化时代的大数据技术助力全球信息化交流平台搭建后,加速实现对企业间和组织内及国内国际环境信息的无限掌握,使管理变革决策趋于数据化选择发展,即在大数据下实现企业无限理性的数据化决策管理变革。

表 2-2　不同信息技术下的信息交易对比

不同点	传统信息技术	大数据技术
信息真实性	低	较高
信任类型	人际信任	制度信任
信息特点	零散、少量	4V
信息交易方式	分散	集中
信息交易频率	低	高

2) 企业管理的数据化决策变革

在数字化经济时代,企业要想达成可持续的企业长期发展目标、提升市场竞争力,就要进行契合数字经济时代特征的管理变革。而数字经济时代的特征是关键技术导向的,在大数据应用下的企业认识能力向全面化认知无限靠近,企业管理趋于数据化决策变革。这种数据化的管理决策新方式其实是对于有效信息沟通渠道下企业决策践成的应用,有助于决策实践向及时反馈、调整的科学决策管理转化。首先,从企业组织内环境变化上来说,大数据实现了企业信息渠道的构建和有效沟通,员工与领导沟通渠道的优化便于企业重要信息在企业中真实传递,企业管理凝聚力显著增强,跨部门、联合生产的组织管理决策新方式出现。其次,就企业外延发展来看,市场信息从多元大数据中心网状扩散,企业作为多数据中心的一个节点,基于数据网络的信息流动实现对行业现状和主要竞争对手发展动向数据的及时掌握,进行全面市场认知的数据化管理决策调研和科学的决策调整,且企业市场敏感度随数字技术的进步不断提高,数据作为新生产要素渗透到企业生产各个方面,数据化决策成为企业发展决策的主要方式,推动企业管理方式的变革。

因此,大数据技术应用推动管理变革的重点在于,大数据技术使信息数据全面渗透到企业管理中,企业竞争的实质转变为对数据资源竞逐,以数据使用为核心的数字技术发展成为企业制定发展战略关键考量因素。而充分利用数据要素的企业决策管理数据化变革是目前看来最好的选择,要实现企业对时代发展的适应还要实现科学的企业数据信息管理。同时,数字信息在企业价值创造流程中的超体量传播,亦表明企业管理变革的方向是在企业生产数据泛化下推动数据化决策发展,实现企业对大数据超体量、多元化信息数据的及时处理、传递。也就是说,大数据下的决策数据化管理变革有助于企业融入动态经济、提高企业环境适应性,以科学的决策指导企业核心竞争力培育,实现数字经济时代下数据技术快速迭代的企业长期稳定发展。

2.2.2 区块链技术与管理变革

1. 加密技术与区块链

区块链技术是破解数字化时代信息不对称问题的数据治理机制,在移动互联网、大数据中心等技术基础上,目前区块链依其底层技术应用、使用情境等又有了私有链、公有链和联盟链三种细化发展,如表2-3所示。其一,公有链。公有链下的区块链技术以比特币、以太坊的出现为标志,链中相关数据主体在去中心化的数据传输规制下,利用分布式记账技术实现数据在任意节点的开放化信息传递,在社会发展的各个情境中皆可使用。其二,私有链。私有链的区块链技术实现弱中心化的信息数据传递,其弱数据中心基于加密技术使用实现。数据的传输在第三方平台控制下进行,虽然弱化了数据开放特性,但数据加密技术使得用户数据隐私性得到充分保障以实现高效数据交易,实质上侧面强化了数据的高速流通,而企业作为第三方数据控制平台多利用私有链技术进行企业管理。其三,联盟链。联盟链以实现数据多元中心化发展为特征,实现了多组织联盟下的协同化信息控制,但其对参与数据协同共享的数据中心主体进行限制,以联盟内组织为链化节点进行联盟内的数据高效传递和真实性限制,这种对于联盟内的数据安全的重视隐喻了联盟链的应用多见于金融组织机构的数据链化处理。

表 2-3 区块链的分类

特　　点	公有链	私有链	联盟链
数据中心化程度	去中心化	弱中心化	多中心化
共识机制	难以达成	容易达成	较易达成
交易效率	低	高	较高
数据开放	高	低	联盟内
技术优势	分布式记账	技术密钥	联盟内共享
应用情境	比特币、以太坊	企业管理	金融机构
发展现状	广泛使用	缺乏应用	开放中

因此，通过对区块链细化分类的分析，可以发现私有链的区块链技术应用与企业管理在理论上高度耦合，即区块链推动的企业管理变革其实是私有链技术对企业管理变革推动的实现。具体来讲，私有链在企业管理中的应用为：数据在技术密钥加密下实现链内弱中心化的数据存储机制形成，使得企业作为第三方数据控制平台避免公有链去中心化带来的组织架构全面变革的管理变革难度。同时，充分发挥数据不可篡改、加密处理的企业信息交易的作用，在相对密闭的企业内部空间达成关于内部数据加密流通的共识机制，降低因数据流通过快且缺乏控制中心带来的数字道德风险。私有链技术发展与扁平化企业组织发展方向一致，在弱中心控制下分权发展充分实现数据价值，促进数据要素协同的资源配置效率提高和企业管理变革发展。

2. 区块链推动管理变革：数据要素再赋能企业价值创造

1) 区块链推动企业管理变革逻辑

一般来说，区块链推动企业管理变革的总体逻辑为：通过区块链技术应用实现信息数据价值赋能，并基于数据链化的企业内外部数据价值互联实现数据价值赋能的价值创造模式变革，推动企业管理变革发展。具体来说，区块链推动管理变革的逻辑包含三个层次的理解：其一，区块链实现企业组织架构变革。为实现组织规模效益，企业一直通过构建科层组织进行企业管理，而科层组织发展对形式主义、领导本位的强调实际上束缚了企业生产效率提升，企业环境敏感度降低，这就意味着科层组织架构的企业发展难以适应数字化经济时代。区块链技术应用于企业管理后，弱中心化、信息公开和不可篡改特点的组织内沟通渠道建立，使得企业组织架构趋于向扁平化、柔性的科学组织架构变革。其二，区块链实现企业盈利模式变革。区块链技术作为数据加密处理的智能合约机制的实践，实现了交易信息及时、安全传递的企业间竞争交易模式的简化，为实现企业极大化价值创造提供有效数据信息支持，而企业盈利模式作为企业价值创造过程的结果行为随区块链数据应用技术在企业深入渗透向共享化、协同化盈利方式转变。其三，区块链推动企业管理变革。数字化时代的企业发展是多要素整合下的价值创造的结果，即需要全方位、综合化协同企业资源实现数字化转型发展。区块链技术的应用为企业资源协同提供技术支持，在弱中心化的数据处理下，企业实现对企业资源的具化利用及有效划分，实现企业资源和管理目标的精准匹配，提供企业管理优化路径。同时，广泛使用的数据作为资源协调的载体亦实现企业价值创造和数据价值再赋能发展，即实现了企业生产、制造多层次的企业价值创造创新，推动整体的企业管理变革。

也就是说，从区块链推动企业管理变革的多层次变革逻辑来看，区块链推动管理变革的本质在于：区块链技术实现数据要素在企业中全面渗透后，数据作为企业生产关键要素赋能企业价值创造全过程，企业为实现数字化的企业价值创造逻辑进行数据赋能的企业价值管理并对企业管理进行变革，以实现数据价值驱动的企业长期发展目标。

2）数据要素再赋能价值创造

由于科技革命对数字技术的广泛使用，企业运作产生的信息、知识逐步成为企业发展新资产，数据成为新生产要素后带动企业发展进入数字化时代。而数据要素在企业生产中的应用不仅仅是作为资源基础推动企业持续获益，更是企业生产制造和数字技术的连接纽带，将企业管理正式与数字技术联系起来。因此，对数据赋能价值创造要从企业管理层次进行多元化理解，尝试从企业管理的四个方面介绍数据赋能的企业价值创造：一是以数据驱动的决策价值创造，通过对市场竞争数据充分收集进行全面化市场调查与预测，进行数据驱动的科学化企业决策，充分实现决策价值；二是以数据驱动的流程价值创造，区块链加密技术实现企业闭环发展，利用企业内部高效沟通渠道，企业生产同市场需求精准结合，促进企业生产流程优化和流程价值创造；三是以数据驱动的产品价值创造，企业生产设计的市场需求信息及时获取，数据要素实现了需求信息分类的个性化产品价值；四是以数据驱动的技术价值创造，个性化数据去中心、弱中心、多中心对技术应用要求的不一致，催使技术快速迭代，大数据、区块链等数字技术进步推动技术创新，实现数据驱动的技术价值赋能和创造。而不论是企业决策管理、流程管理、产品管理和技术管理，还是数据作为生产要素实现企业发展都是企业管理的重要组成部分。数据赋能价值创造本质上是数据要素的使用驱动企业创新的实现，而创新的实现是数字化时代企业管理价值创造的集成结果，进而推动管理变革，即区块链技术应用将数据要素化后对企业管理变革的推动机制是通过企业价值创造的数据再赋能促进企业价值创造创新发展来实现的。

2.2.3 人工智能与管理变革

1. 数据分析、深度学习与人工智能

数据分析是从数据中通过分析手段发现数据价值的过程，该分析过程包括数据获取、数据清洗、数据处理、数据建模、分析结果呈现、数据价值发现和数据价值实现多个数据阶段。而大数据技术应用下,数据分析更注重由深度学习技术发展实现数据分析功能的丰富化、灵活化,呈现出异于传统机器学习技术的特征化发展:深度学习技术实现了数据规模效益增幅下的技术迭代、性能优化,是自主性技术升级的人工智能技术的基础。而数字化时代超体量数据爆发背景下,深度学习技术更有助于实践计算机算法下对算法数据的理解,使得准确、全面化分析的数据结果被及时有效地传递到社会生产生活各个领域。

人工智能技术基于云计算、大数据等新一代信息技术的运用,是以深度学习的机器拟人化行为为基础的智能技术系统。简单来说,人工智能技术使得智能机器设备基于深度学习,实现涵盖企业智能生产、制造多领域技术的自动化、智能化升级。如果对人工智能进行广义和狭义两个层面的理解,那么从广义来看,人工智能泛指通过计算机(机器)实现机器像人一样去决策,包含自动化信息收集、智能化和认知科学等多个领域技术智能化应用、发展。而从狭义来看,人工智能是在数据分析基础上的机器技术智能化发展的实现,实现数据分析下的机器学习到人工智能的转变。数据分析、深度学习和人工智能的发展在概念意义上存在联结,如图 2-1 所示,人工智能作为一种机器数据分析技术进步和大数据信息分析向人机互联情境的业务拓展的结果,其实是数字技术的拟人化智能发展。从关联性来看,人工智能就是实现了机器技术的深度学习,深度学习则是大数据时代的典型技术进步方式,也就是说不论是机器学习、深度学习还是人工智能都是对数字化时代的数据分析技术的发展。从企业管理实践来看,人工智能作为数字技术进步的数据分析能力的拟人化,使得企业生产、制造流程摆脱了人力的依赖。而且这种智能化机器生产技术在不断地进步和深入社会生产生活,人工智能技术在实践应用中不断完善,人工智能应用机制等的有关理论研究也在不断丰富,人工智能技术的应用成为数字化时代经济繁荣的重要技术动力,即人工智能应用于企业后,必然会对企业管理产生影响。

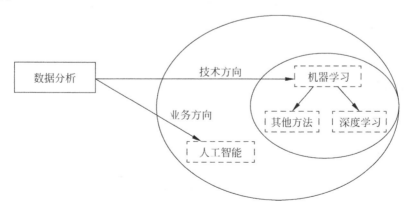

图 2-1　数据分析、深度学习与人工智能的关系

2. 人工智能推动管理变革：闯入智能制造新时代

1）人工智能与企业管理联结

目前，人工智能作为数字化时代技术发展的重要技术创新方向，其影响范围涵盖机器学习、心理学、哲学、认知科学、生物学、信息学等在内的多个学科领域，就企业管理层面来看，具有深度学习能力的人工智能技术实现了技术与企业管理的联结。具体来说，数字化时代的数字技术与企业数据信息系统互联，进而改变了企业管理的决策环境，企业智能化信息处理技术的发展实现企业对数据资源的利用效率的提升，即深度学习的人工智能技术通过在企业的应用强化了企业环境感知敏感性，提高了企业管理决策能力和效率。而充分认识环境的企业在进行战略决策时利用人工智能技术实现了环境数据量化分析下的有效企业战略决策的作出，企业管理摆脱了人类知识束缚，即人工智能作为一种企业或企业的管理者拥有应用技术，带来了更为便捷化、科学性、综合的企业管理、价值创造的实践。以人工智能为平台的企业管理实现了管理层面的智能化发展，人工智能技术作为连接数字化技术和企业管理的重要技术推动企业管理层的智能化变革和优化。

2）企业制造管理智能化变革

在企业生产制造过程中，传统企业管理信息沟通、资源调配的固有劣势严重制约了企业数字化发展和核心企业竞争力的实现。随着数字化时代人工智能技术的广泛使用，企业管理智能化成为企业管理变革主趋势，即实现人工智能技术下，企业管理协同发挥人类智能、人工智能、组织智能及社会智能多元主体的深度学习能力，实现企业智能化管理变革以适应动态经济环境。而人工智能技术的发展和应用对企业管理的影响主要体现在其促进了智能化企业制造管理变革。事实上，人工智能正在引领制造业管理变革，变革逻辑主要是：通过智能感知技术实现精准需求预测，实现供需匹配的企业生产，提升企业制造运营、生产能力，实现无人化、智能企业制造管理发展。具体来说，目前人工智能助力智能制造的典型场景主要有三类：一是人工智能助力产品智能制造。人工智能技术对企业产品生产进行智能化分析，智能化实现产品技术创新，实现产品生产从软件到硬件的智能升级，实现新一代的智能产品生产制造，如智能芯片、AI产品等实质上是人工智能技术对市场产品深度学习后实现的技术智能升级的智能制造成果。二是人工智能助力服务产品智能发展。人工智能技术为制造企业提供更精准的增值服务，助力实时、精准的广告信息传递的企业市场营销流程的实现，并基于实时监测、管理和风险预警技术实现智能技术支持的产品售后维护等，实现服务业企业智能化发展。三是人工智能助力智能化生产。嵌入企业生产流程各个环节的人工智能技术，实现了机器多流程、复杂生产线的智慧识别，智能生产供应链的形成实现了生产效率、企业智能生产力的提升。而不论是产品智能制造、智能化服务还是智能生产，都是企业生产管理的重要组成部分，人工智能技术实现的企业生产流程的智能化发展，也就是人工智能推动企业管理变革的典型举措。

> **典型案例**

"用人工智能建设美好世界"——科大讯飞的人工智能管理变革

科大讯飞股份有限公司,原名为安徽中科大讯飞信息科技有限公司,创设于1999年12月30日,并于2014年4月18日正式变更为科大讯飞股份有限公司(以下简称"科大讯飞")。科大讯飞作为目前我国最大的智能语音技术提供商,其在智能语音技术领域多年来进行了艰巨的探索研究,实现中文语音合成、语音识别、口语评测等多项技术上的国际领先发展。科大讯飞作为我国国家级创新技术发展领军企业,其在智能语音技术及产业化方面的研究为我国智能语音技术规范化发展作出了重要贡献,实现了以智能语音技术为核心的语音平台产业、教育产业方向等多产业方向的语音产业链化发展。目前,科大讯飞包括移动互联事业部、行业软件事业部、智能化事业部、通信增值事业部、教育产品事业部、智能玩具事业部在内的多产业事业部企业集团已经形成。

事实上,作为科大讯飞技术核心的智能语音技术是人工智能技术在企业管理方面的典型应用。智能语音技术本质上是基于机器传感和语音识别数字技术的机器拟人和智能语音数据处理,简化并实现人与机器的信息沟通。从技术层面上看来,智能语音技术包含了实现数据感知、语音识别功能等关键数字技术,人与机器的面对面信息沟通的成功实践,意味着人工智能技术在其他产业领域的嵌入发展。也就是说,以智能语音技术作为科大讯飞智能化发展的切入点,在企业发展过程中科大讯飞进行了人工智能与其多产业发展结合的多次尝试,实现了人工智能与家电产业相结合的"从手控到声控"的智能家居变革,即实现语音指令下开灯、调光等智能家电动作完成,以及将人工智能与机器人产业结合的智能机器生产变革,推动我国智能机器人制造高潮的到来。那么,科大讯飞的人工智能化企业发展是否可复制?科大讯飞作为数字化时代背景下,我国企业管理智能化变革发展研究的典型案例,成为社会和管理学界研究热点。

目前,对科大讯飞智能化管理变革逻辑的相关研究指出,科大讯飞的智能化发展的实质是在核心技术支撑下实现的多层次联动的管理拓展与变革。科大讯飞的核心技术——智能语音技术作为科大讯飞语音系列产品的技术支撑,为市场范围内不同企业行业和数据开发平台提供智能语音技术支持及配套语音技术开发工具,而这些企业和平台在作为科大讯飞的消费受众的同时,也为科大讯飞现有智能语音技术的完善和技术迭代提供了丰富的数据资源。在"携手合作,共享产业成就"的合作理念下,科大讯飞通过产业合作发展实现语音数据的极度丰富化,推动智能语音技术的不断完善,同时科大讯飞通过语音技术再参与到企业联合发展中,实现企业规模的扩大和企业实力在语音产业内的再一次飞跃。

也就是说,科大讯飞的智能化管理变革的成功与其对企业发展核心技术的掌握密不可分,拥有破坏式核心创新技术的企业从其技术成功投入企业生产的市场运作那刻起，就有了基于核心技术开发结合其他产业行业技术实现企业管理变革的无限可能。因此，实现适应时代的管理模式变革的研究焦点转移为对关键核心技术掌握的探讨。关于具体的技术开发和发展作为科学技术学科的研究重点，管理研究注重核心技术的建立机制，目前普遍认为核心技术发展关键在于企业合理、有效的知识管理机制基础建立。数字化时代，企业智能化发展作为企业管理变革的主要方向，其本质是智能设备基于深度学习实现的数据等知识资源合理利用，实现企业管理智能化转变。而知识资源作为由社会生活的抽象脑力劳动过程创造的数字科学知识，随知识传播进入经济市场实现经济价值创造。也就是说，知识资源是知识经市场运作的物化发展，既能基于知识、文化传播实现社会高层次精神需要的满足，又能基于知识资源使用实现数据信息知识赋能的价值创造，而需求满足和价值创造都是技术应用行为结果，即企业基于知识资源充分利用可以实现企业关键技术的获取。

科大讯飞作为语音技术开发产业领导者，其拥有的知识可分为三类：其一，丰富的技术创新、数据共享知识。在共享知识渗透于企业文化后，科大讯飞敢于打破既有的管理思维，实现柔性、扁平化管理变革下的知识型组织发展，同时科大讯飞积极与其他企业进行知识共享，虹吸其他产业，如家电产业技术知识，丰富其多产业技术知识并通过数据共享实现企业内知识传递。其二，独占的产权知识。科大讯飞拥有智能语音识别、语言合成等多项语音市场知识产权，拥有富足的知识资源产权优势。其三，先进的企业产业链管理知识。科大讯飞基于产业价值链发展，建立了全产业知识流通的网状知识系统，实现企业内知识的高效传递，实现全产业链的知识及时更新。而在拥有如此富足的数据知识后，科大讯飞知识管理的关键是将数据知识作为企业生产要素进行赋能，即实现知识的物化发展，以及知识资源向企业运营资产的转化，为核心技术培育提供知识基础。

科大讯飞在人工智能技术应用下，为实现知识资源向企业运营资产的转化，进行了企业运营管理智能化变革。科大讯飞将既有的知识资源投放到企业生产后，在智能识别技术下将客户需求、企业知识方案及市场数据有机结合起来，在实现客户需求满足和追求企业利益最大化的基础上，完成了企业运营管理基于利益者市场情境的管理变革。具体来说，在利益相关市场情境下，科大讯飞进行了充分的运营管理变革实践，通过发展较为成熟、有稳定经济优势的业务领域，如中文语音识别等，为其他弱势领域的试点建设提供丰富的资源基础，如多企业联合的博思智能中文平台建设，推动了企业外延化产品管理变革。同时，校办企业出身的科大讯飞，十分重视产学研多方利益协同的企业运营管理创新变革，即科大讯飞作为企业孵化器，为将学校的技术创新引入企业生产市场，进行了多层联动的企业创新管理转化机制变革。

同时，科大讯飞通过知识管理机制实现了组织架构向学习型组织转化的组织管理变革，实现关键技术创新学习氛围下的企业核心竞争力培育。事实上，学习型组织作为当代企业组织管理新发展形式,是组织学习能力、核心能力发展的关键。自进入数字经济时代,进行知识资源管理的科大讯飞就十分注重其组织架构向学习型组织的转变。一方面,科大讯飞十分注重非正式组织作用的发挥,认为非正式组织是企业建立学习型组织的重要组织基础,不能因非正式组织的非固定性等弊端简单取缔,并将其作为知识在企业内传播的重要渠道予以利用。另一方面,科大讯飞为实现知识的企业内信息流通渠道顺畅,建立了以学习小组为单位的内部学习网络,辅以知识贡献率作为计量标准的员工绩效评估制度,激活组织学习积极性,建立有效的组织学习机制。而学习型组织变革下的科大讯飞,实现了人工智能技术在内的关键数字技术的组织内消化吸收,并通过组织学习反馈推动企业技术创新的实现,不断推动企业管理向理想化管理模式的靠近。

经济全球化时代背景下,企业管理模式的变革,不论是组织变革、技术变革,都要注重多方协同下的变革发展。在共同体经济发展形势下,科大讯飞已经与不同产业领域的多家优势企业建立了战略联盟,涉及移动运营产业、教育出版产业、数字传媒产业等多领域的龙头企业。而多方协同对管理变革发展的影响不仅仅体现在推动作用的实现,更体现在对管理变革风险的有效控制。科大讯飞为实现企业规模的扩大,利用人工智能技术不断外延其产品领域,而进入外延领域后现有的企业管理模式必然要进行一定的变革以适应企业多元化发展战略。而企业若缺乏可靠的战略协同企业或利益相关企业提供相关的多元化外延领域的企业管理经验或方法,企业选择管理变革的风险将由企业主体独自承担且变革成功率往往较低。因此,科大讯飞通过企业间联盟中心建设,进行协同发展的企业管理变革和管理模式探索,同联盟企业共享发展机遇、共担变革风险,保障科大讯飞智能化管理变革成功,实现企业持续繁荣发展。

思考案例　扩展阅读

第3章
创新管理跃迁：数字化企业变革持续迸发

数字化技术在社会生产生活中全面普及和应用，数字化转型成为适应复杂经济形势、获取长期发展的关键，而作为社会生产最基本单位的企业，以数字化转型方式融入新经济时代，是契合经济运作规律和经济高质量发展国家政策的企业变革发展的有效途径。企业数字化变革落实到企业的发展实践中，不仅仅是对企业生产方法优化、生产技术进步的实现，更多的是企业对根本创新技术的掌握。根据当前已有研究和企业数字化转型实践可以发现，数字化企业变革其实是对企业技术创新、商业模式创新的实现，掌握了技术创新、商业模式创新某种程度上意味着掌握了企业变革发展和管理创新的核心秘钥。事实上，数字技术的不断优化，智能化、综合化的技术创新既实现了企业生产技术的优化，也给企业技术创新提供了数字化演化方向，使得企业的技术发展始终不落后于或领先于现有的技术市场。而数字技术下的企业商业模式创新则为创新技术的价值转化提供实践路径，且二者在企业变革发展中不断交互，实现企业数字化转型发展。

在数字化转型实现企业变革、推动管理创新成为普遍共识后，企业的数字化转型实践正在社会各个层面不断深入。而这种数字化发展的实践逻辑作为数字化企业变革的管理理论建议尚缺乏整合化的分析，对企业管理的企业数字化变革演化的路径、概念问题的讨论较少，其实际上是作为一种理论的数字化企业变革可行性的实践检验程序而存在。那么，为了更好地认识、理解数字化实现的企业变革，提供经济、技术动态背景下的企业变革、管理创新建议，本章从数字化实现企业变革的共识机制理解出发，进行数字化下的管理变革理论探讨、数字驱动机制下的技术创新实现、技术驱动机制下的商业模式创新实现三个层面的具体分析，推导出以数字化方式实现的企业变革、管理创新的理论认知逻辑。

3.1 数字化管理变革

3.1.1 数字技术与创新驱动

1. 创新概念及重要性简述

创新作为社会生活各个产业领域适应新经济时代经济逻辑的第一发展动力，

就概念上对其本质含义目前有多方解读,如熊彼特初次提出"创新"的概念,认为创新是经济学领域的重要概念,是一种超越了技术生产范畴的创新发明,将创新生产技术、生产方法工具带入企业生产制造后对社会生产力、生产关系的经济基础进行创新发展;德鲁克则认为创新更多的是一种资源赋能机制的实现,是新能源、新技术价值创造能力的产出,而这种能力是可以被认知和管理的,企业组织可以通过系统的创新学习实现能源转换赋能的企业价值创造。也就是说,从企业系统、企业组织层面上可以对创新的概念进行一种更为泛化的理解,创新就是一种新的生产函数的建立,将实现价值创造所需的生产要素和生产构件基于创新的识别组合引入企业生产价值创造系统中去,获取新技术、新要素生产自变量下的潜在的利润因变量的实现,即创新投入企业生产体系后涉及企业多个层面价值创造的实现,包括生产技术、生产方法、产业市场创新的多个企业管理领域,也就是实现了企业创新管理。

实际上,在逆全球化、环境动荡激剧的经济形势下,管理创新是企业实现环境动态发展中维持、培养创新核心竞争力的关键。而当前复杂经济形势下,技术创新、数字技术创新等管理创新的实践不单是单独经济个体、组织、企业某一层面技术提升的实现途径,更是企业整体变革发展、实现新经济形势下企业价值创造的重要形式。事实上,通过创新破除当前企业发展困境的实践已经并正在进行,在社会新发展阶段数字技术的创新发展为企业发展提供了裨益和管理创新(本书第2章详细讨论)。互联网技术和大数据中心技术的创新实现了共同体经济下的企业互联,破除了原有市场信息渠道在传递成本、信息不充分的零和竞争下的信息单边化局势,促成了信息集约、数据共享的企业双赢竞争的实现;区块链技术则作为信息加密处理技术下的信息交易保障基础,保障了市场消费数据在弱中心化下企业的隐私,为企业信息交易市场的电子商务繁荣助力;人工智能技术更是实现了企业发展从密集型生产到知识生产的跃进,辅以职能反馈机制使得企业管理创新不断升级,全面推进企业智能制造时代的到来。不难看出,创新作为发展的第一驱动力,对企业实现全面发展的创新管理体制变革有着重要意义。

也就是说,创新是企业管理创新的核心驱动力量的普遍认知在社会范围内已经形成,创新的重要性在企业管理实践和理论探索双逻辑下得到了验证,创新发展是实现企业长期繁荣、持续发展的时代驱动力。而理论上管理创新在企业发展中的全面的、系统的、组织性的普及,是企业发展适应数字经济时代的第一要务和企业战略转型理论探索的关键。

2. 企业管理创新特点及规律

创新作为一个跨学科、多层次的综合概念,涉及企业生产的技术科学和经济科学等方面概念,还体现在企业文化、知识学习的社会认知学等概念中。随着数字经济时代的到来,创新深入企业管理的各个层次,在实现全面的企业管理创新的创新发展新形势下,管理创新呈现出以下几个特点:其一,企业管理创新创造性。创新管理作为企业在新经济形势下的创新实践形式,基于经济背景和社会发展阶段的固有情境,数字时代的创新管理以企业固有的管理理念、路径和理论为基点,结合时代发展特性和社会生产生活需求对原有管理理念、路径和理论进行创新发展,实现企业原有发展基础上的创新价值赋能、资产创造增值。其二,管理创新实践的发展长期性。因企业管理是一个涵盖企业利润实现的复杂价值创造过程,创新赋能的企业管理创新发展的践成需要企业的长期努力和持久坚持。其三,利益不稳定性发展。管理创新是企业基于新兴技术、创新技术在新(或原有)市场的创新工作的实践,而创新能否成功难以保证。管理创新的实践其实是一件极具风险的企业投资,而且由于创新技术的技术含量往往偏高,企业管理创新的实践结果两极分化,获取先发优势或者承担高额成本风险使得企业管理创新一度停滞。而创新发展的数字科技不断进步,使得企业风险掌控能力增强,企业管理创新的利益不稳定性趋于风险优化。其四,企业管理创新情境依赖性。实际上,原发式的企业管理创新践成是极其困难的,由于管理创新涵盖了企业组织架构、企业文化等多个企业发展层次,对企业基础创新能力有较强的技术依赖,这种管理创新的实现往往需要庞大的企业资金和创新技术不断累积、更新,管理创新难以短时间内在小微企业普及。

综上所述,企业管理创新的特性可以总结为:创新创造性、发展长期性、利益不稳定性和情境依赖性。通过对企业管理创新特点的总结和归纳,可以发现企业管理创新发展规律是一种类同于生物进化的演进规律在企业管理中的实践。从生物进化的生态学来看,人类基于对生产生活工具的创新使用实现生产力的解放、生产关系的调整,并实现向自我的全面而自由的发展理想不断逼近,而创新作为社会发展的第一动力,如果没有创新实践的不断推进和应用,人类社会就不会实现向现代化社会的迈进。将企业拟作生命体后,企业的生产技术、生产方式如若不能随着经济市场的运作进行全面的创新实践,推进企业管理各个层次不断地优化和升级,对企业来说将难免落于时代的尾端,成为"企业进化"的"淘汰品"。而掌握目前国际国内经济发展竞争制高点的最有效途径,是企业管理创新实践下的创新驱动的企业数字化发展变革。那么,具体来看,企业究竟是如何实现管理创新发展的呢?

通过对经济发展环境的分析,可以发现,世界范围内正在进行以数字科技为引领的数字化经济发展变革,通过对数字化的实质(本小节下文讨论)的讨论,可以发现数字经济时代对企业发展的最重要影响就是基于技术创新的管理创新的实践,涉及企业管理创新的四个演化阶段,如表3-1所示。阶段一,企业对当前的发展不满足,管理与实践脱节。在此阶段,企业发展往往遇到强劲的竞争对手或企业发展进入瓶颈期,为了获取市场竞争优势和破除发展困境,企业趋于对现有生产技术、生产方式进行创新,期待通过创新技术培养出企业不可复制的核心竞争能力,打破企业管理僵局。阶段二,激活组织活力的创新氛围营造。创新作为重要的发展联动装置,与多领域生产技术等结合的典型创新企业的成功给企业管理带来启示,创新型的企业将创新技术充分在企业内传递实现了自主反馈、技术更迭的创新理念普及。而其理念传递机制,即组织信息沟通渠道桎梏着创新理念在企业内的融入,企业为营造创新利好的企业氛围,进行组织架构的创新调整,促进创新组织管理。阶段三,管理创新的普及和企业全面创新管理的发展。在企业生产技术不断进步且创新的企业认知渠道搭建成功后,创新实现企业的持续发展、企业的时代适应和企业认知的转型,企业开始在领域内多层次地进行管理创新,实现企业文化创新机制的构建,助力管理创新的全面发展。阶段四,企业管理创新的全面普及。在管理创新的技术基础、组织架构、文化指引基本实现的情况下,企业进入管理创新发展的最后一个阶段,将创新引入企业管理的各个层面,实现企业管理创新的演化。

表 3-1　企业管理创新的四个演化阶段

演化阶段	阶段一	阶段二	阶段三	阶段四
企业特征	对发展不满足、管理与实践脱节	缺乏竞争活力、营造创新氛围	创新知识普及、创新管理实践	全面推进管理创新发展
创新动向	技术创新	组织创新	文化创新	管理创新

不难看出,不论是创新特点还是创新的演化规律,其实都是在数字化这个多领域技术创新空前繁荣的时代背景下的企业管理的优化、升级。可以明确的是,创新的确实现了企业组织、技术、流程管理的优化,而对于数字化的概念并未多加思考。数字化时代是孕育管理创新的背景,实际上,对数字化时代的充分了解,将有助于企业掌握创新发展的先发优势,而技术先发优势更有助于消除企业管理创新的利益不稳定性弊端,推进企业全面化、整合性管理创新发展。

3. 数字创新逻辑

1) 数字技术特性

已有研究对数字时代的创新技术,即数字技术进行了理论上的深入讨论,目前对数字技术特性的表述进行了技术层面和管理层面两个标准下的特征分析,如表 3-2 所示。一方面,在技术层面,数字技术有着鲜明的可计算性、可通信性和可感知性。数字化关键技术实现了数字技术特性与实践的连接,如互联网和大数据中心技术带来的数据化决策的实现、区块链技术实现的数据赋能企业价值创造变革和人工智能技术推进的智能制造时代(本书第 2 章详细讨论),这些技术特性的实践转化实现了不同类型数字技术典型实践的产生。但是,这些具有分化特性的数字技术在实践、理论的分化表征,并不意味着其彼此间必然是隔绝的。实际上,如技术可通信性典型事例全球卫星定位系统的构建必然是基于可计算的大数据技术支持的,且辅以感知性的智能化数字技术实现其信息及时匹配、卫星导航的功能,也就是说,对于数字技术的特性可以细化理解,但在实践中不能完全隔绝。另一方面,在管理层面,数字技术有着鲜明的技术平台化、技术组合化、技术分布化特征。具体看来,互联网技术实现了数据平台化管理的发展,如阿里巴巴作为我国最大的电子数据平台组织,集中化的数据处理下,数字技术有着鲜明的平台化、集中演进特征。人工智能技术则有着鲜明的技术组合化特征,"互联网+"的人工智能技术实践形式是我国应用人工智能技术最为普及的政策指导形式,这类具有组合性的数字技术是技术融合应用及全面化管理创新的技术基础。而区块链技术则区别于技术组合性特征,有着典型的技术分布化发展特征,可实现分布式数据处理的用户信息处理机制的构建,促进有效信息交易的实现。也就是说,管理层面下的数字技术要做差异化理解,管理的目标是实现企业获益,也就是满足社会需求。因此,管理层面的技术特性与多样化、个性化的需求变革相适应,在满足需求的规模化管理和定制化管理并存的管理背景下,数字技术必然是分布化特征和组合化特征同时存在的,这并不矛盾且内在逻辑自洽。

表 3-2 数字技术的特性

区分标准	特征	典型事例	技术内容
技术层面	可计算性	大数据技术	信息采集、整理、编码、传递
	可通信性	全球卫星定位系统	数据寻址、信息交流、关联、匹配
	可感知性	智能机器人	机器智能识别、感知
管理层面	技术平台化	阿里巴巴大数据中心	数据平台、生成性
	技术组合化	科大讯飞智能语音全产业架构	融合性、组合创新
	技术分布化	智能手机制造技术的开发者分布于世界各地	分布式、开放式创新

2) 数字化概念

基于对数字技术特性的理解,不同学者对数字化这个总体概念的含义进行了探讨。现有的研究集中于从数字化发展结果的因果逻辑、数字化发展过程的递进逻辑和整合化发展逻辑这三个逻辑推演数字化内涵进行分析,如表 3-3 所示。首先,基于数字化发展结果的因果逻辑。在因果的逻辑中这种数字化的内涵是数字技术阶段式迭代在企业生产中的实现,数字化实现的结果有三个层次:其一,数字技术应用下的数字组件(信息数据)和物理组件交叉组合产生的新产品创新;其二,数据处理能力投入生产后的新服务业态创新;其三,基于数字化的数据要素实现的新服务业态创新。也就是说,因果逻辑的数字化内涵是符合技术创新演进规律的,是创新技术投入生产后对企业产品、服务、商业模式进行数字化赋能,即将数据要素投入企业生产为企业产品、服务、商业模式数字化发展提供便利。也就是说,因果逻辑下对数字化内涵的理解着重于对企业数字化发展结果的关注,强调数字化创新实际上是通过数据等数字化资源的投入实现的数据、技术为主要生产要素的传统产业、服务、商业模式的数字化转型发展。其次,基于数字化发展过程的递进逻辑。递进逻辑下对数字化的理解强调数字化过程实现的企业运作方式、效率的优化。在创新扩散、技术接受、意义构建理论基础上,企业通过数字技术在企业营运过程的全面融入使用,推动企业建立数字化沟通渠道、管理工具和管理方法,实现数字化在企业创新中的技术工具效用的充分发挥,作为创新发展的流程管理工具、项目管理系统、信息管理系统及沟通工具全面提高企业管理创新过程的影响效率。也就是说，基于递进逻辑将数字化创新定义为数字化资源使用对管理创新过程的效益优化。最后，基于整合化发展逻辑。随着数字化时代的到来，数字技术在社会生产生活实践中全面化普及，数字技术实现了在企业管理领域的全面渗透和发展，实现了企业产品生产、服务业态发展、运营流程链化以及商业模式变革的企业管理创新的数字化发展，是包含了企业层次化创新递进和数字资源驱动的创新过程演化的多逻辑集合体，且自演化逻辑有着天然的技术反馈机制，即基于整合化数字化的不断推进带动数字化在社会生活各领域的技术基础进步。也就是说，整合化逻辑下的数字技术不仅仅是技术递进和数字技术作用下的数字化转型，数字化创新的过程和结果是紧密连接的，不能简单地分化理解，是递进发展和因果实现的多逻辑交互，数字化被认为是一个复杂的、组织的、系统的数字化资源利用的产品重组和赋能价值创造下的创新构架问题或系统化的数字技术创新生态发展问题。

表 3-3　数字化内涵的理解

角度	概念内涵	代表学者	数字化资源的角色	理论视角	效能
因果逻辑	• 数字技术应用下的数字组件（信息数据）和物理组件交叉组合产生的新产品 • 数据处理能力投入生产后产生的新服务业态 • 数字化的数据要素实现的新人工制品	• Yoo 等（2010） • Jahanmir 和 Cavadas（2018） • Nambisan 等（2017）	通过数字化资源为现有的非数字产品和服务添加新属性	服务主导逻辑；价值共创；技术可供性	新产品；新服务；新商业模式
递进逻辑	企业适应新的数字化沟通渠道、管理工具和管理方法来改善企业的运营	• Boland（2007）	• 流程管理工具 • 项目管理系统 • 信息管理系统 • 沟通工具	创新扩散理论；技术接受理论；意义构建理论	提高创新效率

续表

角度	概念内涵	代表学者	数字化资源的角色	理论视角	效能
整合化逻辑	• 重组数字化资源的过程；有数字功能的新人工制品 • 层次模块架构中的数字组建的一种重组，为用户或潜在用户创造新的使用价值	• Fichman 等（2014） • Abrell 等（2016） • Huang 等（2017）	优化流程或添加新属性	生态系统；架构	新产品；新服务；新流程；新商业模式

3）数字化创新管理类型

随着数字化时代的到来，数字技术推动了企业管理创新的实践，而数字化创新管理的本质可以看作是一种数字化资源应用下的企业价值创造过程的创新。根据已有研究，结合价值创造和数字机制的特性可以将数字化创新下的价值创造分为三类：其一，效率优化的资源优化型创新管理。这种创新管理方式强调通过提高产品生产效率，实现资源和价值创造的最优化，也就是基于数字技术开发在资源要素不变的情况下实现成本最小化和要素使用的最优化，全面地提高企业的生产水平。特别地，人工智能技术的出现，更是强化了企业对于资源使用、分配的能力，基于智能计算的智能生产的新生产模式出现，优化了企业管理的内部环境。其二，效益并重的整合型创新管理。对于效益并重性的价值创造，可以从因果逻辑的数字化内涵进行理解，数字化时代的数字技术自由的技术可供性促进了产品与产品、产品与消费者、企业与行业的整合和生产。例如，大数据中心技术的使用，实现了大数据平台企业对数据的处理，能够为消费者提供适配信息，而消费者本身在向大数据中心寻求数据的时候又丰富了平台企业的数据系统，并基于特色化数据需求反馈实现企业数字技术的进步，而企业与消费者的多次互动又实现了平台商业模式的繁荣。可以看出，数字技术下的企业价值创造是多主体多次反馈下的整合型创新管理过程的实现。其三，数据要素使用的创新型创新管理。与以上两类创新管理类型有所不同，创新型创新管理强调对新生要素——数据的使用。数字技术的泛化普及，普通消费个体可以基于对个人数据的认知，实现数字技术支持的个人数据的市场化、商业化流通，创造专属于自己的数据价值。而数字技术在数字化时代是集约的，甚至是被集中掌握的，以区块链为代表的数据处理机制实现了数字技术集结的分布式弱数据中心——平台企业的出现，数据要素投入平台企业后催生了数据共享下的共享经济、分享经济模式，实现了企业的变革发展和管理创新。

3.1.2 管理变革的数字创新驱动

随着经济发展进入全球化阶段，知识经济和数字技术成为企业管理变革的重要环境驱动力，知识经济全球化实现了企业发展国际壁垒的破除，数字技术的应用则为企业培养知识经济发展的企业竞争优势提供了技术支持，是企业长期发展、持续获益目标实现的必要支撑。因此，为应对企业管理环境的变化，企业管理思想观念、管理方法等都需要进行适应性的调整、创新，而从管理理论视角看来，这种调整、创新实质上是管理创新的重要组成部分。而管理创新作为一种整体性、全局化的企业变革实现，在经济形势复杂、竞争激剧的企业发展背景下，全面的管理创新对企业来说必然是一项复杂、艰巨且漫长的任务。企业变革作为管理创新的重要创新形式和构成部分，是数字化方式实现企业管理创新的最前端，数字技术的应用可实现企业从机器生产到智能生产、实体生产到虚拟产业的企业变革发展。由此可见，数字技术的进步提供了管理创新的契机，而其对管理创新实践的最直接作用就是推动了数字化的企业变革发展，即管理创新的研究可以根据数字化方式下的企业变革研究进行映射分析。

数字经济背景下，数字技术进步对企业管理的各个层面有着深刻的影响。数字化时代作为一种新的社会经济发展形态，实现了效率、效益、创新在企业管理中的全面渗透，即促进了企业管理创新的实现，而这种管理创新是依托于数字技术使用的。通过数字技术贯通企业价值创造全过程，推动企业进行充分使用时代生产要素的商业模式变革，带来企业管理新发展，让企业在市场上获得竞争优势并实现长期发展。那么，对数字技术对企业管理变革的驱动机制可以进行以下推论：首先，在数字化的企业管理战略变革发展下，数字技术打通企业内部沟通渠道，具有数字化转型发展的企业战略在企业内部得到认同，数字化的管理变革内部行动力被激发；其次，在经济高质量转型发展的社会经济形势下，数字技术实现了市场多样化需求与企业生产产业链、供应链的连接，企业充分利用数字技术改良产品、创造新产品，实现了数字技术驱动的企业生产模式、制造方式的创新发展，满足复合化社会生产需求，这也是企业数字化转型的基础和关键；最后，在企业经历了内部数字化理念普及、数字技术是企业争夺核心竞争力的关键的实践验证后，企业的生产营运能力和产品创新生产能力显著增强，打开企业创新驱动发展的大门。在数字技术融入企业管理的生产、制造、营销等多管理过程后，创新技术带来了企业发展的红利，技术创新、管理变革不仅仅有益于提高企业效益，数字化转型的企业发展更是企业适应时代要求、社会需求，把握新经济时代发展机遇、规制风向的关键。因此，创新驱动的企业管理变革是契合创新驱动的国家发展战略、实现企业长期发展的重要选择。

3.2 数字驱动机制推动技术创新

3.2.1 技术创新类型

根据已有研究,对技术创新的种类,大致可以依据创新原发性、创新突破性、创新稳定性特点进行划分。首先,基于创新原发性将创新分为一次技术创新和二次技术创新。前者强调技术的原发创造,后者则强调对于技术引进后的二次改造,通常认为发达国家所进行的创新为原发性创新,而发展中国家则是基于技术引进的后发式二次技术创新。其次,基于创新突破性将创新分为突破式技术创新和渐进式技术创新。突破式技术创新指将原发技术投入新的市场的创新方式,与之相对的渐进式技术创新则是通过既存企业资源、技术基础、市场条件不断改进技术,以技术更迭实现的创新方式。此二者都可以实现技术创新目标,而具体产生的创新效果有所不同,前者注重外部资源的开发使得企业商业模式构成有剧烈的变动,因此多见于新兴产业,而后者相对来说对企业内部影响较小,是中小微企业进行创新发展、数字化创新转型的重要方式。最后,基于创新稳定性将创新分为颠覆式技术创新和持续性技术创新。颠覆式技术创新是指企业选择新的目标市场后进行全产业链的技术改造、产品更新以带来涉及企业管理各个层次的创新发展,实现企业跨产业发展目标。而持续性技术创新则更为注重企业对目前所处市场的融入、产品的改进,不会更改企业原本的发展方向,而是为更适合原有战略方向进行技术的持续改进。

3.2.2 技术创新的数字化发展

那么,通过对技术创新类别的归纳和分析可以发现,技术创新实质上是一种基于技术和商业两个维度将商业发展与技术进步相结合推动企业数字化的创新发展方式,即对技术创新推动企业数字化发展的逻辑可以利用创新画布来进行分析,如图 3-1 所示。创新画布的分析理念认为技术创新作为商业创新的源泉,技术进步实质上可以从质量进步来进行归纳,量变的技术进步是二次的、渐进的、持续的创新叠加,而质变的技术进步则是一次的、突破的、颠覆的技术创新,是一种基于技术量变的创新实现。而不论是技术量变还是质变都给企业商业带来了巨大影响,其影响范围包括现有的商业市场和潜在市场开发。因此,基于商业化画布可以将技术创新对数字化发展的影响逻辑分为四种:其一,技术改进后在原商业范围内的企业常规式创新发展,主要表现为技术功能改进和产品版本更新;其二,创新技术加入原有商业后颠覆了企业中心化的商业发展规模并实现突破式创新发展,主要表现为纯技术推动的企业发展;其三,将技术进步应用到潜在商业市场后企业扩张的企业颠覆式创新发展,主要表现为对企业现有商业模式的创新;其四,新技术和潜在市场结合的企业架构式创新发展,主要表现为技术和商业模式的双创新发展。其中,由于数字化时代的技术创新要件获取困难,技术创新推动企业数字化发展的可行的、潜力巨大的发展逻辑是商业模式变革的颠覆式创新,而随技术创新的不断深化和社会普及,基于创新画布分析的技术创新实现的数字化发展并不仅仅是理论的空想,在实践中正在不断践成。

图 3-1 技术创新推动企业数字化发展的创新画布

3.2.3 技术创新驱动的管理变革路径

基于上文对技术创新类型和本质的分析、技术创新与数字化发展的理论结合讨论,可以推导出技术创新驱动企业管理变革的发展路径,如图 3-2 所示。首先,技术创新驱动带来企业发展环境的变化。由于创新技术的应用,社会需求向个性化、多样化的复合需求变革,而为满足这种新的社会需求以及实现企业盈利目标,企业进行了技术驱动的组织架构变革和新业态市场培养,试图去适应新的企业发展环境。其次,技术创新驱动企业各层次创新。在适应时代经济潮流的企业发展宏景中,为满足个性化需求,企业各部门管理层次通过技术创新实现了技术创新驱动的数字化变革。例如,利用大数据中心技术的平台型组织数字化转型、使用人工智能技术的企业生产智能化生产管理等,技术创新实现了企业各层次的创新发展。最后,技术创新驱动的企业管理变革。在技术创新实现了企业发展环境改造和多管理层次数字化创新转型后,实质上这种涉及了企业生产、制造、市场感知的技术创新驱动的创新就是企业管理创新的具体实践形式。其实践正在技术创新不断推进的过程中不断延伸至企业现有业态外的泛化市场中去,验证了技术创新驱动管理变革的理论可行性。而技术创新驱动管理创新的变革路径是技术创新和企业发展多次协同、自主反馈的实现,以上的路径分析是从技术创新角度展开的,而实际上,从技术创新倒逼管理创新的企业创新发展需求角度分析亦是可行的。也就是说,技术在量变和质变的创新发展中驱动了管理发展的时代适用和变革。

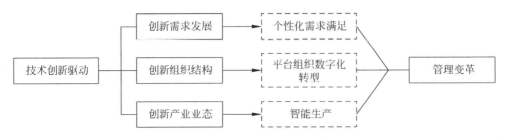

图 3-2　技术创新驱动企业管理变革的发展路径

3.3　数字驱动机制推动商业模式创新

3.3.1　商业模式简述

商业模式作为涵盖了企业价值创造和价值传递过程的综合化概念,其认知与具体的社会经济环境、文化背景有着强情境依赖特征,因此,对于其概念的认知并不统一。传统的商业模式定义为:消费者价值主张、资源利用和生产过程、企业盈利函数要素在企业管理过程中的实现,而这种商业模式三要素论在数字化时代的概念内涵似乎与实践的商业模式内涵脱节。实际上,数字化时代的到来给从社会生产生活到企业管理实现带来了全方位的、系统的、整合化的影响;数字化作为一种新的社会生产管理方式,改变了社会需求满足的生产实现形式,使得企业考虑基于数字化时代的企业资源配置、产品制造等多流程构架的商业模式的运作与新经济时代契合程度问题,以实现企业长期发展。也就是说,数字化时代对于商业模式的理解需要契合经济情境动态理解,以往三要素论的简单的关键词理解难免过于抽象且缺乏实践指导性。按照数字化时代对商业模式的理解,具象化的商业模式发展主体有企业、市场、客户三个界面,如图 3-3 所示。商业模式实质上是企业主体基于数字技术协同核心伙伴实现成本结构最优化的关键业务能力提升和资源配置能力上升,而后实现企业产品市场的价值创造主张,且基于大数据的信息反馈机

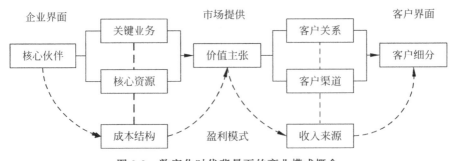

图 3-3　数字化时代背景下的商业模式概念

制的客户关系、渠道管理优化实现企业持续获益目标的商业战略和运营管理过程。

3.3.2　商业模式创新发展

根据已有研究发现,数字化时代的商业模式创新发展机制是三阶段演进实现的:一是渐变的商业模式发展阶段。现存的传统商业决策方法在进行商业发展决策时,对结构化的静态数据进行决策风险识别,而这种数据识别往往是滞后的,使企业商业决策总是落后于市场动态。那么,为了弥补这个缺陷,实现企业与环境的动态适用,企业商业模式创新发展的关键在于企业内部信息的柔性提取和动态信息掌控,企业基于数据技术优化自身信息处理能力,提高企业营运管理能力。二是创新的商业模式变革阶段。在数字技术普及和泛化使用于企业管理各个层面后,新的生产技术、管理理念渗透、融入企业,固有的传统商业模式在新的商业理念下似乎与企业发展背离,企业的生产制造、营运管理急需变革。因此,创新性的商业模式创新发展机制强调企业与外部环境的同步协调发展,重视企业内外部信息的收集整合,以全产业链化的数据渠道实现创新数字技术在企业的实时利用,提高企业核心竞争力。三是全方位的商业模式创新阶段。在经历了商业模式创新发展和适配的管理变革阶段后,数字化创新的技术、理念、文化要素被成功引进企业商业模式发展中,而新要素作用的商业模式突破了传统商业模式的基础组织形式,以消费者为重的数据驱动的商业模式践成的组织架构变革成为这个阶段商业模式的核心,也是商业模式创新发展实践践成的最后一步。也就是说,数字化创新下的商业模式发展机制是价值创造主张、价值创造、价值传递、盈利模式更新等多价值网络重构下的发展变革,并基于数字技术基础的差别,其具体商业模式创新实践与基于情境依赖的商业模式创新实践并不一致。

3.3.3　商业模式创新与企业管理变革

数字经济时代的关键核心技术包括大数据技术、区块链技术和人工智能技术三个标志性技术,那么基于情境依赖的商业模式创新,必然是关键技术作用下的创新实践。商业模式是企业管理实现的关键步骤,商业模式创新又与企业管理变革有着重要联系。那么,商业模式创新如何实现企业管理变革呢?首先是基于大数据技术的商业模式创新下的企业管理变革。大数据技术的使用提供了消费者信息提取的媒介和处理技术:消费者通过大数据平台交易留下交易信息,数据中心将这些信息进行细分、归纳,集约处理后的信息使数据具有资源特征并作为企业价值创造的关键资源要素,数据要素融入企业生产后,大数据为核心的产业链带来商业模式创新的契机。从产业价值创造来看,现有商业模式的区分主要是依据企业处于产业价值链的不同位置,而数据融入产业价值链后,企业在价值链所处地位发生变化,商业模式创新即是基于企业的价值链地位变化。从以产业为中心的企业价值创造转向以消费者为中心的双向价值传递,实现企业产业的协同发展,带来企业管理的多产业协同的管理变革。其次是基于区块链技术的商业模式创新下的企业管理变革。区块链技术的使用基于其分布式记账和信息密钥的存在，市场信息在可信度数据提供基础上进行信息数据共享、传递。而数字化时代的企业信息发展重点不仅仅是拥有超体量信息，亦强调了对数据真实性的保障，也就是说区块链技术对企业有着重要影响。在长尾理论的企业商业模式表述中，企业通过搭建数据平台实现企业竞争优势的获取，企业商业模式趋于去中心化、分散化发展。新的平台商业模式作为典型的消费者信息、市场分析、数字技术结合的典型商业模式创新实践出现，企业管理实现了内外信息交互的创新驱动发展和企业数字化转型的成功，即企业管理在平台化的商业模式发展趋势下亦趋于扁平化、创新管理变革。最后是基于人工智能技术的商业模式创新下的企业管理变革。人工智能技术在企业生产的深度融合使用，促进了数据互联的企业智能化生产制造产业链形成，在智能产业协同的产业发展中，企业联盟的出现破解了实体制造业衰退而虚拟经济不稳定的传统企业发展难题。基于数字化、智能化技术实现的"虚实结合"的互联网商业模式创新，创造了实体制造业的生产、制造价值，同时实现了虚拟化产品理念、数据信息价值的创造。也就是说，互联网商业模式创新实现了企业生产管理智能化，实现了资源要素共享、共赢的企业管理变革。总的来说，商业模式作为企业价值主张的价值创造、价值传递模式，在数字技术下实现了模式创新，从而具象化地表现为对企业管理生产、制造、营运的管理变革实现。

典型案例

"年轻一点，穿韩都！"——韩都衣舍的商业模式创新实践

韩都衣舍是一家创立于 2006 年的快时尚品牌，其诞生之初作为一家典型的互联网公司——淘宝小店，似乎并无竞争优势，而实际上，在竞争激烈的快时尚服装产业中，韩都衣舍实现了足以令市场惊异的企业发展。2012 年至 2016 年，韩都衣舍实现了互联网服装销量冠军的蝉联，成为天猫销售平台的首个粉丝收藏破 1 500 万的服装品牌，在 2017 年上半年夺得中国淘宝平台服装销售行业销量百强榜第一名。韩都衣舍作为一家"平民"起家的淘宝小店，根据已有研究其成功得益于特色商业模式的创新和实践，而其商业模式的创新践成，对我国中小型企业发展有着重要借鉴意义。具体来说，韩都衣舍的创新商业模式的成功可以归纳为以下几个阶段。

首先，大数据的开发和应用阶段。韩都衣舍在发展初期，为快速打开企业市场，在用户数据信息的收集、整理上有着其特色化的管理方法，包括两步程序：其一，其在创始初期就采用多平台授权登录方式，除一般注册界面优化的微博、微信授权登录外，还进行便捷化用户注册管理，从而快速获得用户信息以进行消费偏好分析；其二，进行多平台的销售管理，不局限于某一销售平台，将产品投放到京东、天猫、唯品会等多销售平台后，获得了各个平台的产品投放销售实际比例，优化企

业产品销售战略。韩都衣舍这种用户数据管理方式是符合大数据时代发展的平台企业发展典型实践。在消费者消费过程中会产生大量的消费行为数据并随交易达成数据公开,平台企业基于大数据技术可以对消费行为信息进行监测,实时的购物信息数据会在企业中心平台汇聚,如商品加购量、浏览量等数据。企业将用户信息追溯处理后,可以对消费偏好、市场流行因素、价格敏感程度有细致的掌握,从而实现信息数据主导的产品生产模式创新,实现企业长期获益目标,而大数据技术作为企业商业发展的重点技术被企业全面认知。

其次,发展困境和商业模式创新建议。企业的长久发展靠的是坚持和创新,而坚持和创新的背后是企业永不满足的野心,韩都衣舍也不例外。作为淘宝小店起家的韩都衣舍,其企业发展目标并不是安于现状,韩都衣舍一直致力于迈入中高端服装品牌领域,但实现这个目标有两个典型的商业发展问题:一方面,产品单价与品牌溢价偏离。韩都衣舍基于企业数据分析系统发现,韩都衣舍的产品单价平均约190元,而实际上就中高端品牌的发展目标来看,这个数字差距略大,而且,就消费者对韩都衣舍的产品认知,其品牌溢价似乎偏高。另一方面,产品满意度回落。产品退货率是企业销售能力的评价标准之一,更是反映制造业企业信誉的重要维度。韩都衣舍退货率近年来居高不下,消费者普遍反映产品失真明显,韩都衣舍产品满意度回落明显。为解决这两个问题,韩都衣舍进行多方尝试,包括明星营销策略、质量改进策略,而这些策略中最为重要的是韩都衣舍的企业生产4.0的创新发展。韩都衣舍经过了多年发展,资本积累已经实现,为顺应数字化经济时代的到来,企业需要且必须进行创新驱动的生产价值创造的商业模式创新发展。韩都衣舍率先引进3D打印技术和三位人体测量技术,建立消费者个性化虚拟形象,消费者可以在其用户个人页面调整虚拟形象的三维数据进行虚拟试衣,从而实现"真实"的购物体验,使韩都衣舍久久不能解决的用户满意度回落问题迎刃而解,企业的品牌价值认知快速提升。也就是说,韩都衣舍基于实际技术实现了用户管理模式的创新。而不论是初阶段生产模式创新,还是用户管理模式创新,韩都衣舍的创新发展都是数字创新技术驱动的,由此可以推导韩都衣舍商业模式创新实践也是基于数字创新技术的,即其商业模式创新是创新技术驱动型模式变革的实现。

最后,商业模式创新的具体实践形式。韩都衣舍作为传统服装制造企业,进行了大数据平台的生产模式创新、数字技术的用户管理模式创新,而其具体于商业发展的创新性,即商业模式创新主要有三大创新发展。

其一,阿米巴小组制模式。通常,小组制被称为核心的单品全程管理体系。具体来说,以往企业主导型管理体系是一种典型的企业主导下的企业发展管理体制,类似家庭联产承包责任制。这种企业主导型管理以典型的锥形组织架构存在,由顶端的企业领导者制订生产计划并多层传递至生产部门,有着天然的信息传递失真、及时性弱、环境适应力差的特点,使得企业的生产制造因多层结构缺乏具体的责任分配体制,生产效率低下而处于发展的被动地位。同时,由于责任分配的不明确,企业成员多推诿,且缺乏组织认识和集体荣誉感。而随着互联网时代的到来,以消费者为中心的企业管理思想被企业所普遍认同,即需要建设"倒金字塔"结构的企业信息管理体制。这种小组制管理的出现和应用,以消费者为企业管理中心进行自组织的企业经营体建设,赋予员工在企业生产中更多的决策权,将员工带入集体氛围中来。企业管理实现商业价值创造的基本模式是企业负责平台管理和员工协同参与,即基于消费者需求进行企业与员工间多向信息循环,促进企业内完全信息共赢的新商业模式发展。那么,韩都衣舍的阿米巴小组制究竟赋予了员工怎样的权利?实际上,韩都衣舍极大地强化了员工以产品销售为中心的双向一体化决策权。就前向一体化决策权来看,为实现销售效益满意度的保障、减少退货率,负责销售的员工作为接触消费者消费需求的最前端,根据其掌握的产品偏好和负责的用户数据可以自主决定生产产品的款式和具体产品参数、数量等,实现产品生产效率、资源配置率的理想化,满足个性化甚至是趋于定制化的消费需求。而就后向一体化决策权来看,销售人员体察消费者消费心理、价格敏感情况,企业赋予其自主的产品价格、销售策略决策权,销售人员可以通过观察多企业的消费福利和优惠节奏实时调整产品具体的基准单价、活动形式("双11"大促、"618"大促、"年货节"等)、打折幅度和周期。而且,为更好地发挥小组制单品全程管理的管理优势,韩都衣舍还配备了基于分工协作的自由组合制小组形成机制。韩都衣舍的小组制多采用三人小组的形式,成立小组制基本单位进行分工协作,其成员构成为:一个产品开发专员主要负责产品版型设计,生产符合快时尚节奏的产品和更新生产;一个页面设计专员负责产品的推新、活动页面设计,将企业最新单品和活动快速在企业官方页面展示,使得消费者及时知悉企业最新动向;一个货品管理员则负责生产与仓库的即时对接,掌握产品存库信息并根据销售动态通知其他两人产品继续下单还是促销。而这种通过三人分工协作自主决定实现的小组制管理不仅仅在成员构成上有特色,实际上,成员内三人职责的不可替代也促进了组织团结,因此,韩都衣舍将企业奖金发放基本个体列为小组,即充分调动了成员工作积极性。虽然,表面上作为传统管理的能者多劳、按劳分配的生产理念似乎难以适应当前时代以人为本的管理思想主流,而实践上这种自组织的小组制由于极为精确的生产标准的存在,实现了企业人力资源(HR)的最优化配置,充分地实现员工个人成长和企业发展的有机结合,形成人才作用下的企业发展内循环体制,助力企业获取尽可能多的组织优势,以精益化企业组织形式,引导企业全面化商业模式的重塑和发展。

其二,以"爆旺平滞"算法为驱动的C2B(消费者对企业)运营体系建设。韩都衣舍作为一家典型的互联网企业,基于网店的业态形式,大数据是其生存发展的关键资源和重要技术。而"爆旺平滞"算法驱动的C2B运营体系变革,是韩都衣舍适应数字化时代且符合企业发展业态的商业模式创新的典型实践。"爆旺平滞"算法的含义的理解是基于互联网企业形式的,在互联网企业利用大数据计算对销量数据进行整理后发现,企业销售的产品根据其销量数据可以分为"爆款""旺款""平款""滞款"这四类产品,而大数据可以及时将分析出的"爆旺款"或"平滞款"商品信息反馈至企业生产管理中心并实现及时的"爆旺款"产品加产和"平滞款"商品促销调整。也就是说,"爆旺平滞"算法的产品营运机制下实现了企业产品管理的两个重要方面:一方面,实现了实时的快时尚产品数据监测,基于消费者购买数据推断具有一定普遍性的消费者偏好,通过消费偏好数据实现企业消费潮流的产品生产设计;另一方面,实现精准制造并向数字化制造升级。"爆旺平滞"算法下,企业及时了解市场对于具体商品的需求情况,及时调整企业商品库存,而且,在这个算法下,小组制员工可以实现企业生产的及时调整,使得企业事实上适应了市场需求大的精准化把握,优化企业供应链,推动传统发展业态的服装产业迈向企业生产新时代。具体来说,信息畅通的企业商业发展布局,实现了企业对产品生产的精准感知,消费者的"爆旺款"需求增加,而"平滞款"库存则需要促销处理,企业获取了这些数据后基于大数据技术实现了从产品供给到销售的全产业链数字化打通,数字化企业智能生产时代到来。那么,企业在数字技术下实现了快速发展后,如何实现企业与消费者价值共益的用户管理模式适应和调整呢?韩都衣舍秉持快时尚产品生产的业态理念,基于小组制组织模式快速调整企业生产、契合快时尚产品更新潮流以满足和迎合个性化消费需求的出现。实践看来,韩都衣舍作为快时尚品牌,生产小众但别致的时尚产品,包括服装、鞋帽和各种时尚配饰。这种时尚产品的泛化生产,虽然有着强力的营运数据运算,但仍难免存在库存问题,而韩都衣舍为破解此问题,围绕C2B的运营模式,进行模式的创新管理。韩都衣舍的产品生产中,C2B的产品运营模式实现了以消费者为中心的产品生产,并基于小组制组织体系实现消费者需求数据信息和产品供给端的联合生产的企业精益生产后,产品的库存进行"爆旺平滞"估算,完成了初步的库存风险规制,使得产品生产并投入市场后,基于"爆旺平滞"算法,企业实现生产和库存与当前市场的适配,指导企业增产或促销清库,实现企业零库存管理,并推动企业从供应链到需求链信息共享的企业运营模式的数字化、智能化创新实现,充分发挥数字技术对企业管理的推动作用,实现企业与消费者基于柔性的全产业链式管理的价值创造互益增值。

其三,S2B(平台对企业)商业模式创新发展。在互联网企业中,对 S2B 商业模式的理解通常为:S 作为平台型数据服务商,B 则是一个一个的品牌,而 S2B 的商业模式将平台与企业的关系定义为赋能,而不是单纯的交易或代卖关系。在这个赋能的商业模式中,作为平台的企业将在数字化转型发展中结合各种商业模式探索完成全产业链协同的一体化智能生产模式转型,带动品牌的快速推广、营运高效发展,向数字化企业转型竞逐。具体来说,S2B 的商业模式创新亦有两层含义:一方面,实现"大平台"+"小前端"的产品价值创造体系创新。在这种价值创造体系中,将企业小组视作一个完整的企业,而企业部门类似政府机构,发挥稳定市场情境、创造稳定发展环境的作用。那么为实现企业价值创造目标,作为企业发展"大平台"的企业除本小组外的其他生产部门是企业生产价值创造的重要后盾，是实现"小前端"小组价值创造的基础。也就是说，企业组织各部门的协同作用共同实现了价值创造，"大平台"赋能"小前端"促成企业持续获益的实现。另一方面，生态产业链发展助力品牌建设云孵化。韩都衣舍作为快时尚品牌，自2012年施行多品牌营销战略至今，已经推出了各年龄阶层的多品牌体系以服务不同阶层的个性消费者，如女装领域，设立了微胖装系列品牌"For Queens"、甜系女装系列品牌"娜娜日记"等，以满足个性化需求并进行企业定制化生产模式创新。而实际上，这些都是基于韩都衣舍这个一级品牌项下的二级品牌发展。作为一级品牌的韩都衣舍是一个服装生产全产业链式发展的企业，是一个大的企业生态系统，其多品牌发展实际上是韩都衣舍的品牌二级生态建设，而且作为企业生态系统的韩都衣舍在自身品牌效应下即可以实现多品牌的发展，即 S2B 商业模式。那么何为品牌建设云孵化呢？实质上，品牌建设云孵化就是将一些有多元化发展预期或规模扩张的国内国外并不知名的品牌，利用大品牌效应联合生产，实现该小众品牌的用户普及并促使知名品牌企业诞生。韩都衣舍的 S2B 商业模式发展实际上就是一种典型的企业云孵化发展，基于数据协同、分享机制，将企业发展红利具体落实到企业管理各层次，促进企业商业模式的数字化、实现企业数字化转型。

实际上，随着数字化时代的到来，服装行业等传统产业发展面临巨大的压力，传统产业企业的固有商业模式的环境感知力差、企业生产难以精益化调整等问题成为传统产业发展的桎梏。而大数据技术、区块链技术、人工智能技术的使用实现了传统制造企业的根本性变革，企业基于技术改进拥抱数字化时代，通过市场交易数据处理掌握消费者需求数据，指导企业生产、制造模式创新，进行精准化、供需平衡的生产，并在智能机器下推动企业数字化智能生产。也就是说，传统产业通过对数字化技术的多方融合使用实现了企业生产、制造、销售多层次的商业模式创新，而数字化时代实质上正是创新驱动的，且韩都衣舍通过大数据、互联网等数字技术应用，企业繁荣发展，商业模式创新取得成功，这印证了企业商业模式创新是适应数字化时代的企业发展关键的认知。因此，在数字化全面发展的今天，传统企业必须充分利用创新红利，促进企业数字化转型和适应时代发展。

第4章
"互联网+"时代组织数字化转型的动向与发展

4.1 数字时代的组织架构演进新趋势

4.1.1 组织架构概述

市场运行的内在化在客观上要求企业建立有效有力的层级组织,根据企业资源的配置并结合企业的实际情况,制定明确的制度约定、职责权限、工作流程以及企业各级组织的相关需求,形成整个管理体系的框架。

4.1.2 传统组织架构——实体型组织

根据企业外部环境和内部选择两个因素,实体企业传统的组织架构可以划分成高度集权制、直线职能制、矩阵组织制以及事业部制四种。

1. 高度集权制

高度集权制企业组织架构主要是指企业的管理事权由本公司高层自行保护和负责的企业组织架构管理体系,高层管理人员享有对企业组织事务的全面决策权和监督控制权,不需要设置下属组织架构管理体系,下属处理事务时必须完全地秉承其上级意志。

这种类型的企业形成了一个漏斗式的信息过滤机制,一线业务单元的信息经过层层过滤难以抵达最高的决策层,再加上过滤过程中的信息扭曲,导致管理层难以及时把握市场真实情况,缺少支持决策的足够有效知识库。另外,集权结构改变了组织成员的行为。由于缺少决策的自主性和足够的自由度,员工在工作中会丧失主观能动性,面对问题缺少寻求解决方案的动力。任何东西都有其两面性,辩证地看待高度集权制的组织,集权制也并非完全不利于这个组织的生存和发展,政令的统一,人力、物力和资源的集中,以及在组织之间形成了一个多维度的层次控制机构体系,易于对命令进行正确贯彻和执行,这是高度集权制组织特别具有的优点。

2. 直线职能制

直线职能制的组织方式,是以传统的直线制度为依托,设立相应的职能机构。即在直线制下由组织人员进行统一指挥的原则上,增加各个参谋单位。目前,直线式的职能系统制依然被我国企业广泛采用。直线型职能团队适合于结构复杂,但又相对稳定的组织,特别适宜于大型团队。这种类型的组织需要经营者和管理层识别出关键的变量,如果这些变量相对稳定,并且可以在一定程度上预测对企业的影响,则这种结构模式是比较有效的。直线-职能组织架构和直线型组织架构最大的区别在于直线-职能组织架构更重视管理中员工对企业的影响。直线-职能组织架构不仅保留了直线型组织架构的集权特征,还吸收了职能式组织架构的部门化优点。

3. 矩阵组织制

矩阵组织制的形式主要是在传统的直线职能制和垂直形状的组织体系基础之上,添加了纵向的领导体系。矩阵化的组织又可称为不具有长期性或短暂固定的组织。一些大型国际公司目前都采用了这种组织架构来运作。这种组织架构方式在提高企业运营效率的基础上降低成本,同时,也因为其加强了与顾客的联系,具有明显的差异化特征。在具体组织中加强了其横向关联,使得各专业的设备与技术人员能够得到合理、充分利用。在此基础之上,矩阵制组织也促进了各专业技术人员之间互帮互助、相互激发。然而其最大缺点是团队中的成员位置不稳固,具有临时性的观念,责任心意识不强,人员被赋予双重的领导,有时候还分不清楚责任。

4. 事业部制

事业部制是欧美、日本大型民营企业所普遍采用的一种典型组织方法和形式,它实际上是一种事业分权制度的组织方法。在企业组织的具体实施和运行中,事业部制又可按照企业组织在建立事业部制度时所需要依据的基本原则而划分为区域性事业部制、产品性事业部制等。这种组织架构可以是针对某个单独的产品、服务、产品组合、主要建设工程或项目、地理位置分布、商务或盈利中心等而设立。

事业部管理制度就是分级管理、分级核算、自负盈亏的一种企业会计管理表现形式。若一个企业按照自己所处的工业地区或者其他工业产品的不同类别进行划分,可分成若干个事业部,从其企业产品不同程度的开发设计、原料生产采购、成本核算、产品设计制造,一直到整个企业产品的市场销售,均由所属企业各个事业部及其组织所属生产厂家统一组织负责,实行单独的分级核算,独立实际运作。公司总部只需要保留对内部人事的直接决策,将预算的直接控制和财务监督作为主体的执行大权,并通过销售利润等重要指标对整个事业部的商品生产经营活动情况进行直接控制。也有的事业部只是专门负责直接指挥和监督组织所属企业的商品生产,不直接负责组织商品的生产、采购和销售,实行了企业生产与商品供销有机结合的三权分立,但这样的事业部正在被其他工业产品制造企业中的事业部所逐渐取代。

总结事业部制组织架构,有以下四大主要特点。

(1) 根据企业的需要和产出把所有的业务和活动集中在一个整体内,设置一个专业化的生产和经营管理机构,即企业事业部。

(2) 国有企业高级管理在建立纵向协作关系上,按照"集中政策,分散经营"的基本工作原则,处理好领导和机关事业单位部门之间的协作关系。

(3) 在一个企业的成本纵向性和联动性管理关系上,各个经营事业部都可以作为企业的基本利润收入核算管理中心,并且必然是独立的。

(4) 公司的中低级管理人员及其他高级管理人员,依旧是按照公司的职能体系结构来对其进行组织和设计。

4.1.3 组织架构变革新动力:互联网与数据驱动

随着世界经济全球化的迅猛发展,以及互联网技术在我国的普遍应用,传统的组织架构面临着越来越大的挑战。这种挑战不仅是由我国互联网的发展和大数据时代所带动的管理理论与实践研究所造成的,也源于互联网的发展与大数据的支持。数字化的崛起促使一大批的互联网企业在短期内迅猛发展,展示了它们的某种颠覆性力量,它们的快速迭代和灵活多变的特质使得许多传统的企业无所适从。扁平化、虚拟化等新兴的组织架构已经变成当下热门,企业领导者也更加热衷于讨论他们所谓移动互联网思维。海尔的"人单合一"模式和苏宁互联网零售的转型,无不体现了大数据的魅力。毋庸置疑,互联网正在迅速地重塑整个电子商务行业,如今的电子商务市场和运作经营环境也已变得与以往大不相同,从根本上讲,互联网带动了组织架构新一轮的转型。

4.1.4 大数据环境下的新型组织架构形态

1. 虚拟型组织

随着全球数字化组织时代的到来,组织在高灵活性和敏捷性速度上的转型也逐渐变得迫在眉睫。虚拟型企业组织指为迅速向虚拟市场推广所需要的虚拟产品和技术服务而形成的动态企业。它是一个从实践中生长出来的新兴组织,数字媒介赋予了人类前所未有的远程协作能力,人类依托这种传播技术,促进了虚拟型组织的诞生。

一般来说,虚拟有三个基本含义:其一,不是真正存在的,但它给予了人一种真正存在的感觉;其二,虚拟不是以一个实体的各种现实表征和形式来说明它的存在,而是以实现一个组织的传播目标这一形式来说明它的存在;其三,虚拟这个名字被广泛应用于虚拟增强现实(AR)中,这层含义主要指的就是针对人类新发展中所出现的非实体的传播技术能力。对于虚拟型组织而言,虚拟所代表的传播空间多重性和开放性,意味着它将组织放在一个具有较高时间意识和空间感知的平台上,创造性地突破和推出一种虚拟的传播实在,通过利用互联网进行远程通信来实现和超越面对面互动。具体组织架构如图 4-1 所示。

图 4-1 虚拟型组织架构

新冠肺炎疫情的突然来袭,对整个世界造成了不同程度的威胁和冲击,从某种意义上说打破了我们对固有系统的肯定性认知。在虚拟型组织中涌现了许多具有共识协同发展且高效运作的个体,这些个体逐渐演化出了集群所具备的智慧和技术。

虚拟型组织呈现如下几种特征。

(1) 跨越边界的沟通。边界是组织与社会环境相接的传播交点,虚拟型组织传播以新的网络经验感知的方式存在,信息、人才与资源可以相对宽松地从组织边界进出。这种始终保持动态的无约束的跨边界互动,将有助于提高虚拟型组织的能力,创造更大的价值。

(2) 密集信息的沟通。这是虚拟型组织传播与传统组织传播区别开来的重要特征。对于新资源特别是个体时间的耗费而言,虚拟型组织传播可以将所有的信息便捷高效地传递给每个成员,组织资源协调更加迅速。

(3) 平等的沟通。虚拟型组织成员通过平等交流,达到共享目标、共享合作的共同愿景,从而快速建立起虚拟型组织成员的信心。

(4) 网络技术的能力。虚拟型组织是以网络传播工具为基础构建的。资源、信息、知识乃至具体工作,均通过网络技术平台来实现和完成,体现了网络传播工具与人类智力资源与能力的完美集合。

(5) 各种人才的集合。虚拟型组织最根本的特征,就是通过网络平台,集合不同地域、不同文化、不同组织的合作者,通过分工与协作达到最佳的资源整合,共同完成特定的组织任务。这是对传统组织人力资源管理的突破与提升,也使虚拟型组织具备了鲜明的时代特征。

2. 扁平型组织

扁平化的组织架构是我国现代企业中组织架构的重要表现形式之一,这种扁平化的组织架构形式极大地改变了原先的层级组织架构中企业上下属和领导人之间的横向关系和联络方式,各个事业单位之间的纵向关系和联络方式以及各个组织主体与外部各个方面之间的关系和联络方式。所以当我国企业规模扩大时,原来的有效做法其实就是增加了管理层次,而现在的有效做法其实就是拓宽管理的幅度,当管理层次减少而管理人员幅度增加时,金字塔状的组织形态就被"压缩"为一个扁平的整体。在新一代数字技术的驱动下,企业和外部协调合作进行沟通的信息费用和成本将得到极大的降低,端对端的直接关系已经成为可能,企业核心竞争力由核心业务转移到降低运营成本上。另外,在企业组织内部,通过物联网、大数据、移动互联网等新兴技术的发展和应用,信息自动进行采集,实时传送。信息的障碍正在被逐步突破,信息实现了在组织内各个层级的流畅传输,而不需要像其他传统的组织那样自上而下地层层传送或自下而上地逐级汇总,同时也有效地规避了组织信息传递过程中的失真。

很多企业管理者会觉得数字化无非就是投入IT成本,把需求和业务进行信息化改造。但现实并非如此,数字化和信息化并不是一种简单的、可累加的IT投入可以堆叠出来的。如果将其进行计算求和,会发现投入和产出并不成正比。数字化是企业一种全新的、高效的业务运营方式和行动能力。企业高层对数字化认可之后,就会对组织架构进行改造,减少金字塔式的层级,使组织扁平化,以适应数字化、信息化运营的高效,减少决策多层流转的损耗。

组织扁平化结构,可以理解为互联网时代里的极简思维所对应的组织改造。然而这里所谓极简,并不是将价值元素剥离,而是剥离一切反复冗余,让组织回归最佳的价值形态节点。数字化设计技术的迅速出现让企业组织中的扁平化设计成为一个重要原因,又使它们融合成为一个结果。扁平化之所以能够在全球性的范围内流行,主要有以下几点原因。

(1)国有企业分权治理是一种常见的趋势,这个财务部门金字塔状的组织架构与国有企业集权治理体系紧密地相适应。在基层分权治理体系的框架内,各级之间联系较少、基层组织中相对独立的扁平化机构更能有效地开展工作。

(2)由于我国目前较多的企业特别是大型集团企业缺乏一种有效的管理体制,因此,企业需要建立起一种合理的组织架构,这样才能有效地适应时代的发展以及全球经济一体化进程。

(3)随着现代信息技术的进步和发展,尤其重要的是计算机管理信息系统的引入,传统管理一定程度上已经不再能够取得成功。

3. 智慧型组织

从狭义上讲,智慧型组织指的是融西方现代管理科学、中华民族人文国学于一身,集自然科学、社会科学于一体的新型组织。具体来讲,这种新型组织是一个以人类为经济核心,形神兼备,遵循宇宙和自然组织普遍的法则,随机应变的组织。它将中国的人文国学与西方的现代管理科学相互交流和融合,是进行企业人性化经营管理的一种新型企业组织管理和经营模式。智慧型组织作为自然组织的重要组成部分，面对激烈的国际市场竞争，在"物竞天择，适者生存"的大自然法则的影响下，也遵守着机械、学习、灵活、应变的发展演化规律。智慧型组织的发展就是大自然企业不断发展进化的产物，越来越多的大自然企业已经对智慧型组织进行了深入的探索。智慧型组织基于长期的持续学习，能够通过深入的了解准确预测它们在生态环境中的各种关系，且能够根据环境的变化和动态发展情况实时调整自身和外界环境之间的关系，及时采取有针对性的措施，从而建立起正确的竞争战略，并持续地更新、进化。智慧型组织主要呈现出以下特点。

1) 以人为运营核心，东西方管理思想的融合

在智慧型组织中，"人"是运营的核心，其强调人创造未来的能量，重视人灵魂的潜在作用，培养人广阔的前景性思维，刺激员工的工作创造力，实现组织的共同愿景，从而实现最终目标。组织按照自然规律进行可持续发展，并不断修改和完善，融合中西文化，相辅相成。

2) 顺利的沟通机制，灵活多变的组织形式

在智慧型组织中，无论是命令传递还是信息反馈，高层管理者与员工之间的沟通都是顺畅、快捷的。从内部联系来说，这种高效的沟通方式要求团队的整体性发展必须与全体员工在组织中的个别性发展相适应；从社会主义市场经济的角度来说，这种和谐、自然的状态也可以认为是最有可能体现出企业的行动、能动、灵活与应变的管理模式，企业本身与企业内部的各个因素都已经找到了最好的适应自身的生态与发展状况和趋势。

3) 学习型组织的升华

所有的组织都需要进行或多或少的学习，而在智慧型组织里学习仅仅是必备的基础性要素，智慧型组织独特的经营管理模式体现在它们的自动、自发学习的机制中：它们能够保证人员持续、不断地进行快速的学习与自我更新。

4) 协调的组织氛围与团队思考方式

智慧型组织将组织愿景引入组织内部的每一个层次，组织中每个成员都是有效地建立智慧型组织所需的专业人员和掌握必备技能的人员，组织中每个成员都应该具有明确的职业和工作思路，努力去理解科学技术、环境与社会发展的趋势和方向；齐心协力，共同商量，共同采取行动，确保整个组织始终向着同一个目标前进。

5) 推进知识分享、信息化、创新"三位一体"

知识的资源分享是智慧型组织不可缺少的要素。它的实现可以借助建立知识库、信息科技平台、知识互联网以及必要的系统。唯有我们共享自己的知识与能力，才会给组织的生存与发展提供真正的动力。高度的信息化既是智慧型企业的重要象征，又是智慧型企业"智慧"核心价值观的基础。

4. 共生型组织

共生型组织是一种集聚顾客价值的创造和构建跨领域价值网络的高效合作型组织形式,这种高效的组织形式着眼于如何为企业创造合作价值,实现企业与跨境合作伙伴的共生和合作,洞悉并把握共生的经营机制及其发展趋势,将有助于企业在数字化时代中获得快速成长。虽然共生不可避免地带来了冲突和分歧,但它在最终的结果中却从更广泛的角度加深了共生型社会组织之间的相互尊重和理解,实现了彼此更加优越的演变和循环。共生型组织主要具有互为主体性、整体多利性、柔韧灵活性、效率协同性四个重要特点。

1) 互为主体性

共生组织的成员之间存在着互为主体的关系。每个组织的成员都需要具备基本变化,复杂而多变的环境需要组织从单一的线性、多维度和谐模型转变为整个组织的线性、多维度和谐模型,组织更加注重其开放性、相互关联的特点,与社会环境之间形成了良好的交流和互动。在多维共模中建立多域共生的价值系统,构建一个开放合作有机的生态系统。

2) 整体多利性

合作是共生型企业和团队的基础和本质特点之一,合作并非否定竞争的存在,但共生型企业和团队更加注重强调各种合作组织之间的互相吸引与交叉补充。最终真正做到从市场竞争中培养出新的、具有创造性的合作同伴的,正是这种合作关系。相互启发、高效的互动会产生更多的价值和创造,这些价值和创造不只是帮助合作伙伴,更重要的一点是为自身提供了远远超出其他组织的原有技术能力而为人们所创造价值。

3) 柔韧灵活性

共生型组织大大减少了企业组织内部的管理权限和层次,打破了传统的上下竖向管理的层次性结构,简化了琐碎的管理架构,权力被下放到基层,给员工提供更大的独立性和发展空间。共生型组织加强了联系和互动,以便更有效和更迅速地对基于客户价值的需求变化作出反应,给了员工更大的独立性和发展空间。

4) 效率协同性

分工、权限划分和利益划分不能够适应企业追求整体绩效的形势。共生团体组织关系中个体团队是其自身独立性最为突出的一个重要因素。通过自身获取、共享和利用资源的能力,组织能够更好地提高环境组织的整体效率,这一点也很重要。

4.2 数字革命驱动组织人力资源管理新模式

人类存储信息量和现代计算机处理技术的年均增长速度远远高于世界经济的年均增长速度,而今天的大数据已经成为解决各种全球性难题的强大武器。马云曾经说："未来最大的能源是数据。"因为数据就是新型的能源，所以数据性资产很重要。数据已经成为一种可以与物质资本、人力资本一样拥有重要地位的生产因素，越来越多的公司也开始利用大数据技术对人才进行甄别和管理，而非再像过去一样"只见树木不见森林"。人力资源管理工作就需要主动地应对这些变化，主动地作出自己的选择。数据分析技术能够为我们的人力资源管理工作者提供强有力的决策支撑，帮助人力资源管理工作者开阔眼界、扩展思维、加深对于数据分析的理解，将这些数据分析无缝地彻底整合起来，融入人力资源管理的实践中，促使决策者更加全面、系统地正确看待每一个人，并且能够作出更明智的判断。

4.2.1 "互联网+"人力资源系统重构

人力资源行政管理信息系统主要指的是一种现代化、一体化的人力资源信息研究开发与管理系统。目前各个企业的人力资源信息管理软件系统的功能并不健全，研究得出的产品效果不好，缺乏完善的大数据信息，在利用特殊数据时也会受到限制。因此在整个企业生存和发展过程中，开发出有效地利用大数据的软件系统就是其工作核心。在对企业人力资源信息管理系统进行建设的过程中，要突出人的主体地位，顺应现代化的发展，引入先进的技术和设备，才能有效提升人力资源管理工作的效率。但是，因为我们的人力资源信息管理系统具有信息管理系统本身的特殊性，会在实际应用过程中产生一些数据误差，导致在应用系统中出错，系统也无法正常运行。所以，如何正确地应用这个系统仍然是我们普遍存在的一个技术难题。人力资源系统拥有比较多的个体和企业所需要的人事信息，并且这些信息可以被用户进行查询和共享，因此我们才能够有效利用系统中的信息。有的企业，人力资源的工作人员在工作的过程中对操作的流程不熟悉，就会引发业务问题、认识活动问题以及操作系统问题等一系列问题。因此，企业要引起高度重视。在大数据的引导下，我们应该在以下几方面推进人力资源系统的重新构建，以进行查询和共享。

1. 组建高质量的系统建设团体

企业的领导层要充分认识到完善人力资源信息管理系统对企业进一步发展的意义，明白一个好的信息系统在企业发展中的价值，管理者同时也可以帮助企业领导层作出合理的决策，投入足够的资金，为系统的建设提出建设性、科学性的指导意见，并及时解决人力资源信息管理系统建设与应用中存在的问题。与此同时，要引入高质量的专业人才，建设一支高质量的系统建设团体，在人力资源管理的过程中，可以及时跟各部门进行有效的沟通，提升管理工作的效率，达到系统建设的需求。

2. 要重视信息化的管理

通常来说，传统的人力资源管理主要包含招聘、培训、劳务管理、计划以及绩效管理等各个环节的内容,各个环节之间相辅相成,也各有差异。因此,要准确地把握各个环节的内容之间的关系,提高各个人力资源部门的实际工作效率。另外,企业要结合信息时代的大数据技术,及时更新人力资源信息管理系统的构成与理念,有效促进企业的积极发展。

3. 完善系统功能模块的建设,按照规划进行开发建设

在人力资源信息管理系统建设的过程中要重视对系统内容的完善与系统功能的建设,与系统建设的工作人员进行有效的沟通,促使人力资源信息管理系统的功能达到建设的目标,为以后的工作打好基础。与此同时,人力资源信息管理系统建设的工作人员,要及时把建设的进度反馈到管理部门,确保可以第一时间处理系统建设中的问题,跟上系统建设的进度。

4. 加强对系统运行的维护,重视工作人员的培训

企业要想确保人力资源信息管理系统的稳定运行,就要强化信息系统对人力资源管理的促进作用,并对系统运行加强维护。还要实时地更新数据信息,对数据信息做好不同介质的备份,并按照实际状况对系统的功能进行优化调整。另外,企业要做好人力资源工作人员的培训,促进工作人员不断地完善自己的专业知识与技能,确保可以熟练运用专业知识与技能,可以在系统运行出现问题的时候,第一时间有效地解决出现的问题,促进人力资源信息管理系统更好地为企业服务,提升企业的经济效益。

4.2.2 大数据下的人才挖掘机制

人才招聘对任何一个企业的重要程度都无须赘言。传统的招聘方式就好像是一个巨大的漏斗,企业把它照单全收,然后又漏掉了一部分。这种粗放型人才获得方式不但浪费了时间,也存在着不公平的问题,出于价格和成本考虑,不太可能令每位候选人都有机会被认真地挑选、评价。利用大数据技术进行人才招聘,提升了人才招聘的精确性。HR需要尽量帮助他们所在公司发展得更加快速敏捷,大数据技术运用于人员招聘,不仅简单省时,节约了成本,提高了效率,而且能够有效地减少招聘过程中出现的各种偏见,招聘的过程会更为客观。与此同时,员工内部推荐不仅比普通的企业招聘更高效,其耗费的时间与人力成本、财力成本也相对更低,许多大型的公司都设立了自己的内推平台,但是这些平台往往流程烦琐,很多企业的员工会直接忽视HR所发布的招聘资料,即便是员工进行内部推荐,也很少能够收到HR的反馈,导致内部推荐虽然是一种高效率、低成本和低经营费用的路径,但是很难真正有效地利用员工的推荐,以及对员工在整个社交互联网络上的潜在人脉和资源进行深入的挖掘。

由目前我国雇主大数据行业招聘信息服务龙头企业"数据寻英"和其中国雇主招聘品牌以及中国招聘信息服务提供商联手研发推出的中国大数据企业人才推荐

招聘平台(Talent Radar),是一个基于企业云端,利用行业大数据进行定向信息分布和数据挖掘,帮助招聘企业自动快速寻找最适合自己人才需求的潜在员工的自动推荐招聘平台。如图4-2所示,其主要工作模式概述如下:其一,潜在员工自动注册登录招聘系统并密切关注其企业社交信息网络,在平台上自动发布个人招聘简历信息后,完全可以自动选择内部推荐。其二,人才推荐雷达将有机会通过我国大数据企业社交信息网络和公司招聘简历管理数据库的综合数据挖掘和定向分析,提出一套同时针对员工求职者和潜在招聘面试官的双向自动拓宽员工匹配推荐算法,找出与公司潜在招聘员工密切相关联的潜在员工求职者。之后我们就完全可以直接考虑通过公司相应的招聘员工内部助推,或直接通过主动联系潜在的员工应聘者这两种工作途径,帮助代理公司和招聘企业快速地自动找到最适合工作岗位的人才。

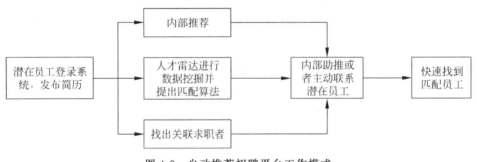

图4-2 自动推荐招聘平台工作模式

4.2.3 大数据下的人才培训模式

大数据时代迅速崛起,传统的中小型企业对员工培训的模式已经远远无法适应发展的要求。因此,从我们企业实际的情况角度出发,利用信息化和大数据技术将企业信息化建设的优秀成果充分运用到培训管理中,通过顶层设计,合力共担,逐步打造形成大培训的格局和"全员学习、全员培训"的局面,实现"向培训要能力,以培训促发展"的现代企业经营管理理念,这就是企业在人才激励的红利下、在激烈的市场竞争中立于不败之地的重要竞争优势。同时大数据时代还对人才的培养提出了一个新的要求,必须加快人才的培养和使用速度,企业首先要向广大员工灌输和普及有关大数据的知识,提升其数据分析的水平和能力,使其在不同的数据质量层次上了解这些数据背后的各种影响因素和数据计算的方法,并且学会对这些数据的精准度、样品大小、客观特征和质量等因素进行批评性的思考。

美国已经充分运用大数据的方法搭建了一个富有学习个性的"学习分析技术"平台,能够通过对每一位学员的相关资料进行海量数据分析,得出每一位学员的学习动作和学习模型,这就更加便于我们了解学员在学习的初始时期面临何种学习困难,从而对学员们采取一些比较精准的教育帮扶政策措施,因势利导。

4.2.4 大数据下薪酬管理的实现

在互联网时代,企业能够通过先进的大数据技术对所有员工的具体岗位和工作状态情况都进行准确的记录,并且能够科学地分析和综合处理这些数据,结合企业的薪酬和绩效标准,运用互联网技术手段对所有员工的考核成果及其薪酬进行计算。大数据技术可以计算出一个员工的薪酬,而且它还能够有效地利用互联网的数据来对比一个企业的薪酬标准。借助大数据的理念,依据企业自身的市场经济需求以及未来的目标,为企业制订一个科学的市场经济战略规划,对所有企业的相关人事资料等进行整理、挖掘和综合分析,努力在互联网和移动终端设备领域达到一个新的高度,从而实现大数据时代下企业人力资源的管理,强化业务联系,使得我国的企业人力资源管理水平也得到提升。

大数据技术为企业薪酬管理拓宽了数据来源渠道,使其数据分析更为科学与准确,在较大程度上为提升薪酬管理工作的实效奠定了必要基础。尽管大数据时代的到来,为企业薪酬管理带来了较大机遇,但与此同时,也意味薪酬管理将面临更多的挑战,因为大数据时代信息冗杂,企业薪酬管理体系及制度的创新设计也随之有更大难度。因此,企业管理者应对大数据时代这一环境予以辩证性的认识,正确识别大数据时代薪酬管理所面临的机遇与挑战,通过创新企业薪酬管理理念,积极主动优化薪酬管理制度及体系;正确认识与时代变化不相适应的薪酬管理方法,注重大数据时代的企业人力资源管理中的薪酬管理工作的改革与创新。同时,加大专业薪酬管理人才的引进力度,并进一步加强企业人力资源管理人才核心职业能力的培养,以此提升薪酬管理创新变革的实效性。

1. 巧用大数据构建薪酬管理基础数据平台

在大数据时代,云计算、AI 技术、大数据、区块链等技术可以充分应用到企业的薪酬管理中来,灵活运用大数据构建薪酬管理基础数据平台,并结合员工的职业发展需求,制定与企业发展相适应的人力资源管理制度,这对提升企业薪酬管理效率有着积极助益。例如,大数据的信息渠道较宽,因此,企业利用大数据技术、云计算等可以有效收集与整合薪酬市场环境信息以及企业员工的相应数据,并利用现代技术将其进行分类、计算以及存储等,通过构建基于大数据的薪酬管理基础数据平台,实现企业薪酬管理体系的优化设计,依据此平台有效推进薪酬管理工作,由此提升薪酬管理的精准性与科学性。

2. 巧用大数据健全薪酬管理体系

大数据的优势给企业薪酬管理带来了较大帮助,利用大数据,企业可以进一步健全薪酬管理体系,促使薪酬管理制度和流程更为规范。利用人工智能技术,企业在制定薪酬管理战略时可以充分依托大数据,为薪酬管理的最终决策提供技术支持,促使企业薪酬管理工作效率得到有效提升。在大数据的支持下,企业还可以构建更为科学化的评价标准及模型,进而为建立公平、公正的薪酬管理环境奠定基础。同时,企业还可以将大数据与互联网信息技术有机融合,由此挖掘出行业环境中更多与薪酬相关的信息及数据,企业借此完成薪酬的统计、分析等工作,根据行业中的薪酬环境调整企业的薪酬管理制度及方案,以此提升企业薪酬管理的竞争实力。针对当前许多企业的薪酬结构存在不合理之处的情况,企业借助大数据可以帮助企业完成薪酬结构及水平的评估工作,进而调整薪酬规划方案。此外,利用大数据的智能化特点,企业还可以实现对行业内市场薪酬数据的实时监测,并据此有效预测企业薪酬管理的竞争实力,促使企业薪酬管理具备更强的核心竞争力。

4.2.5 大数据下人力资源管理效率的提升

传统的企业人力资源管理虽然花费大量的时间、人力、物力,但是仍然无法达到良好的目标,而在大数据时代的背景下,应用计算机技术能够有效地实现对数据的自动化搜索、分析以及综合整理,并最终获得科学的研究结果。在人力资源管理中充分应用大数据可以让我们的工作效率有进一步的提高,对于相关数据进行分析总结,为人力资源管理工作的开展提供了科学的依据和参考,能够很好地实现人力资源管理战略的科学制定,更好地推动人力资源管理工作协调和可持续性的发展。大数据时代背景下,人力资源的管理充分借助大数据技术手段,做到了资源管理的信息化,构建了智能化、自动化的资源管理系统,减少了人工管理,提升了资源的利用率,提高了社会效益和经济效益。在公司进行人力资源部门的规划与管理过程中,大部分时间被用于对员工的工作展开评估,花费在优质人才的选拔以及对工作人员工作质量的评估方面的时间较长。

专业软件的应用可加快信息资料的筛选,提升人员招募质量。利用信息化软件还可对面试人员的基本资料实行快速处理和分析,按照岗位要求,筛选出适合企业的人才进入复试。这样大大节省了时间,减少了人力资源管理人员的工作量,避免因人员缺失导致工作长时间无法落实的情况发生。另外,先进技术和软件在企业中的应用,可对企业员工培训考核结果进行科学、客观的评价,准确地了解企业员工的能力和可持续开发的潜能,一方面有效解决了企业在人才储备上普遍存在的问题;另一方面也充分发挥了员工的能力,为企业员工创造了更加宽泛的发展空间,避免了人员流失所带来的各种负面影响。由此可见,在人力资源管理中引进大数据的先进管理措施,将使企业的管理工作更具有创新性价值,使企业拥有更为优质的战略性人才储备机制。

4.3 信息爆炸时代组织领导力提升的新要素

4.3.1 数字革命中领导者面临的机遇与挑战

数字化已经成为这个社会势不可挡的一次变革,疫情没有改变这个趋势,反而加速了这个趋势。大数据时代领导者所面临的机遇如下。

1. 从大数据中充分及时地挖掘消费者的需求

大数据的出现使企业得以通过对数据的整合和利用来了解消费者的偏好,领导者需要及时挖掘消费者的需求并迅速作出反应。例如,在当今流行的网上购物中,重要的信息来自我们网上购买的产品。企业通过基于数据的网络平台访问很容易收集消费者信息,购物平台的大数据推送不仅能够为消费者提供低成本的产品,而且可以改善库存、生产和产品设计状况。产品生产者在消费者评论中寻找如何改进的建议。在这种情况下,消费者和产品生产者都享受到了方便。

2. 寻找新的市场和商业机会

通过充分地利用大数据,企业能够预知到顾客尚未被挖掘或隐含的需要,而这一点可以通过对企业所掌握数据模型进行综合分析和回归的方法来实现,领导者要有远见卓识和敏锐的洞察力,利用数据模型识别新机遇。利用大数据帮助公司找到哪一个市场最有意义,让企业第一时间推出创新性的产品。

3. 高效的企业组织管理

通过对企业获取的大量数据的分析,很容易发现现有组织管理的不足之处,领导者需要改进现有管理系统的设计和方法,使企业管理更加有效。特别是在物流行业,及时了解道路状况、交通信息、天气状况和客户位置可以大大减少资源浪费。

4. 加强企业风险管理

在公司的任何管理过程中都要进行风险预测、风险监督和风险控制。在数据量较大的情况下,领导者可以根据企业的生产经营情况和接触的客户或供应商来确定风险类别。尤其在保险行业,重要数据的应用可以降低未来可能发生的客户损失,帮助保险公司以正确的价格和时间间隔为客户提供正确的产品,降低投诉成本,避免客户欺诈。除了保险业,这项技术在其他行业也广为应用。对于金融业来说,利用大数据对客户进行全方位分析也是很重要的环节。

世界各地的公司对大数据应用的迫切需求也凸显了一个严重的问题,即各国普遍缺乏数据科学家。我国大数据的实施刚刚起步,存在以下问题。

1. 数据分析人才不足

在正确地进行数据处理的基础上我们才能够正确地对数据进行综合应用,在对大数据的综合处理这个环节,数据科学家能够发现和挖掘出一些数据的价值。数据科学家通过大量的重新分析和建构数据之间的相互关系,赋予了数据一种新的含义,使其能够为整个企业所有者利用,构筑出以企业为中心的核心竞争力。

目前,我国的数据分析人员往往能找出原因,解决问题。然而,在大多数情况下,他们没有能力研究未知的问题。因此,在处理大量数据的过程中,大多数企业需要国外顾问的帮忙。为了解决问题,咨询人员处理大量数据的时间和成本大大增加。长期以来,国内企业不了解数据的价值,不习惯依赖数据,甚至忽视数据的可用性,并且很多企业没有长期的数据存储和使用计划,这很难满足数据分析的要求。

2. 数据存储能力的限制

我们从大数据的含义上知道数据所包含的信息量是非常大的。作为数据量占比最大的部分,视频数据每年约占50%,而且这一比例还在不断上升。目前我国在存储图像和视频技术方面主要有三个问题,一是储存设备的管理接口并没有统一,二是对储存资源的管理与分配体制不健全,三是基于文件系统的数据存储模型建立方式上仍然有许多缺点。因此,写入书写文件后就会直接导致文件系统元数据区频繁地持续更新,从而直接导致文件系统元数据区严重破坏,进而直接导致文件系统失效。简单的装置已无法满足大量视频信息的储存要求,我们需要自己建立一个平台去解决这些数据储存中遇到的问题,但是目前仍然难以实现。

3. 数据安全隐患

海量信息的集中保存会使信息的处理更加方便,而在管理方式不当的情况下,数据容易泄露、丢失或损坏,从而使企业利润大减。研究表明,75%以上的数据泄露是由内部所造成的。虽然制度、访问控制和审核威慑等防备可以降低泄露风险,然而在人灵活掌握终端的情况下,这些防备还无法有效实现数据保护。一旦终端信息与组织内环境脱离,数据就有可能泄露。所以,要采取更好的信息加密措施,才能够对数据有效保护,从根本上解决泄露的问题。

综上所述,对于我们的中小企业和经营管理人员来说,大数据时代不仅提供了新的发展机遇,而且要迎接巨大挑战。在这个新的发展时期,在数据中所潜在的巨大商业价值必将掀起一场新的关于商业模式与经营管理决策的深刻性巨大变革。企业为了在这个新的商业大数据应用时代迅速发展,取得自己的市场领先和优势,就需要时刻进行经营思维转换,变革企业管理控制方法和经营模式,充分、有效地整合运用商业大数据,挖掘其中所可能蕴含的各种商业附加值,力求企业能够在瞬息万变的现代国际市场经济体和市场竞争环境中迅速发展,赢得激烈的市场竞争,发展壮大。

4.3.2 新环境领导力提升着力点

1. 数据挖掘与资源整合

为了保证企业更好地发展、利用数据从中获得有利的信息,数据挖掘成为各企业的商业手段之一。通俗来讲,数据挖掘就是将日常的信息进行整合,从大量信息中提取有利的数据,为企业发展指明方向。数据挖掘主要是利用网络调查、统计分析等手段发现数据,从而获得有利信息的一种智能方法。

数据挖掘的主要任务是信息分类分析以及检测预测。信息化时代的网络上含有的信息量是巨大的。因此,数据挖掘出的信息量也是巨大的,对于企业来说是一个烦琐的工序,为了使巨大的信息量简便化,在数据挖掘出信息后需要将其分类。数据的预测则是将分类后的信息进行总结归纳,从而进行商业上的预测分析。数据挖掘可以将其模型化以及结构化,从中挖掘出有利信息使其结构关系清晰化。从海量的信息中进行数据挖掘也可以进行知识推理,数据挖掘技术可以为企业的业务优化以及企业的发展提供决策上的支持。

数据挖掘主要有五个步骤,如图4-3所示。

图4-3 数据挖掘的步骤

(1)数据选择。在海量信息网中选取与企业业务相关的信息。

(2)数据处理。在选取大量信息之后对信息进行整合分类,从中获得数据,对数据进行整理,从中获取有价值的信息。

(3)数据转化。从有用的数据中提取典型特征进行分析,从而获得更加精准的信息。

(4)数据模式化。将准确数据构建成模型,使数据之前的结构清晰化。

(5)数据分析和业务改进。将模型化的数据进行详细分析,采用有力的改进措施,不断完善企业的业务服务。

数据的预测结果会为企业最终决策提供参考。数据挖掘中最重要的特征就是数据本身的应用性,在大多数企业中,数据的基础是大量的信息。因此数据会涉及企业各个部门。这就要求企业管理者必须重视对数据信息的收集,为数据分析提供资源,数据的结果需要大量的信息来验证,为保证数据结果的有效性,信息必须进行大量的整合,并充分利用数据的特性来进行详细分析。

在互联网和大数据的新时代下,由于资源的来源多种多样,各个渠道的资源丰富性和扩散度都是不相同的,因此身为一个企业的管理者必须具备资源整合的能力,这样我们就可以把来自各个渠道的所有资源进行整合,从而看透每个资源背后可能有的问题,根据其综合分析方法作出正确的选择。资源管理越来越成为企业竞争之间的核心竞争力。不同的大型企业所需要拥有的人力资源不同,在这背后的人力资源选择机会也不尽相同,因此,企业的领导人往往需要通过借助大数据的强劲力量对其掌握的人力资源和技术进行整合,使其发挥更加重要的作用。

2. 高效决策与风险控制

企业的有效经营和运行需要我们做好每步的决策,而且我们还需要保证决策对于企业的生存和发展产生积极的影响。一个不正确的决策就有可能使得整个公司的发展停滞不前,甚至遭受到较大的风险。所以企业的管理者必须要求自己具备一定的战略决策技巧,通过综合分析掌握的资料作出最正确的选择,这样才能够真正给企业带来更多的收获和利益,帮助企业更快地健康发展。

大数据时代,许多行业产生了很大的社会改革和发展变化。加快完善社会主义市场经济体制,推动社会不断进步和经济快速发展,一些企业生产和社会经济的服务活动也随之具有了更大的操作便捷性。但是在大数据被广泛应用的背后仍然存在一定的安全隐患问题,越来越多的从业人士开始认为一些商业信息机密已经逐渐商业信息化和商业数据化,一旦这些商业信息被恶意非法盗窃,那么很多商业信息机密就会泄露。所以对于处于大数据经济时代的企业管理者,必须让自己具备一定的企业风险管理能力,防患于未然。

3. 从策略思维到战略思维

成功的企业家或经营团队通常有能力从过去的经验中逐渐建构自己的策略思维模式,成功次数越多,就越对其策略思维模式深信不疑。久而久之,企业经营方向就出现了惯性,而组织内部和决策有关的资讯分析与研究程序也逐渐走向制式化,高阶团队的心态与沟通模式也日趋一致。

这种发展的优点是内部对重大决策很容易形成共识,提升了决策的效率;缺点是这些策略思维的惯性可能会让组织失去策略的弹性,甚至对预期之外的环境变化难以应对。

在新的格局下,领导人员应该有效地培养自己的战略性思维,这就需要做到以下几点。

一是更加注重理论的学习。要学好理论,提高自己的理论逻辑思考能力,这也是领导人员具有战略性思维的一个基本前提和依据。从一定的意义上讲,理论思想的广泛性决定了战略思想的深度。而提升理论性思维技巧的根本方式之一便是认真地学习理论。特别是我们要学好马克思主义哲学,努力地掌握科学唯物辩证法。只有学好了唯物辩证法,才能真正透过实际看到事情的本质,才会抓住主要矛盾,从容地处理适合于企业自身发展的重大问题,牢牢地掌握决策的积极性和主动权。

二是更加注重信息的拓宽。一个企业的高层管理者要对一切事关整个企业生存与发展的主要问题都有一个战略性的思维,必须以充分地了解并掌握一些相关的信息作为前提,这样才会作出正确的行动性决策。例如国内外理论资料信息、时事政治资料信息、经济社会发展趋势信息、经济与政治制度改革信息、科学与技术进步资料、市场机制的变化信息、文化与发展资料信息等。

三是注重从事谋略性的锻炼。谋略也就是智慧,它具体地表现在对自己所处环境的预见、分析、判断,解决实际问题的能力与水平。策略的能力与水平大小,决定了战略性思维的宽度与深度。提高公司的中层经营者和管理层的战略性思维能力,尤其需要培养他们的策略才能。要特别注意掌握和运用我国历史上有关谋略的知识和思想,加强其独立思考的能力。同时还需要对从中精选出来的重大典型案例进行讨论、思考及谋划。良好的案例分析能够有效培养他们的创造性思维和分析、解决问题的能力。

四是着眼于实际操作。企业的高层经营者的战略性思维能力,不能脱离现代化的实践课堂,也不是被关在自己的办公室里训练出来的。实践既是我们认知的动力之所在,又是我们检验认知的标准,是解决一切重要问题的可靠依据和根本路线。战略性思维能力作为企业的高层次管理者所必须具备的素质,能够在企业的管理、开发、市场竞争等各个方面的工作实际过程中形成和提高。

4．远程社交

移动数字技术的发展给我们带来了一种全新的交流沟通手段,除了面对面地进行交流,利用文字、语音与录像等社交手段也能够直接实现信息的交流。这一现象正在现代化的办公空间中变得尤为突出:越来越多的远程办公者依靠电子邮件、微信以及其他通信渠道与同事进行互动。一些研究发现,不经常地与别人打交道,不仅会直接影响到我们的身心健康和快乐,而且可能对工作效率造成负面影响。所以,即使我们通过这种信息技术手段所进行的信息互动已经变得更为高效和便捷,但是仍然不可否认地需要进行面对面的信息交谈。

(1) 发起一次语音、视频会议,替代通过文字发送信息。采用语音、视频等多种信息沟通交流方式,将轻松地实现同事之间的面对面信息交流,面对面交流中提出的请求往往比通过微信或者各种电子邮件直接提出的请求更容易被接受。与传统的电子邮件、电话沟通方式相比,视频交流通话能够让我们清楚地看到别人的各种肢体表情和语言,为我们提供有价值的视、听觉线索,以便于了解我们所提出要求的对话环境。成功的企业领导者往往使用高效的渠道方式与团队进行交谈,并且在会议中合理地安排"社交时间"。员工通过"社交时间"可以充分了解彼此近况,并享受彼此的时光和陪伴,从而大大增加了团队成员之间的亲密感,提升了团队协作的效率。

(2) 尽量选择通过电话进行交流,而非简单地将短信和电邮的社交认为是一种人类根本的生活需要。如果隔断与他人和社会的联系,心理和表达就会产生一定的负面效应。但如果远程办公,谁又会注意到这一点?远程办公对我们造成负面影响最早的一个征兆便是遗忘了社会上的一种行为,比如我们忘记了祝自己的同事新年、生日快乐或者寻找一些借口不愿意参加面对面的会议。在这之后,负责人或管理者很可能无法决定员工的计划和项目进展,或者不清楚他们所处的工作环节。而此时,电话互动就明显具有优势。因为当通过网络进行电话互动交流时,我们就可以直观地感受到各种不同的语调,而这样的语调又可以给予自己言语的维度和情感,并且还会向别人讲述自己对于讨论内容的感觉,从而达到有效的沟通。

(3) 采用虚拟社交,突破空间限制。虚拟现实(VR)环境本身就具有了超时空的特征,它突破了时间与空间的限制,全体参会人员仿佛走出虚拟环境,真实地还原了现实的会议情景及交互形态,采用更加立体的呈现形态方式为参会人员带来了沉浸式的体验,使整个会议的效果达到最好。这一点也是许多传统的电话、视频会议不能够做到的。3D(三维)依托于虚拟现实技术,在远程会议协作的应用范围很大,比如小组会议、培训会、发布会、远程教育等,其所能承载的会议规模由几名工作人员增加至几百名,再扩大至几万名,都可以无障碍地实现。

4.4 大数据下的组织文化创新实践新路径

4.4.1 组织文化概述

"大数据之父"维克托·迈尔·舍恩伯格认为:"大数据技术开启了一次重大的时代转型,好比望远镜让我们可以直接感受整个宇宙,显微镜可以使我们直接看到微生物,大数据正在不断改变着我们的日常工作生活和我们理解世界的方式,成为新的科技发明和信息服务的源泉,而未来更多的产业变革正在蓄势待发。"在大数据经济时代下,一个大型企业的战略疆界已经逐渐变得模糊,数据已经逐渐成为一个大型企业最重要的核心战略竞争力,与此同时,数据正在深刻地影响着大型企业的整体生产经营管理模式以及企业文化。企业可以借助大数据分析合理地为企业文化发展作出决策。

4.4.2 数据化变革带来创新精神新维度

1. 首创精神:创新精神新起点

企业作为向社会提供产品和服务的微观经济组织,面对不断变化的社会需求,如果一直停留在对原有技术、产品、服务的完善与改进上,或局限于对竞争对手的模仿与跟随,那么,企业依据现有技术生产的产品和提供的服务将有可能逐步落后于市场需求,迟早会被市场淘汰。这个问题的理论描述关乎创新精神,具体地说,就是企业在对未来进行投资经营决策时,不能因循守旧和故步自封,必须始终保持青春的生机与积极性,要具备勇于迎接时代潮流的勇气。首创精神主要表现在突破技术壁垒和突破市场壁垒两大方面,以及选择竞争路径和产量决定等的试错性创新上。也就是说,企业要扩大有效需求,必须不断开发新产品和研发新工艺,要敢于挑战市场风险,打破循规蹈矩、墨守成规等限制员工创新意识的企业文化,这是企业创新文化体系建构的必要条件,是任何一家创新企业都不可绕避的。

企业首创精神的推动力是投资经营利润函数的最大化。在现实中,企业投资经营是不确定条件下的风险决策,从某种程度来讲,企业承担风险的魄力与首创精神相辅相成。首创精神要求企业获取自主创新能力,但更重要的是要求企业敢于突破思维定式并拥有超前思维。大数据分析为企业首创精神的发挥提供了技术保障。基于大数据的市场调查能够实现对市场的有效、实时监测,及时捕捉消费者需求。这在某种程度上也大大降低了科技创新在创业市场上的潜在风险,使得创新企业能够放心专注于那些具有独特性和具有自主研发知识产权的科学创新技术开发,实现具有突破性的科学技术创新。拥有自主知识产权并使自主知识产权转换为产品和服务生产的核心技术能力和核心竞争力是首创精神作为企业创新精神起点的一方面。随着科技进步促进的数据智能化和网络协同化,企业首创精神还表现为如何利用数据智能化与客户进行网络协同,这同样反映为企业创新精神的起点。

2. 协作精神:创新精神新方式

在这个大数据新时代,企业已经逐渐开始考虑如何利用大数据、云平台、互联网等各种方式和人工智能、云计算、物联网、机器学习、区块链等各种技术手段来合理地安排或者规划自己的产品和服务。企业综合性地运用大数据、云计算和各种人工智能技术来开展的产供销活动,就是在大数据和智能化的基础上,以企业间的互联网协同化作为前提实现企业之间的交叉互动行为。因此,为实现投资经营的效用最大化,企业必须具有建立网络协同化的创新精神;从企业收集、加工、处理大数据从而运用云计算和人工智能来规划产供销的过程看,网络协同化不仅表现为数据智能化的继续,而且突出反映为企业间行为互动的协作精神。

在技术创新复杂化背景下,单个企业越来越难以独立完成重大科技创新项目。这构成了协同创新理论的现实基础。企业创新过程中的协作精神可分为生产协作和科技协作两个方面。以前关于企业协作精神的分析,主要是围绕成本、利润、风险等价格因素展开的生产性协作。但随着大数据和人工智能等新科技在企业投资经营中的广泛运用,企业与企业之间、企业与消费者之间以及消费者之间的行为互动正在成为企业协作的主流,科技协作已成为企业具有协作精神的主要标志。协作创新能够实现知识和技术的快速扩散,降低成本和分散创新风险,使产业链形成一个具有竞争力的产业生态系统,从而使大数据技术与企业协作创新精神紧密地结合在一起。

3. 标杆精神:创新精神新反映

标杆精神可理解为企业力图成为同业之冠的精神;标杆精神是企业创新精神作用过程中的文化体现,它是指人员在实践中学习标杆、超越标杆和成为标杆,即实现立标、追标、超标和创造。大数据技术及其支撑的人工智能技术使企业员工精英化,企业间数字能力的竞争让市场竞争更加知识化和高端化。事实上,标杆精神是以竞争精神为基础但高于竞争精神的一种状态,科技型企业尤其重视利用和营造竞争环境,以优胜劣汰的竞争机制塑造员工的竞争精神。但企业要成为行业标杆,不仅要有竞争精神还要不断学习行业内外一流企业,研究分析标杆企业达到优秀水平的原因和过程,并结合自身实际予以创造性的借鉴和改进,实现从学习标杆、赶超标杆到成为标杆的转化。在对企业的标杆管理和学习中,选择合适的标杆也至关重要,企业需要寻找标杆企业和标杆员工,对先进的经验和方法都进行学习、模仿、改进；同时，标杆学习也是一个系统和长期可持续的考核过程，通过不断地与其他标杆公司相互作用和比较，以期达到持续提高企业经营管理绩效之目的。

现代企业想要成为行业标杆，必须具有由过去推断现在以及从现在推断未来的超前意识和能力，而这种意识和能力与企业在多大程度和范围内掌握和运用新科技息息相关。若要判断企业是否有标杆精神，我们首先要看其自身整体是否已经有足够能力及时收集、整理、分类、加工并及时处理与自己的企业投资以及企业经营密切相关的各种企业大数据，能否有效地整合利用各种云计算平台和技术应用诸如云计算、机器学习、物联网、区块链等各种涉及人工智能等新技术。如果企业能成功掌握和运用以互联网为平台、以大数据为基本要素和以人工智能技术为手段的新科技，便有可能在获取完备信息的基础上规划和确定投资什么、投资多少、生产什么、生产多少。相对于其他企业，这些具有标杆精神的企业无疑会展现和引领创新精神，会给其他企业输入动力和竞争力，并催生出一种显示标杆精神的企业文化。

4.4.3 数据化变革为文化创新氛围创造新条件

1. 大数据分析能力

在当前这个大数据时代下，有关数据的信息随处可见。网络和智能手机的运用加快了信息的传播速度，同时网络时代的到来也为企业带来了信息传播上的困难。由于信息量巨大，企业业务的宣传埋没在巨大的信息量中，有可能直接导致企业宣传失败，各个企业不得不花费高额的广告费来进行宣传。因此，在大数据的时代下，需要提升数据的价值来保证企业的宣传。

1）信息数据清晰化

视觉对于大众来说是非常重要的，大众对产品的兴趣往往首先是通过视觉接触产生。因此，为了推动企业发展、提高大众对于企业产品的兴趣，首先要做到企业产品信息数据的清晰化。让信息清晰化主要从两方面入手。

一是数据所要表达的内容准确有趣。为了使大众快速抓住产品所想表达的内容，需要将所有的重点集合在一起，相当于书的目录，便于大众快速准确地进行浏览。

二是信息的关键点。大众在获取信息的时候很难记住大量的信息，为了重点突出信息的关键点，企业应该纯粹地传达数据所能够体现出的信息。为了突出重点，应该对信息进行排序，依照金字塔式的规则对内容进行排序，从而使大众快速抓取信息重点。

2）信息的情感化

企业的发展需要大众的推动。大众转发、咨询、购买企业产品这些举动都是在情感的推动下进行的。因此，企业在信息的传达上需要情感化。不同的产品服务都可以搭配不同的信息，情感本身就是对于信息最直接的表达，情感所呈现的信息效果也是再多华丽语言所不能达到的。信息本身的表达是每一家企业都能够做到的,而真正能够拉开企业与产品内容的质量差距的则是情感的表达。

2. 内部环境条件

企业内部创新环境包含硬环境和软环境两大方面。

在现象形态上,创新氛围的硬环境是指创新工作赖以进行的各种物质环境条件,由物质资源支持和工作情境塑造等构成。许多公司为了知识交流便捷,还建立了智能化的企业网络交流平台,如著名的 IBM 公司的电子会议中心系统、海尔公司的海尔社区等。我们可以从这些激发群体性创意的实例中发现以下基本事实:创新氛围的硬环境十分重要,它会在维系信息场的前提下激励员工开拓新思维和创新意识。

而目前在现代经济中兴起的大数据和人工智能技术所关注的场景分析,则主要是针对软环境变化而言的;较之于创新氛围的硬环境,以各项管理制度为载体的软环境同样是企业文化的表现形式,可视之为无形文化的有形化,其直接关联着首创、协作、标杆、宽容等企业创新精神。从大数据分析看,无论是硬环境还是软环境,它们都可以解析为大数据的构成。

按照数字主义的观点,我们既可以将企业投资经营硬环境所必需的各种设备的数量及其比率看成是一种"算法",也可以将企业投资经营软环境所必须建立的各项管理制度看成是一种"算法"。但企业在特定时期究竟需要什么样的设备和需要多少设备,以及企业究竟需要建立和调整什么样的管理制度,则要求企业以加工和处理自己产供销活动的大数据为基础进行判断。这些加工和处理涉及的内容很宽泛,不仅关系到企业提供什么样的产品和服务以及支持创新的各项管理制度,而且关系到企业与客户之间错综复杂的交易关联。企业必须能够收集、整合、分类、加工和处理这些大数据,这便要求企业掌握和运用人工智能技术来匹配大数据。例如,针对提供什么样的产品和服务,企业需掌握和运用机器学习方法;针对企业与客户之间错综复杂的交易关联,企业必须能够掌握和运用物联网技术来采集、编辑和智能化那些与客户关联的大数据;针对企业与客户之间错综复杂的交易关联有可能发生的道德风险,企业需用区块链技术来加以防范;等等。

典型案例

"智慧让生活更简单"——海尔家电数字化转型新机遇

在当前的移动互联网时代,大数据的研究和应用已经非常广泛,尤其以中小型企业和个人为主,企业已经成为大数据研究和应用的对象。大数据真正能够彻底改变一个企业的经营和运作模式吗?我们认为这是毋庸置疑的,随着逐渐开始挖掘和利用大数据,人们已经从中获益。大数据已经逐渐深入我们日常生活的方方面面,在 2014 年《互联网周刊》公开出版发布的《2014 大数据应用案例 TOP100》

中，海尔作为目前世界上唯一的一家家电品牌入选。海尔空调基于500多亿条大数据，输出了一系列应用成果。

为了充分满足移动互联网时代人们对于速度的需求，海尔颠覆了传统的管理制度、体系和手段，其主要体现在管理模式、组织架构和报表三个维度上。

从企业经营管理模式的角度，海尔正在探索一种适应互联网时代的人单合一、实现双赢的商业模式。

人单合一，人就是员工，"单"从外观上看就像是一个订单，本质上就是用户的资源。其表面意思就是把所有的员工和订单都连在一起，但是订单的根本意思就是服务于用户，包含了用户的要求、用户的价值。人单合一，也就是把所有的员工和他们应该为用户创造的价值，面对的用户资源"合"在一起。实现双赢，即以全体员工所共同创造的使用价值为基础，体现其价值。传统的管理模式与互联网时代各种管理模式的主要区别之处就在于前者是以公司为经营中心进行制定，而后者则是以客户为经营中心进行制定。

人单合一突破了传统的"日清体系"，"日清"其实也是一种企业经营目标管理和经营绩效管理的理论基础和有效机制。如今的海尔，通过先进的管理技术搭建起了一个完全信息化的企业日清管理平台，帮助全体海尔员工快速地建立每日日清预算，并对每日日清进行总结以不断提升。员工及时准确掌握每天自己劳动产生的利润和企业收益之间的巨大差距，并通过对可能产生这种差距的各种原因进行综合分析，以期最终顺利地完成自己的职业目标。

海尔的这种人单合一的管理模式很好地利用了每个人的主观能动性和信息技术，极大地精确简化了对员工的目标和实施的管理过程和考核过程，最终所指向的结果就是，让每个员工都可以做企业的老板，自己管理自己。

海尔组织架构变革体现的是对传统正三角模式的颠覆，创新为倒三角模式。

倒三角式的组织架构体现在实现两个"零"的目标。第一个"零"主要体现在领导和员工实现整个组织目标的过程中，领导需要无条件地支持、领导和其他员工之间的协同零距离；第二个"零"则指内部人员必须共享所有创造的用户资源，全流程与所有的用户零距离。

由此产生了新型自主管理经营机构架构：海尔将8万多名员工转换成两千多个自主管理经营机构。自主经营制度改变了原先学习日本公司建立的事业单位体系，打破了传统的管理层次结构。企业被拆分成一个个面向市场的小组织。中间层次全部被撤销，变成了资源和支撑的平台。现在的经营管理体制要倒逼后面的支撑平台为企业提供资源。这个转型会极其困难，但在移动互联网的新时代，企业进行这样的转型是必然趋势。

海尔的报表所体现出来的就是对于传统财务报表的变革，从传统的损益量表向战略性财务量表转变。

一般上市公司都配备有3张财务表，损益核算表、资产负债表以及公司现金流量表。但海尔的3份核算表格则分别为员工自主经营的战略损益表、确保事前财务预算有效获得的日清表以及每位海尔员工的人单酬表。

第一张表是战略损益表。海尔将传统企业损益表变为每一家自主管理经营者的战略损益表。两者之间的最大区别就在于,传统的企业损益表以实现数字化的损益为主要价值导向,战略损益表则以符合用户的核心价值观特点作为主要指标价值导向。传统的企业损益表主要内容包括销售收入中所需要加上的财务成本与其他费用亦即相当于营业利润。而一个企业长期战略核心损益所代表的四个核心价值功能被明确划分为四个关键象限,简单来说,第一个关键象限主要指的是整个企业核心用户群体价值,第二个关键象限主要指的是整个企业内部人力资源,第三个关键象限主要指的是整个企业生产流程,第四个关键象限主要指的是企业闭环流程优化。战略损益表的运用使得海尔更容易进行国际上的交流。同时由公司拥有一张总规模的大表转变为两千多个自主管理经营者各拥有一张战略损益表。每个自主运营的团队都各自为自己的客户和消费群体创造了价值,不但能够形成全局性的效应,还能够避免滥竽充数。另外,两者的区别还在于,传统的损益表通常是事后分析,而战略损益表则是事前分析。战略损益表所要分析的是为了达到目标而应该做什么样的工作。

海尔的企业战略损益表经历了管理理论发展的三个阶段。这三个阶段分别称为物本管理、人本管理、能本管理。最早的管理阶段就是物本管理,顾名思义就是以物为本、重物轻人,最具有代表性的管理理论之一就是泰勒的科学管理。科学管理的研究具有十分重要的意义和贡献,主要表现在对于时间和动作的研究,把许多复杂的劳务分解转化成非常简易的动作,然后再给它们明确地界定出具体的时点,这样企业的生产质量和效率就会极大地得到改善。但是其带来的缺点是,人已经变成了工业机器的一种附庸,虽然效率提高了,但是人的主观能动性和创造力却不如以前。为解决其弊端就产生了人本管理,人本管理就是以人为本。人本管理最出色的是日本的企业管理,其最主要特点是团队精神。如TQM源于美国戴明博士,但美国未做起TQM,主要是缺少日本企业的团队文化,日本企业的团队精神却把TQM发挥到极致,大大提升了产品竞争力。现在日本企业的竞争力不是那么突出了,其中很重要的原因是时代又往前发展了,管理理论进入能本管理阶段。能本管理最大的特点是以创新能力为核心体现出的人力资本的价值,将被管理者转为特定领域的管理者。

第二张表是日清表。企业最为头痛的一件事就是最初的目标设定得太高,看起来也很具有市场竞争力,但是企业期末核算时却发现与最初的目标相比还有很多偏离。日清表主要目的在于预实零差距,保障全体员工将自己的工作任务落实至每一天,提前采取措施解决问题,保证目标顺利实现。

第三张表采用了个人单酬制,把企业的运作结果直接落实给了每个员工。这无疑是海尔目前最大的进步。所谓人单酬表需要注意的重点就是"单","单"不是内部自己确定的,而是企业根据市场竞争力确定的,每个企业都需要有足够的能力去承接这个单,最终产生的价值与所带来的薪酬联系在一起。而很多企业包括以前的海尔,都是根据工作职务拿钱,但是人单酬完全没有这样的概念,收入或许很高,或许很低,但并不在于工作职务的高低,只和其价值挂钩。德鲁克先生有一句话:一个注重贡献、肯为成果负责的年轻人,不管他的职位多卑微,他仍然被归类为"高层管理者"。相反,如果不对成果负责,即使岗位再高也都不是真正的企业高层管理人员。

张瑞敏曾说:用户每天都是新的,你须有随时清空、从零开始的思维。如今,海尔随着互联网和数字时代而变化,又一次清空了自己,并进行了颠覆式重组,实现了由传统的家电品牌向物联网产业和生态品牌的成功转型。

第 5 章

共建共享，为供应链插上"数字化翅膀"

随着数字化时代的到来，转型成为各行各业发展的不二之选。供应链作为影响传统生产制造企业运作效率的关键，能否实现供应链的优化对于企业至关重要。如今，数字化的发展同样令供应链的发展迎来了新的机遇。

5.1 数字化情境下的供应链

制造业作为国民经济的主体，是国家与民族发展的重要一环，随着"中国制造2025"和"工业 4.0"时代的到来，打造面向未来的智能制造模式已成为产业链中至关重要的一部分。传统制造业通过数字化实现转型升级，已成为绝大部分制造企业实现智能制造的重要手段，而在智能制造这一大环境中，能否打造智慧供应链已成为市场竞争的关键所在。

5.1.1 智慧供应链的发展

"供应链"一词起源于后勤学，在 1993 年左右国内开始了对"供应链"一词的热议。供应链网络覆盖从生产制造到最终交付至消费者的全部过程，涉及原材料的供应商、生产制造企业、分销商、运输商、消费者等环节。高效的供应链管理可以有效提升作业效率和企业生产制造能力，从而使企业在竞争中占据优势地位。2017年，国务院办公厅发布了《国务院办公厅关于积极推进供应链创新与应用的指导意见》，将供应链定义为："供应链是以客户需求为导向，以提高质量和效率为目标，以整合资源为手段，实现产品设计、采购、生产、销售、服务等全过程高效协同的组织形态。"随着互联网时代的到来与数字化的推进，供应链已发展到了与互联网、物联网深度融合的智慧供应链新阶段。

智慧供应链在原有的供应链基础上，结合了多项现代化信息技术以形成更加完善的物料采购系统、订单处理系统等，使企业实现商品从生产到交付整个流程信息透明且环节可追溯。随着区块链、物联网、大数据等技术的飞速发展，智慧供应链的应用与发展也将不断被重塑，如图 5-1 所示。

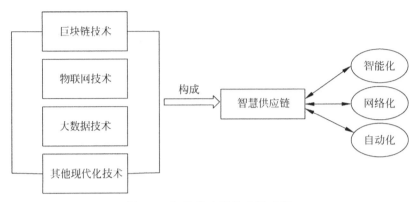

图 5-1 智慧供应链的重塑过程

与传统的供应链相比,智慧供应链在数字化的推动下,能够通过大数据实现信息之间的高效整合,提升企业的决策能力,使企业能够及时调节作业效率并提升企业与上下游之间的信息沟通能力,万物互联也使作业流程更加透明化与专业化。在生产制造中需求为生产的最大驱动力。智慧供应链使企业能够更贴近末端消费者以了解顾客的多样化需求,通过进行信息共享以使企业了解市场需求,同样也使消费者得到最符合需求的产品。

智慧供应链的发展是解决当下多样化市场需求的必经道路,也是生产企业与消费者共同的选择。在微观层面,是通过数字化与信息化提升作业能力,为企业降本增效,促进企业各部门的协作与交流;在宏观层面,则是国家实现制造强国、推进供给侧改革以产生新的经济增长点的先进手段。

5.1.2 智慧供应链的特点

智慧供应链强调数字化、智能化与信息化,其核心目的是解决供应链中的"牛鞭效应",解决供应链中存在的信息不对等问题。与传统供应链相比,智慧供应链主要具有以下特点:可预测性、高效性、可追溯性、灵活性。

1. 可预测性

一个企业生产的产出量源于对需求的预测与规划,这决定了企业对未来销售的规划以及对市场的把控。基于数字化情境的智慧供应链体系会对产品进行相关的评估,通过对其生产制造、生命周期、市场反馈的追踪及时对产品的需求情况与投放情况进行预测,以保障企业的市场满意度。在基于数字化情境的智慧供应链帮助下,各方可在共同协作下达到信息共享,从而使供应链的各环节都能及时针对预测进行调整。在智慧供应链的预测下,上下游企业都能及时作出回应。

2. 高效性

在产品研发过程中,研发数字化、信息处理数字化、业务数字化是当下智能制造的必然趋势。而研发本身则需要大量的前期调研、用户数据与市场调查等,随着数字化供应链的推进,企业能够节省大量的前期研发时间成本和人力成本,并可以更精准地把握市场数据,极大地提高了研发效率,也降低了研发中可能存在的风险,从而缩短了研发周期,使作业更具高效性。

3. 可追溯性

商品可溯源已成为企业增强自身诚信意识、巩固消费者的常见方式之一。随着分销方式的多样化,食品安全问题、劣质产品等问题乱象丛生,而事后维权却十分困难,各环节常以踢皮球的方式推卸自身责任。以食品生产销售为例,智慧供应链会从原材料的种植、采摘、生产、加工、销售等过程进行全程的追溯,以规范标准约束行业的每一环节作业,确保商品的合法性、安全性,并为消费者的事后维权做好保障。

4. 灵活性

随着消费者对于私人定制等多样化需求的产生,单一的流水线作业已无法满足市场的需求,越来越多的企业开始提供定制服务,定制服务的背后则是智慧供应链对原材料加工处理柔性化的体现。当前,在众多制造行业,自动化生产已基本取代原始的纯人工作业,如汽车制造行业。面对消费者对于颜色、原材料等多样化的需求,增加生产线无疑将会增加巨大的固定成本,且利用率并不会太高。而在智慧供应链中,可以通过正确且高效调度原材料,使加工作业能够在同一生产线中制作出满足不同需求的定制化商品,使企业生产作业更具灵活性。

5.1.3 智慧供应链的优势

基于数字化的智慧供应链,在物联网、区块链等技术的融合下构成智慧供应链平台,能够实现资源的有效共享。供应链在数字化转型的过程中,更多地关乎新一代信息技术下的企业生产、经营模式创新。明确企业的不足以及与其他企业的差距所在,再通过更高效的途径弥补不足实现赶超是推进数字化的智慧供应链的关键。作为高效协调的智慧供应链,其优势主要体现在以下几个方面。

(1) 在原有的供应链环节,各方参与者"各自为政",缺乏与上下游的沟通,使"牛鞭效应""信息孤岛"等现象频频发生。而智慧供应链的存在则打破上下游企业之间的"信息孤岛"现象,使企业能够及时根据需求信息进行反馈,也避免了由于"牛鞭效应"造成的信息不对称情况,减少了不同环节可能会产生的过度囤积库存等情况造成的浪费,降低了企业运营风险。

(2) 智慧供应链的存在使上下游企业传递信息的方式更具多样化。随着数字化时代的到来,以及5G通信技术、大数据技术等技术的蓬勃发展,信息传递的方式已不再是单一的数字、文字信息传输。智慧供应链能够实时传输企业生产制造情况,并通过图片、视频、建模等更清晰地以专业方式对信息进行传递,并及时使上下游对数据进行分析。

（3）智慧供应链使上下游面对经营与作业能够进行更明确的分工，减少原有灰色地带的存在，使上下游企业共同承担供应链风险，也共享供应链收益，使上下游之间能够更好地约束自己，也使企业与企业之间的协同作业效率更高。

（4）智慧供应链强调上下游企业的信息共享，其目的是服务最终的消费者。需求是供应链的主要驱动力。智慧供应链使上下游企业能够及时根据市场需求调整自身作业情况，真正做到以市场和消费者为导向，从而提升自身反应能力。

（5）智慧供应链能够为产品质量提供保障。在智慧供应链中，供应链会整体结合产品导向、交付模式、制作工艺等多方面，不再是单一的采供、库存等基础模式，使产品的结构和需求得到极大的重视。在生产制造过程中，各个环节不可避免会遇到一些突发情况需要及时进行调整，在原有的供应链作业模式下，信息共享程度较低，无法及时在运作过程中进行调整，而智慧供应链能够根据上下游的信息反馈及时修正错误，有效降低"牛鞭效应"对产品生产制造的影响。

5.1.4 智慧供应链的意义

目前，我国制造行业正处于转型升级的关键时期，"中国制造 2025"作为中国品牌走出国门迈向国际市场的重要纲领，推动智慧供应链的发展是实现"中国制造 2025"的重要保障。在制造行业，未来的发展一定是智慧的、柔性的、透明的、高效的，在整个供应链智慧化的演进中，数字化将起到至关重要的作用。在供应链上的每一个企业都将通过大数据、物联网、区块链等技术与制造技术实现融合，从而构建更高效的智慧供应链平台，以实现货物、人员、信息、平台的集成化、共享化，形成行业更优质的生态圈。

在原有供应链模式下，降本增效是整个供应链环节最关心的问题，在长期单一作业情况下，许多企业将工作重心放在商品的流通环节，却往往忽略生产制造创新。而智慧供应链的存在，更多的是从消费者出发，以市场的多样化需求为切入点，使商品的价值导向成为企业追求的方向，也在生产中实现与末端消费者的价值共创。在未来的智慧供应链的发展中，企业将更注重消费者的需求，将通过智慧供应链寻找企业能够进行产品增值的切入点，并通过新一轮的数字化转型，使其提供更具全价值链的智能制造模式，同时也能够服务更多样化的市场需求。

5.2 基于数字化的智能采购

采购就是企业通过自身生产计划对原材料进行采买，其中涉及采购计划的制订、采购价格的谈判、采购方式与交付周期的确定等。在供应链全流程中，采购是供应链上游最重要的环节之一，是进行供应链管理的基础。当前，采购模式数字化转型是各企业转型升级的重点研究领域，采购转型升级的成功能够有效提升企业的整体管理效率,从而提升自身的核心竞争力。

5.2.1 数字化采购理念

采购作为供应链上游企业的重要管理核心,纵向上与供应商和合作企业进行对接,横向上与企业内部的研发、财务、销售等职能部门进行合作。只有有效地解决纵、横向上的需求并进行有效的对接,才能够使消费者满意、使合作伙伴满意、使公司满意。随着数字化转型升级的到来,采购已不再是当初单纯地找寻原材料供应商,而是变成驱动企业前进、扩展新业务、寻求新的盈利点、提升与客户之间联系等的整体战略。使用数字化技术能够及时响应市场需求、提升供应商响应能力并服务于数字化供需市场,从而与供应商形成高效的生态网络,对产品的创新起到重要的推进作用。

基于数字化的智能采购是指通过物联网、大数据、云端协作网络、自动化等技术,实现采购需求可预测、采购计划自动实行和对采购风险的及时把控。

1. 采购需求可预测

基于数字化的智能采购系统中,企业内部会将商品清单详情、供应商匹配情况、过往交易信息等数据形成一个完整的智能数据库,以实现自动的供应商信息备选,并在规划中寻找最优质的战略,不断跟进采购方案,持续节约采购成本。在智能采购模式下,在对采购需求进行预测前,首先对企业进行收支分析,将企业交易的合同、收支等信息纳入信息库,再通过认知计算等技术形成采购意见。数字化情景下的智能采购会自动提取交易合同中关键的信息,如价目、交付情况等,快速帮助企业完成对收支的规划,并实现针对风险的洞察。其次,通过智能分析技术对供应商的供货能力、服务情况等进行评估,从而选出对于企业最为合适的供应商进行合作的商议。最后则是企业与供应商协商合作,基于数字化的智能采购将对谈判的场景、结果等进行预测,并根据预设的最优价格选择最为贴近要求的供应商,使企业之间的合作变得更加高效。

2. 采购计划自动实行

在采购环节中,基于数字化的智能采购将通过大数据、物联网等现代化技术对采购实施自助式服务;通过对原材料等信息的把控,自动对需求情况进行判定,从而自动触发补货系统,以实现自动化采购。

同时,自动化采购也对采购目录、发票信息、付款模式、风险评估等方面进行管理。首先,针对采购目录的管理,需要结合企业不同商品对原材料的需求情况进行统一的归纳,构建企业的原材料采购目录并对目录信息进行细致的归类,从而制订相应的采购计划和管理模式。其次,针对发票信息的管理,在数字化采购中,交易的重复性较高,若每次进行单一的重复作业则会降低作业效率,而智能采购通过自动识别交易中的重复操作,如发票匹配、账户信息、预算审核等,减少重复作业流程。付款模式的管理也可通过智能合约技术识别企业之间的合同条款,根据作业信息在交易结束后自动触发付款信息,智能采购使交易的方式走向自动化,为企业之间的合作提供了更多的可能性。

3. 采购风险的及时把控

基于数字化的智能采购,会自动对采购的各项环节进行监控,检测行为是否存在异常,并通过可视化对交易进行分析与监管,帮助抉择者对采购的风险进行把控,从而帮助企业有效地控制采购风险。

5.2.2 智能采购模式的实施

1. 云采购模式

云采购模式旨在利用云端信息、大数据及数据共享,实现采购、寻源供应商、供应商管理、付款等整个采购流程的自动化、高效化,云采购模式打破了传统的逐级分层采购模式,使企业与供应商可以直接进行交易并实时协作。由于供应商减少了多层分销环节从而避免了多层分销商从中营利,便可以降低采购成本,以低于传统销售渠道的价格进行售卖。此外,通过云端数据供应商能够及时共享了解采购商的市场需求和采购需求,以避免产品供过于求或供不应求。一方面,云平台为采购和交付的所有价值链提供了沟通平台。如果采购商和供应商在枢纽中有任何业务问题,二者可以随时进行沟通,并以此建立信任进行长期合作。供应商可主动召集平台上的所有采购商对公司产品信息进行更新,以便采购商及时掌握最新的产品动态。另一方面,企业通过对平台上以往采购商的采购数据进行统计分析,可以对产品未来的销售前景进行预测,并据此及时调整企业的生产数量。基于高度智能化、数字化的云采购模式使供应链中的企业的作业效率得到提升,并有效降低了成本。

云采购模式使供应商与采购商实现在线自动采购交易,为交易双方都减少了人力、物力与财力的投入。云采购模式的出现,改变了传统的采购模式和供应模式,而且使企业能够更高效地运作,实现自身的转型发展。

2. 智能采购平台的搭建

在当下工业 4.0 时代,企业将传统的采购模式转型为智能采购平台离不开智能采购平台的搭建。

兼具智能化与信息化的智能采购平台将供应链上的采购商、供应商、物流服务商等企业整合至智能采购平台上,通过智能采购平台供应商可以随时获取对原材料的需求信息,事先进行备货工作以及制订生产计划,同时相关的物流服务商也根据采供双方的需求情况及时进行有关物流服务工作的准备。常见的智能采购平台操作模式如下。

(1) 将供应商信息加载到智能采购平台,建立供应商数据库、供应商质量标准、供应商接收和退出标准。该平台将实时提供不同的供应商指标以方便企业及时调整作业进度。

（2）将产品信息化后的数据纳入智能采购平台。产品信息包括产品名称、型号、规格书、品牌（制造商）、有效期、产地、产品外观图像、包装方式、运输注意事项以及推荐方式等。

（3）所有的采购环节都将通过智能采购平台完成。其中包括物料采购计划、采购需求、采购环节审批、采购订单信息、货物交付以及产品入库、产品质量检验、供应商交货、付款等。同时，它还涵盖了各种服务类以及项目类的招、投标工作。

5.2.3 采购质量监管

原材料的采购质量是企业进行产品质量把控的首要环节，物料质量的好坏会直接影响产品的生产进度和最终产品质量，这就是企业必须做好采购质量监管的原因。常见的供应商品质监管方法如图 5-2 所示。

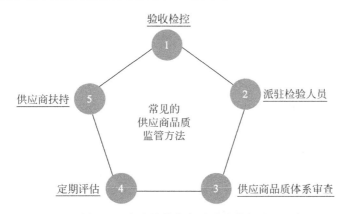

图 5-2 常见的供应商品质监管方法

1．通过验收来控制

验收是指经过检查或试验后，被认定为合格而收受。检查的合格与否首先需要建立验收标准及验收方法，并以此作为验收的依据来决定是否验收竞购采购的原材料。

2．派驻专门的检验人员

虽然智能采购模式在作业环节都基于线上操作，但是针对原材料品质的把控也不可缺少线下的相关查验。通过将原材料检验人员派遣至供应商处，对供应商的产品品质进行把控。企业派遣的检验人员首先应明确自身的工作义务，并提前确立一个具有目的性的检验方法。企业也需要明确应选择哪类人员担任派驻检验人员，做好前期培训，及时针对突发情况给予帮助。

3．供应商品质体系审查

供应商品质体系审查是对供应商的整个管理体系进行定期评审，以确保供应商的供货质量。一般来说,针对新供应商必须这样做一次或几次,然后再调整至半年一次或一年一次。但是,如果出现重大质量问题或者最近经常退货,又很难更换供应商,则必须到供应商处进行质量检查,对是否继续合作进行判断。其实施方法是定期组织各方面专家对供应商进行评审,该方法有利于充分掌握供应商及时发现和改进薄弱环节的能力以及供应商的管理能力,确定供方产品的质量和通过操作系统收到的材料的质量是否合格。

4. 定期评估

对供应商进行定期评估,使供应商之间形成良性的、有效的竞争机制。实施方法是在一定时间内对所有供应商进行评分。一般情况下,每个供应商的评分结果将在管理体系评分后于每月固定的某一天统一发给供应商。

5. 对合作供应商帮扶

针对低价位、品质水准中低下的供应商实施供应商产品质量扶持计划。实施方法是针对某些低价位、品质水准中低下但合作意愿强烈的供应商,通过专业的人员指出其产品品质存在的相关问题,并帮助其产品品质获得提高。这是所有验收方法中最有远见的一种。

5.3 供应商管理

在供应商的选择中,企业之间也讲究"意气相投、志同道合"。供应商对企业的忠实程度与企业对供应商的吸引能力是息息相关的,且具有正向影响。因此,企业在进行供应商选择时往往会罗列出较多的标准,对如企业知名度、规模大小、口碑、产量等多方面情况进行考量,从而选择出最适合自己的供应商。

5.3.1 数字化情境下的供应商管理

1. 供应商的选择

无论在何种情况下,现有能力评价始终是评价供应商的基本要素,如质量体系认证情况、研发能力、设计过程的质量控制能力、生产能力、生产组织方式、物流和制造过程的质量控制能力、成本控制能力、现有市场、对现有市场的服务情况、产品可追溯性、供应商管理能力等。但是,要选择合适的培养对象,只对其现有能力进行评价是不够的,还需要对其发展潜力进行评价,而且发展潜力应当成为确定培养对象的重点考虑因素,当现有能力与发展潜力不可兼得的时候,优先考虑发展潜力好的供应商。在数字化情境下,原本烦琐且复杂的评价标准变得简洁并可量化,企业可以通过智能采购云平台的数据库信息直接对供应商过往的交易记录进行调取,并对相关信息进行核实。

2. 产品交付

交期是指从采购订货日开始至供应商送货日之间的时间长短。基于时间竞争的供应链管理已成为企业的主导战略之一,供应链的响应能力和反应速度取决于供应链各环节间的交货时间。压缩交期已成为供应链管理和企业运作关注的焦点[41]。在原有的供应链管理模式中,如果遇到供应商逾期或很长时间得不到既定回应,企业往往会处在一个较为被动的阶段,只能采取没有较大意义的催货、准备安全库存或临时高价调货等办法,而实际上并不能从根本上解决问题。但在当下智慧供应链中,企业可以从一开始就拥有一定的主动权,从明确交付日期后便可以通过信息化平台实时对供应商备货进度进行监督,就算临时出现了问题,也能利用较短的时间及时发现问题的源头,这样便能有效地对供应商产品交付时间进行管控。针对上述问题,企业可以通过以下方式对供应商进行管理与控制。

1) 降低供应商的变异性

通常情况下,供应商的短期产能是固定的,但是需求的变动会直接影响供应商的产能,进而直接影响交货期。尤其是在交货期较长的情况下,根据既有订单生产的形态更为明显。但事实上,供应商看到的需求变化是由订单的变化引起的。如果客户改变数量、改变交货期或频繁更换供应商,供应商接收到的需求将会受到很大的影响。客户(采购)的下单模式,则与其主生产排程有极大的关系,因此,采购最好将重点放在与供应商沟通上,让采购人员了解供应商的产能分配状况,而供应商也要能了解客户的实际需求,使自己的产能分配适应实际客户需求的变动。这也从侧面反映在智慧供应链中相关信息能够实时共享的重要性,基于高度数字化的智能采购平台可以很好地解决这类问题。

2) 解决生产线中的瓶颈问题

在非连续性生产过程中,依据需求量来平衡工作中的可利用产能是一件非常困难的事情,总会出现一部分生产线作业没时间休息,另一部分生产线却长期闲置的情况。而那些作业量较大的生产线就会出现瓶颈问题,瓶颈问题会影响产出量,甚至会影响到整个制造交期。

(1) 一些常见的瓶颈问题如下。

① 过多使用非瓶颈生产线并不能促进产品出产,反而导致其他生产线受到限制。

② 非瓶颈生产线并不会因为被使用而拥有百分之百的产出。

③ 生产线的产能主要由瓶颈生产线的产能决定。

④ 需求与产能优先级必须被同时顾及。

⑤ 在工作量达到饱和的情况下,又收到新的工作任务。

(2) 对于上述瓶颈问题,可采取下列对策。

① 基于以往的作业信息,提前进行生产情况预测,在瓶颈生产线前,安排缓冲库存区。

② 由工作人员通过线上对控制材料进入瓶颈生产线的速度进行调节。
③ 通过数据有效分析，缩短整备时间，从而增加瓶颈生产线的产出量。
④ 及时监控数据，调整工作量的分配。
⑤ 适当变更生产排程。

3）改善相关物流时间节点

交货时间直接取决于供应商和客户之间的距离、交货频率和运输方式。使用当地供应商可以大大缩短交货时间。如果供应商在国外，无论是空运还是海运，都需要寻找一个信誉好、价格合理、效率高的货运经营者。如果货物必须装在托盘上，还应详细了解集装箱的空间使用情况，从而对物流成本进行有效的把控。若是货品不多的情况，也可考虑通过零担运输的方式来节省出货成本及时间。智慧供应链的发展使企业在物流方面有了更多的选择，如零担、智能车货匹配等，都可以通过线上平台或 App 进行选择。

4）减少行政作业时间

在智慧供应链中，首要解决的就是信息不对称问题，因此减少行政作业时间是必然的趋势与发展目标，通过良好的沟通、线上的实时信息和有效率的采购作业流程来实现。

3. 供应商管理库存

供应商管理库存（vendor managed inventory，VMI），是一种用户和供方之间的合作性策略，对供需双方来说都是以最低的成本优化产品的可获性，在一个相互同意的目标框架下由供方管理需方的库存。VMI 的主要思想是供应商在需方用户的允许下设立库存，确定库存水平和补给策略，其拥有库存控制权。

供应商管理库存的模式改变了原有的订单处理方式，建立了标准化的订单处理方式。供应商和客户共同商定安全库存、最佳库存、订单数量以及关于统一和标准化订单处理流程的其他信息。供应商对订单发布、货物交付和信息处理等具体操作说明负全部责任，从而实现库存透明化管理。实现库存的透明化是 VMI 的首要任务。在数字化情境的推动下，卖方的库存信息可以实时传达给供应商，供应商可以根据市场预测的需求和库存来改变原有的生产计划，并通过数据分析对接下来的作业情况进行有效的预测。信息的及时传递和交换是 VMI 成功实施的首要前提，因此供应链信息化发展、推动数据共享机制的形成迫在眉睫。

5.3.2 供应商的共同利益维护

供应商与公司合作的目的是获得利润。供应商如果不能从中获取盈利，将不会继续与公司合作，即使建立了合作关系，这种关系也不会长久。因此，我们必须主动保护供应商的利益，使供应商忠于公司，不断为公司提供满意的产品和服务。

1. 给予供应商一个合理的利润率

为了抢占市场先机，一些供应商通常采取低价策略。在"填满"市场后，他们等待机会来提高价格或针对新产品做一些"文章"。如果计划能够成功实施,他们将继续与公司合作。如果计划实施失败,他们便很快会退出。因此,从长远来看,即使在同等质量和服务的基础上,价格最低也未必是最佳选择。关键在于利润率的合理性。在智慧供应链下,企业在供应链中的交易情况将会变得透明化,企业对合作伙伴的选择也将变得简单,因此在合作中我们需要给予供应商一个合理的利润率以表示合作的诚意。同时,不得强迫供应商作出本协议约定以外的承诺,不得单方面增加产品或服务要求,变相降低供应商的利润率。如若是本公司原因导致产品或服务要求增加、供方成本增加,企业应该给予相应补偿。

2. 不轻易更改设计方案

在进入产品批量生产阶段后,设计方案应尽可能地保持稳定,不得轻易改变。如遇到特殊情况,需要及时联系供应商进行沟通,并做好善后工作保障后期合作的顺利进行。

3. 提高供货合格率

如果供应商产品的平均不良率(用料检验不良率、生产过程检验不良率、成品一次性交付检验不良率的平均值)高于或等于利润率,则意味着供应商已经或能够对该产品造成损失,甚至出现亏损。为保证供货的稳定性和连续性,公司应立即积极派出人员与供应商合作,完善其质量管理措施,提高供货合格率。

4. 禁止损害供应商利益

企业需要建立并健全企业制度,防止员工出现腐败行为,通过规则及时约束员工的行为,从制度上对员工利用职权损害供应商利益的行为进行预防。同时,防腐系统应着重从供应商的选择、设备的选择、系统的选择、定价、合同条款的制定、采购份额的分配、质量控制、索赔等方面进行规范。

同时,需要秉承合作意识,在供应商的供货能力满足企业需求且没有产生重大过失的情况下,尽量避免增加新供应商的行为,即使在价格方面出现优待的情况下亦是如此。在非独家供货的情况下,如果供应商没有重大失误,减少采购份额或改变采购方向也需尽量避免。如果供应商在产品开发或设计变更中有投入,应在订单或其他方面给予相应的优待。

5.3.3 供应商社会责任

在经济全球化趋势下,世界市场正日益形成相互依存、相辅相成的完整产业链、供应链、价值链和市场需求。企业社会责任不再是单一的企业行为,而是包括制造商、供应商、买方和品牌在内的全球供应链的共同责任,企业社会责任不再是一个国家的单一行为,而是一种全球趋势。

在 20 世纪 90 年代,"血汗工厂运动"引起了西方社会各界对供应商社会责任的关注。西方消费者的大规模抵制运动给关联公司的品牌和财务业绩造成了严重损失,进而迅速引起了企业对供应商社会责任的重视。目前,西方大多数品牌企业都有了供应链责任意识。在选择供应商之前,它们会提出严格的社会责任要求,并对供应商的生产环境和用工情况进行详细调查和持续评审。一旦出现问题,它们会及时采取有效措施,规避相关风险。经过 20 多年的发展,大多数西方品牌企业已经建立了一套完整的供应商管理体系,并随数字化的推进逐渐完善。

产品质量是一个企业社会责任建设的基础。一个公司要想取得长足的进步,就必须引入严格的产品和服务质量控制体系。在生产中,要增强责任感,严格控制产品质量。只有产品质量达标没有隐患,才能赢得客户的信任,才能在行业内树立企业口碑。供应商往往参与企业产品的开发,提高供应商产品的质量对提高企业产品质量也有着重要的影响。为了保证产品的安全和质量,企业和供应商必须共同履行社会义务。为了加强对供应商的控制,企业还应当对供应商的社会责任提出一定的要求。

5.4 数字化情境下的智慧物流

自动化、信息化、智能化已成为新时期物流业可持续发展的方向,智慧物流可以实现供应链上各物流环节的自动化、信息化、智能化,是传统物流行业转型升级的重要目标。

5.4.1 智慧物流的发展

现代物流被认定为第三利润的来源,其不仅在调整社会经济结构中发挥了重要的作用,而且是进一步提升国家综合实力和国际影响力的积极推动因素。信息技术革命使数字化和现代网络信息技术得到广泛的应用,使得传统物流业的作业形式明显落后当前的经济发展和客户对消费的多样化需求。因此物流行业需要努力匹配当前数字经济、信息化技术发展的新阶段,以提高资源的利用率,综合性发展自身,从而创造更为丰富的社会价值。因此,随着数字化发展的推进,智慧物流这一更高层次的概念应运而生。

随着现代物流组织方式的逐步融合,物流领域对现代技术应用的需求逐步增大,能力也得到了进一步提升,而这种通过先进的组织和技术应用融合创造价值的方式的关键聚焦点就是数字化。数据是所有现代化智慧物流技术最底层的技术支撑条件。大数据代表着一种能源,借助数据挖掘和大数据分析,企业不仅可以解决信息不对称问题、提高内部经营效率,还可以提升外部服务能力和客户体验。

数据在智慧物流的场景中会产生巨大的影响。收集与产品需求相对应的数据,再对这些数据进行挖掘和智能分析,是解决物流场景中的信息不对称问题的关键。同时,数据让物流产业更加智能化发展,实现物与物、人与物的跨领域对话,更加智能地进行物流资源配置,优化物流连接,系统性地提高物流运作效率。

智慧物流是将互联网与新一代信息技术和现代管理应用于物流业，通过精细、动态、科学的管理，实现物流的自动化、可视化、可控化、智能化、信息化、网络化的创新形态。其通过全面采集信息、管控资源、优化运作流程等一系列新技术，在网络伙伴之间的共享与协同模式下，基于互联网、大数据、云计算等新技术的应用，达到创造更多价值、升级原有要素、重构产业结构和转变发展方式等目的。智慧物流发展的前提是供应链信息的数字化，通过与传统物流的机械化、自动化、标准化相结合，完善流通体系和物流网络建设，满足用户个性化需求，有效支持商业模式创新，实现物流高效、绿色、安全地运行。

智慧物流的发展以技术的进步和应用来获得"智慧"。随着信息技术、网络技术和大数据技术的不断变化和演进，智慧物流也是随着企业内部技术和外部环境的变化而产生的一种创新形式。由于现阶段的智慧物流依旧处于信息的连续流动中，信息变化迅速，有效价值下降迅速，信息采集和处理的速度都将影响智慧物流的工作效率。此外，通过加强供应链合作和物流一体化，进一步发展共同物流和信息平台，可以促进物流业的转型、现代化和创新发展，自然而然地形成一种更具动态性的形态。

5.4.2 智慧物流数字化体系

智慧物流的功能是通过构建一个包括思维系统、执行系统和信息传导系统的三维系统来实现的。思维系统是核心，其通过优化算法和整合算力对大数据展开挖掘与分析，以数据流程化模式得出决策指令；通过机器人、无人驾驶汽车、无人机等自动化的工具与设备，执行系统对思维系统给出的物流决策进行反应并依指令自动执行；信息传导系统就是智慧物流的数据传递系统，依靠现代信息技术把前两个系统联系起来，融合形成了智慧物流体系。

1. 智慧物流体系的搭建

（1）建立基础数据库。建立一个内容全面、丰富，科学准确、及时更新和及时交流的信息数据库，是企业信息化和智慧物流形成的基础。特别是在数据采集与挖掘和商业智能方面，要做好充足的准备，建立数据采集与跟踪模型，为智慧物流的重点应用打好基础。

（2）促进业务流程优化。目前，传统物流信息传递缓慢，持续时间长，部门间协调性差，组织缺乏灵活性，限制了智慧物流建设的速率。企业特别是物流企业必须以科学发展观为指导，坚持以保护顾客利益和节约顾客资源为出发点，运用现代信息技术和最新管理理论，优化和重新设计原始业务流程，其中所涉及内容如图 5-3 所示。

（3）重点建立信息采集和跟踪系统。信息采集与跟踪是智慧物流系统的重要组成部分。物流信息采集系统主要由射频识别（RFID）系统和 Savant（传感器数据处理中心）系统组成。每当识读器扫描到一个 EPC（电子产品代码）标签所承载的

图 5-3 企业业务流程优化所涉内容

制品的信息时,收集到的数据将传递到整个 Savant 系统,为企业产品物流跟踪系统提供数据来源,从而实现物流作业的无纸化。物流跟踪系统由 Savant 系统支持,主要包括对象名称解析服务和实体标记语言,包括产品生产物流跟踪、产品仓储物流跟踪、产品运输物流跟踪和产品销售物流跟踪,确保货物流通安全,提高物流效率。

2. 智慧数字化技术

智慧物流利用条形码、射频识别技术、传感器、全球定位系统(GPS)等先进的现代化技术,通过信息处理和网络通信技术平台广泛应用于物流行业的运输、仓储、配送、包装等环节和其他基本活动,其所使用的技术和引用目的如下。

1) 物联网感知技术

物联网的最终目标就是万物互联,通过各种信息和传感设备,把人、人和物、物和物连接起来,形成一个网络化的系统,实现智能感知、识别和管理,并与周围环境进行交互。物联网系统中最重要的技术是感知,实现对人或物的感知并获取其数据的常用技术手段包括编码技术、自动识别技术、传感器、跟踪定位技术和移动通信技术。但其实,物联网的真正价值在于网,而不在于物。制作传感器并不困难,但是如果我们不能管理和整合感知到的信息,网络将毫无意义。

2) 数据处理技术

数据处理技术主要是指大数据技术。大数据技术是对所有数据进行呈现并分析处理,其核心是通过相关性进行预测,即利用海量数据的相互关联,对某件事情发生的概率进行预测。它具有 4V 特性,即 volume(海量数据)、velocity(数据处理速度快)、variety(数据多样性)和 value(巨大的数据价值)。大数据技术主要包括大数据存储技术、大数据处理技术等。大数据的价值不仅在于数据的量大,而且在于对整个数据进行重新组合和关联后的发现——产生更大的价值。随着大数据技术的发展和推广,智慧物流行业将呈现全业务数据、全数据业务的发展趋势。

3) 云计算

云计算为大数据提供了安全灵活的计算机范例和基础设施,也是生成大数据的重要平台之一,两者关系紧密、相辅相成。云计算具有弹性服务、按需服务、电子发票、广泛接入等特点。使用云计算的用户通过创建服务集合,实现"互联网就是计算机",可以在互联网上获得几乎取之不尽的计算能力。

物联网、云计算、大数据应用于智慧物流不同应用场景中,解决相应的工作问题。物联网的重要任务是进行连接和感知,这是大数据的来源;云计算的任务是针对海量的数据进行存储和处理;大数据的价值则依赖于云计算技术。因此,物联网、云计算与大数据三者之间的关系可以理解为通过物联网技术接收数据并寻求价值,大数据技术从获取的海量数据中发现价值,云计算通过算法和计算性能助力大数据价值的实现。物联网、大数据、云计算的融合,为智慧物流的实际应用搭建了技术支撑平台。

5.4.3　基于数字化的智能仓储

智能仓储系统是集物料搬运、仓储科学和智能技术为一体的一门综合科学技术工程,因其劳动力节约、作业迅速准确、保管效率高、物流费用低等优越性而得到广泛重视。智能仓储可实现仓库的信息自动化、精细化管理,指导和规范仓库人员日常作业,完善仓库管理,整合仓库资源,并为企业带来价值。

智能仓储系统是物流、供应链和制造业的重要组成部分。其智能化管理已经成为增加企业利润、提高企业竞争力、实现客户服务需求的重要因素。智能仓储系统是智能制造和工业4.0时代迅速发展的重要组成部分。其凭借节约土地资源、纠正错误、降低劳动强度、提高库存自动化和管理水平、避免货物损坏或丢失、提高管理人员和操作人员的素质、减少储运损失等优点,已经成为有效减少周转资金积压、提高物流效率的重要手段。其具体优势如下。

(1) 节约土地面积。当下,高成本、难审批的土地已成为稀缺资源,如何最大限度地利用土地已成为许多企业共同追求的目标。智能仓储系统采用高货架储物,最大限度地利用空间,可以大大降低楼层成本。与普通轴承相比,普通智能三维轴承可以节省60%以上的面积。

(2) 自动化作业,节约人工成本。在我国,人力资源成本逐年上升,人口红利逐渐消失,智能仓储系统中的自动化操作,不仅可以大幅度地降低人力资源成本,同时也能更好地适应较为艰苦的工作环节,如高温、有辐射等特殊的环境需求,这使智能仓储系统具有更广阔的应用前景。同时智能仓储系统使用计算机进行存储管理,可以记录和监控库存数据,可以有效做到"先进先出"和"自动盘点",避免货物因存储不当造成浪费,也能够有效减少货物损坏和丢失造成的损失。

(3) 账实信息同步。智能仓储系统能够与企业内部网络实现融合从而实现账实同步。企业仅通过建立合理的库存,便可以保障生产全过程的顺利进行,从而使公司的现金流得到极大提高,减少了不必要的库存,同时也避免了人为因素造成的错账、呆账、账实不一致等问题。虽然在前期智能仓储系统的固定成本较高,但它可以从长期投资中获益,在企业的长期发展中节省资金。

(4) 自动管控,提高作业效率。在智能仓储系统中,货物由计算机自动控制进出仓库,可以快速准确地将货物运送到预定地点,减少车辆的装卸时间,显著提高仓库的仓储效率,降低仓储成本。同时,创建智能仓储系统不仅可以提高公司的系统管理水平,还可以提升公司的整体形象和在客户心目中的地位,为公司赢得更大的市场。

5.5 数字化下的供应链金融

供应链金融的迅速发展与供应链数字化、信息化息息相关,如果没有完善的供应链信息,金融活动的风险就会加大,久而久之就会阻碍供应链中企业的资金链在交易中的有效流动。

5.5.1 供应链信息化是供应链金融数字化的基础

20世纪70年代,第一代供应链信息平台,也就是电子数据交换(EDI)出现,EDI的出现解决了跨系统之间的信息交换问题。在当时,这属于利用计算机技术进行业务处理的新方案,它采用国际公认的标准格式,通过计算机向客户提供有关贸易、海关、物流等信息,使公司与企业进行并完成数据交换和数据处理,能够完成整个贸易业务的流程。到20世纪80年代,随着供应链管理理念的引入,上下游企业之间的协同合作成为企业的重点研究方向。随着相关学者对信息交换和信息集成问题的研究,如何将组织间的相关交易信息和物流信息传递给合作伙伴,继而做到有效整合各方信息以解决供应链中的业务问题成为大家关心的话题。特别是随着"牛鞭效应"受到研究学者们的关注,人们逐渐意识到,在供应链中组织之间不仅需要系统地交换信息,同时也需要一个信息集成的平台来实现供应链运作的协调,有效促进供应链环节的降本增效并合理控制"牛鞭效应"对供应链环节的影响。

然而,随着信息技术的发展和网络技术的发展,供应链的信息化和转型面临着新的挑战。随着A(人工智能)、B(区块链)、C(云计算)、D(大数据挖掘)等新技术的出现,及其不断给企业带来的冲击和影响,这些新型的信息、通信和技术为企业和供应链执行者提供了新的灵感和解决方案。同时它们也正在把供应链信息带到一个新的阶段。过去曾经被视为无法实现的智慧供应链在某种意义上已经实现,这也为供应链金融的发展提供了巨大的支撑。

2019年,中国银保监会办公厅下发的《中国银保监会办公厅关于推动供应链金融服务实体经济的指导意见》中就指出,"鼓励银行业金融机构在依法合规、信息交互充分、风险管控有效的基础上,运用互联网、物联网、区块链、生物识别、人工智能等技术,与核心企业等合作搭建服务上下游链条企业的供应链金融服务平台",此次发布的意见也再次强调,提升供应链金融服务线上化和数字化水平,可以预见的是,数字化将成为供应链金融发展的新趋势。数字化驱动的供应链金融必然是未来供应链金融发展的方向。

5.5.2 传统供应链金融依托数字化的转型

传统供应链金融向数字化供应链金融的转型主要体现在以下三个方面。

首先,数字化供应链金融发展的重要目标是推动国际贸易与金融投资的发展。随着国际分工的深化以及跨国公司在全球加大配置资源的力度,全球化下的供应链牵引并驱动着全球贸易和投资的发展。数字化供应链金融旨在抓住全球供应链发展的数字化浪潮,充分整合供应链金融和信息技术,支持企业特别是中小企业参与全球供应链分工与合作,通过降低运营成本、提高服务效率、加强风险管理,促进产业链、供应链和价值链的融合与创新。

其次,建设完善数字化基础设施是当下数字化供应链金融发展的重要方向。数据是当下数字化供应链金融的基础,数字化基础设施的完善将会推进数据的集合与开放共享。一方面,企业首先要重视数字化规划,积极提高自身经营的数字化水平,加大对信息、数据处理方面资源的投入,并加快企业内部系统集成,将生产服务过程努力向可视化过渡,提升企业的数据集合能力和应用处理能力。另一方面,相关政府部门和机构也应积极推进电子政务信息的开放与共享,使征信、工商、税务、海关、司法等数据在数字化供应链体系中得到运用和验证。同时,金融机构要充分利用电子商务、电子政务的数字化信息设施基础,完善供应链参与主体的信用评估,推动数字化供应链金融的创新发展。

最后,拥抱数字化金融科技是推动数字化供应链金融发展的重要动力。以大数据、物联网、区块链等为代表的新兴技术,是当前推动供应链金融数字化的核心技术。特别是以商业银行为代表的金融机构是供应链金融数字化主要的创新力量。一方面,应加大对信息技术的投入;另一方面,行业内需要加大对数据的开放共享,积极推动供应链中各方参与者组建相关产业、技术联盟,加快制定并统一实施相关技术标准,为行业内相互联系、金融科技大规模综合性应用奠定基础。

5.5.3 区块链+供应链金融

区块链技术作为当下的新兴技术是由多个独立的节点参与的分布式数据库系统,也称分布式账簿,所有参与的节点共同维护账簿,具有不易篡改和伪造、可追溯等特点。区块链技术是存在于不安全的环境下,即互不信任的节点之间的交易记账规则。相反,在安全环境下、相互信任的节点之间,无须区块链作为解决方案[48]。在本质上,区块链技术是一种最为基础的底层协议,使用区块链技术可以搭建一个信用机制,使区块链上参与的各方可以在原本陌生的关系里通过区块链各节点的分布式账簿得到成员认可并承认交易。在当今的商业竞争中,诚信是最为重要的,在原有的交易过程中第三方信用服务机构的存在就是在交易中起到为陌生人进行信誉担保的作用,从而帮助企业进行融资。人们的信用成本极高,信用成本是大多数交易中最大的成本之一。在税收中,有很大一部分用于社会化的第三方信用服务机构,如交易所、商检、法院、质检、律法、保险、担保等,同时也有大量的人力资源为第三方信用服务机构服务。

在传统的供应链金融中,供应链上的企业进行金融交易、贷款以及交付款的方式较为传统,需要信托平台等机构对交易的安全进行保障,同时在交易过程中可能存在一定的交易风险,较长的周期导致交易双方需要很大的时间成本。但在区块链技术的帮助下,由区块链对企业双方的资产交易情况进行记录,进而对供应链金融资产的流动过程进行监管,使区块链上的参与方都能对交易进行监督与认证,保障了交易的真实性与不可篡改性,也无须交予第三方平台,资产交易的全过程都有完整的记录,为交易的详细信息留下了有力的证明,也强化了供应链结构的信用价值。

从中心化交易模式到去中心化交易模式的改变,由于数据信息不可篡改且可进行全程追溯,系统中的代码和算法完全开放,对于资金流、信息流等可以进行立项监管与审计,因此参与业务的各方不会存在合作的某一方对合约进行篡改或产生其他信息不对称的问题,是当下许多企业解决融资问题的主要方法。区块链技术与供应链金融的结合,使传统供应链金融存在的信誉机制问题得到了有效的解决,克服了当下企业间的诚信障碍,有效缓解了中小微企业资金流短缺、融资难的问题,使供应链金融更富有竞争力。

典型案例

聚焦"京东亚洲一号",解密高效神速的智慧物流网络

智慧物流的运营需要依托强大的现代化物流信息平台,同时需要完善相关的软件与硬件设施,可以实现商品在仓储、运输、装卸搬运等七个环节的运作。菜鸟公司成立后,京东迅速对此作出反应,制定了亚洲第一战略,并迅速以上海为根据点,开始建立京东上海"亚洲一号"。"亚洲一号"是京东物流在亚洲建设的规模最大、自动化程度最高的现代智慧物流项目之一。"亚洲一号"采用自动化系统、机器人和智能管理系统,并大规模应用于货物立体存储、包装、分拣、运输等各物流环节中。2020年京东"618"大促期间,28个京东物流"亚洲一号"在全国进行运营,"亚洲一号"的出现为智慧物流的应用在全球范围内树立了新的典型。

智慧物流平台可以使配送流程更加灵活地适应消费者的购买需求,有利于物流资源的整体优化和协调,实现所有运营资源的优化配置。"亚洲一号"物流项目已发展成为京东的核心竞争优势。它的布局和设计将有助于未来20年电子商务核心竞争力的提升和战略投资回报的提高。据《新闻晨报》报道,在物流硬件方面,"亚洲一号"上海项目(一期)配备了自动存取系统[如RS(检索系统)]、自动输送技术、高速自动分拣系统等自动化设备。智慧物流平台推动京东建立高度自动化的电子商务处理中心,这些设施可以明显提升京东在华东地区的订单处理能力,产品

辐射范围的扩大有利于京东提高现有物流配送速度。现阶段京东在北京、上海等地开展了"极速达"这一特色物流服务。比如,消费者可以在上午9点下单,12点收到货物。现有的智慧物流平台使京东能够在3小时内完成对产品的分拣、包装、扫描、配送等多项物流标准化操作。这类物流服务主要针对少数对商品有即时要求的用户,这项快速物流服务会为每份商品订单额外增加49元的物流配送费用。借助智慧物流平台,京东商城逐步实现了所有的物流增值服务,并使用户购物有了更好的体验。智慧物流平台帮助京东控制所有业务的作业环节,有利于提高整个运营的稳定性。

京东智慧物流平台之所以能够实现针对全流程的运营控制,与物流信息系统的支撑密不可分,物流信息系统的结构起着双轨作用。首先,京东可以通过信息平台更好地捕捉到其他项目的处理速度和用户的整体购买进度。其次,用户可以通过该平台确定采购商品的交付进度,评估采购商品的使用面额和价格。物流信息系统的支持促进了供应商和客户之间对产品信息的沟通,帮助公司提高业务满意度。物流信息系统可以利用GPS技术实现对商品和销售人员的定位,产品条码技术可以在短时间内获取产品信息内容,提高物流过程中的作业速度。事实上,京东推出的"211限时送货""次日送货""夜间送货"等特色配送服务,都得到了物流信息系统的全面支持。对商品物流配送流程的控制可以帮助京东实现整个业务规划。基于京东亚洲第一战略,物流信息系统能够为提升企业物流效率提供有效的支撑。通过覆盖北京、上海、广州、成都、武汉、沈阳六大核心业务区,物流信息系统将更加有效,通过各地的信息汇集,对不同地区用户的购买习惯和配送数据进行汇总与分析,合理引导客户选择合适的分布区域。同样,在"最后一公里"的物流中,京东可以通过物流信息系统提供更细致、更优化的服务,满足用户对于所购买产品的预定期限与速度的要求。目前该项"预约快递"服务已经陆续推广到全国近1 000个区县,极好地提升了用户的整体购物体验。

2019年"618"全球购物节期间,京东物流23个"亚洲一号"智能物流园区全面投产,每天一个仓库的订单处理量达到数百万。园区主要分为三类:第一类是大件商品园区,如大型家电、电视机、冰箱等用品;第二类是中件商品园区,如微波炉、母婴玩具等;第三类是小件商品园区,为日常小件快递。"亚洲一号"已成为亚洲电子商务物流领域最大的智能物流仓储集团。与传统的物流中心相比,京东"亚洲一号"北京智能物流园区充分利用智能分拣系统、AGV(自动导引车)装卸机器人、无人驾驶叉车、AR/VR领导力、人工智能识别与监控、大数据物流仿真、数字孪生等设备与技术,以及园区5G通信平台,实现高速、便捷的物流服务、海量数据的低延迟实时传输。其具体优势如下。

园区内所有的商品集中存储在同一物流中心的仓库内,减少了跨区作业,从而提高了作业效率;智能合并属于同一订单的商品,迅速完成商品的拆零拣选;通过自动化立体仓库系统实现高密度存储形式,使仓库空间得到充分利用;通过使用自动化 AGV 小车和叉车,替代了原有的人工驾驶和重复常规的物料搬运工作;通过"货到人"系统,对于纸箱、周转箱等容器进行自动化存取和搬运,大大提升了拣选效率;通过使用智能化设备对订单进行快速分拣,有效确保分拣的准确性并提高了作业效率;最大化降低人工成本的投入,高速自动化分拣以配合全自动供包形式;使用基于 5G 环境的实时视频监控和人工智能识别,保障人工装卸搬运和汽车驾驶过程中自动有效识别和杜绝违章作业,强化质量和安全保障等。同时京东物流发布了其首份《数字孪生供应链白皮书》,对相关要点进行了系统阐述。

(1) 生产计划:对于物流生产,一方面可以通过数字孪生提供对当前的生产方案和生产能力的在线实时监控;另一方面可基于数字孪生体对物流生产目标进行动态迭代优化,从而反向输出优化后的生产计划、资源使用或者采购计划。

(2) 数字仓储:数字孪生使能的数字仓储,一方面从仓储管理系统(WMS)获取实时生产数据,实时直观展示库存仓位、拣货热力、上架热力等仓内各类生产实况,提升监控、分析和决策效率。另一方面,基于在线库存建模仿真,数字仓储能够针对具体业务场景,上承宏观层面上网络仿真以及预测,下接物流运营层面仿真优化,解决物流操作的库存分布优化问题。而基于数字孪生的数字拣货,能够利用实际仓库数字化建模的地图,以及历史任务分配和拣货路径执行策略,结合优化算法,在数字系统对任务分配、人员排班、人员调度、拣货路径等方面进行综合策略优化并动态作用到实际仓库。

(3) 数字枢纽:包括数字场站、数字月台和自动分拣等环节。基于数字孪生的数字场站实现了园区车道闸、大屏、月台摄像头、车辆预约系统的协同,将车辆自动引导到操作月台;数字月台对月台和作业车辆进行状态建模和关联,自动化闭环触发车辆作业,在减少人工干预的同时,提升月台利用率;数字孪生系统的自动分拣设备,支持对不同分拣机的三维仿真,对分拣产能和错包率进行评估,为科学规划和合理运营提供数据与策略支持。

(4) 数字车队:数字孪生使能的数字车队,对车辆实时位置、货物实时情况、司机驾驶安全都可随时掌握。运输方面,可对运输运营情况进行实时观测,并在数字孪生体上调整线路开通标准、线路设计等关键因素,模拟并评估整体策略的影响;配送方面,借助揽派数字孪生模型对站点覆盖区域的系统仿真建模和策略支持,可以提前预估当前模式下的履约成本和效益,支持终端作出更精准规划和运营组织决策。

(5) 订单实时跟踪:通过数字孪生模型及其跨系统的通用开放式协作接口,可以快速协同仓储、分拣枢纽、配送站点以及运输车队,快速传导整个流程中的任何改变,并作出及时的响应调整,保障整体履约时效和成本。

第 5 章 共建共享，为供应链插上"数字化翅膀"

"京东亚洲一号"数字孪生供应链系统，正基于一个供应链元素、一个供应链过程、一个供应链系统，逐步建设起来。通过一个智能、开放的模型，支持新的元素、过程和系统的不断引入，不断去解决新的问题。而且随着数据的积累和丰富、数据和模型的精细化，系统的控制颗粒度、精细度也将逐步提升，并最终全面推动京东供应链战略升级。

思考案例 [二维码]　扩展阅读

第6章

新制造——"智能+"赋能生产运营转型升级

6.1 数据驱动产品研发设计重要性日益显现

6.1.1 全球战略：智能制造引领新一代制造业革命

近年来，随着云计算、大数据、物联网等新一代信息技术的飞速发展以及其与各行业的深度交互应用，各个国家都在思考信息技术与实体经济制造业的融合发展，最终大都不约而同地将目光聚焦于智能制造领域。越来越多的国家提出符合各自实际情况的战略规划来支持与发展智能制造，比如美国、日本、德国以及中国等，具体对比说明如表6-1所示。2020年年初，新冠肺炎疫情在全球蔓延给传统制造业带来了沉痛的打击，与传统制造的衰败场景呈现相反发展趋势的智能制造却表现出强劲的成长潜力，甚至可以说几乎是没有受到冲击。21世纪伊始，"互联网+"渗透到各行各业，让绝大多数企业受益，普通群众也跟着普遍受惠，各国政府也高度重视本国制造业的发展。中国是制造业大国，不仅有着超大规模市场优势，而且发展也一直伴随着低成本的优势，但随着我国人口老龄化趋势日益严峻，制造业招工难、用工难等现象频发，以前的优势也逐渐削弱。以大数据、云计算、人工智能为代表的新一代信息技术的发展，深刻地改变了全球的制造业发展战略。2015年，我国为实现由制造业大国转向制造业强国的目标提出了"中国制造2025"的战略，该战略指出要将我国制造业引向高端制造业发展方向，为我国实现经济由高速增长转为高质量增长提供指引方向，其也是目前我国建设世界制造强国的行动纲领，强调要保持我国在世界范围内的地位，将我国打造成为世界制造强国，必须通过不断的技术领域的创新，不断进行技术革命。智能制造是"中国制造2025"的主攻方向，智能制造是在自动化的基础上演化出来的更高级别的先进制造的具体实现方式，是制造业与当今先进的信息化、智能化、网络化融合发展的产物，可以助力我国制造业由高速增长转型升级为高质量增长，助力国家整体水平的提高。智能制造发展战略是国家层面的战略规划,符合我国发展的现实诉求,同时我国也在不断出台相关指示性文件政策,助力智能制造的落地实现。智能化转型突破了传统意义上的信息技术、基础设施的理论逻辑,强调数据、信息技术在制造业转型升级中的突出地位。当然我们必须承认,虽然企业大都承认实现智能制造转型升级的重要性,但是实际上,智能制造的实现绝不是一蹴而就的,它是伴随着技术应用、发展理念和模式业态的革新而逐步演进的。这也就意味着制造业企业在推动数字化转型和赋能智能制造路径转换中,需要付出高昂的转换成本,从基础的数据收集、分析、应用到硬件设施的联网数字化转型,以及更进一步的数据与硬件的充分融合,这些过程都需要巨额的数字化建设投入。

表 6-1 不同国家的战略规划对比

项目	德国	中国	日本
提出时间	2012 年 10 月提出"工业 4.0"发展战略	2014 年"中国制造 2025",2015 年 5 月 8 日,国务院正式印发《中国制造 2025》	2014 年 9 月召开机器人革命实现会议
主要内容	巩固德国制造强国优势地位,聚焦"智能制造"	将我国制造业引向高端制造业发展方向,并指出"智能制造"是我国制造业的主攻方向	要不断深入世界市场的机器人产业
代表企业	西门子等	徐工机械、沈阳机床等	安川电机等

2020 年,面对严峻的国际新冠肺炎疫情和世界经济形势,我国制造业取得的优秀成绩在国内国际两个市场均获得了认可,体现出了大国担当,为特殊时期下我国经济正增长提供重要的、基础的保障,这一年中国在世界的舞台中绽放光芒,彰显大国伟力。实体经济是一个国家的命脉,我们坚定建设制造强国,提升产业链、供给链现代化水平,加快数字化发展,为未来"十四五"规划时期乃至更长一个时期制造业发展指明前进方向,同时赋予制造业行业沉甸甸的责任和使命。

6.1.2 德国:"工业 4.0"战略

2013 年 4 月,德国信息技术、通信、新媒体协会,德国机械设备制造业联合会以及德国电气和电子工业联合会组成的工作组交付了报告《保障德国制造业的未来:关于实施"工业 4.0"战略的建议》,这是德国为实现新一轮制造业改革发展,巩固其世界制造业强国地位作出的战略部署,"工业 4.0"是指工业革命的第四个阶段,也被称为第四次工业革命。前三次工业革命是广为人知的,现在的第四次工业革命正在实现互联互通,利用数据驱动使工业的发展实现了质的飞跃,目标是转型升级实现"智能生产"和"智能工厂"。德国提出"工业 4.0"战略是为了巩固其世界制造强国地位,这也充分说明了制造业对各国经济的重要性,在新一轮的工业革命中制造业的发展对于国家来说依然具有决定性的影响作用。该战略一经推出就在德国国内得到了广泛的关注，引起产业界、学术界的热切讨论，最终得到了各方的认可推崇，并且在国际上引起了讨论的热潮，吸引了不少的目光。这一时期的变革目标是建立一个高度灵活的数据驱动的产品与服务生产制造模式，这是一个完全区别于传统生产模式的新模式，这种模式强调生产的灵活性，强调在生产制造等环节实现智能化。通过数据的整合、分析最大限度地实现制造业的自我管理与自我配置，不仅可以满足用户的个性化需求、实现由传统的生产驱动消费转型升级成为由需求拉动生产，并且用户需求数据参与了生产制造等环节，极大程度上降低企业的经营风险。智能制造需要获取数据，进而对数据进行识别、分析、应用，数据的获取、分析等都要有一定的基础设施条件加以辅助，故"工业4.0"战略也强调相关网络基础设施的建设，以此来满足生产制造的需要。

6.1.3 日本：机器人新战略

2014年9月，日本召开了首次机器人革命实现会议，安倍晋三强调要高度重视机器人革命对振兴日本经济的作用，会上确立世界最高水准的人工智能技术，并声称2015年是"机器人革命元年"。会议强调发展是技术创新成功的象征，而不断深入开拓世界市场的机器人产业是日本政府采取的各种振兴本国经济措施中的一个"绝招"。

机器人指在生产、服务中能够取代人力，从事各项活动的某种机械装备。世界上首款商用工业机器人是于1961年由美国通用机器人公司和机床与铸造公司研发创造的，由此开启了机器人产业的时代。机器人的应用在日本制造业中得到了规模化的发展，像富士电机、东芝等公司纷纷部署机器人战略，机器人在制造业中迅速得以普及，日本也凭借机器人的快速发展逐渐超越美国，成为生产和应用工业机器人最多的"机器人强国"。虽然日本已经在机器人应用领域取得了显著的优势地位，但并没有裹足不前，仍在继续研发创新突破，日本也被称为世界上对机器人最"友好"、在机器人"人性化"方面最下功夫的国家，具体体现在：首先，统计数据显示，近年来日本工业机器人产量及其安装量均列世界首位。日本将机器人分为制造机器人和服务机器人，其中制造机器人的发展底蕴更加深厚，这体现在机器人不仅可以应用在大批量生产和多品种的小批量生产上，还可以帮助劳动者从简单重复、重体力的劳动中解放出来，而且与人协作的工作机器人的应用逐渐扩大。其次，日本拥有先进的研发和制造机器人的企业。很多大企业积极参与从事机器人的研发与生产，比如人们所熟知的被称为"日本四大机器人巨头"的安川电机、法努克、不二越、川崎重工，这些企业在全球机器人制造市场都占有很大的份额。我国为了满足对于机器人设备的需求也离不开从日本进口这一途径，在我国机器人市场，日本企业所占份额更是超过了70%，具有绝对的优势地位。另外，日本拥有机器人的核心技术和关键零部件，并且仍在源源不断地创新发展，日本的机器人相关企业在一些高精度减速器、控制器等机器人零部件上具有先发优势，始终在国际市场上处于遥遥领先的地位。统计数据显示,日本的机器人关键零部件可达世界市场份额的90%,我国的机器人核心零部件大部分依赖从日本、德国等技术先进国家进口,其中高精度减速器的75%从日本进口,而且这些零部件占到机器人整体生产成本的70%以上,日本企业掌握着机器人技术的核心。最后,日本虽然在机器人方面拥有领先优势,但并未止步于此。日本的相关工程技术人员始终持续注重技术创新与研发,试图拓展工业机器人和服务机器人的应用边界,尝试开拓市场、新应用、新实践。相比于工业机器人的发达程度,日本服务机器人的发展就落后了许多,甚至可以说还处于摸索起步阶段,近年来一系列的相关产品也在不断推陈出新,服务机器人的发展是日本未来机器人发展的重要方向。

事实证明,近年来各国争先发展和应用机器人已经对经济和社会产生了重要而深刻的影响。机器人的广泛应用可以提高各产业的劳动生产率,在生产线上机器人的使用可以节省原材料,助力产品质量的稳定和提高,并且可以在不加大运营成本的情况下增加劳动时间,而不需要投入额外的照明、空调等开支,实现生产线日趋接近"少人化"甚至"无人化",大大减少了需要投入的人力、物力,从长远来看可提高全员劳动生产率。有人谈到机器人对于21世纪第一个10年的影响,认为其在促进劳动生产率增长方面的贡献可以与经典的通用技术——蒸汽技术在1850年至1910年对劳动生产率增长的贡献相匹敌。机器人技术的应用推广在相当大的程度上促进了经济增长,机器人的应用会催生出很多其他新岗位,就像人们不必因时代的发展而形成结构性失业焦虑那样,技术的进步带来的一些负面影响终究会以另一种方式得以补偿。在人工智能技术的推动下,机器人的应用将会进一步发展,应用范围也会不断深化,情景化的需求更加容易被满足,机器人对经济增长的促进作用会进一步加大。随着技术的深入应用和不断的反馈更新,机器人与互联网等的融合也会促进产业技术水平提升和产业结构转型升级,基于大数据、云计算等,实现智能化的机器人具有思考认知的能力,加速其自主学习和积累经验的过程,即机器人的"智能化"与"网络终端化"促进机器人技术的全方位渗透,最终促进从传统的生产决定消费转型升级为按需生产、个性化定制,从而提高经济社会发展水平,增强产业的竞争力。

6.2 数字化产品研发设计:重构与消费者之间的关系

6.2.1 新技术——由基于经验的产品研发设计向数据驱动转型

基于经验的产品研发是指在过去非大数据情境下,企业通过收集与处理小样本数据集,并以数据分析结果为导向进行产品研发,以此大幅度提升产品研发绩效。然而,由于这种收集数据的方式成本极高,且数据质量与分析能力难以保证,因此数据分析结果只作为产品研发的必要补充,大部分产品研发决策主要依赖于组织经验和个体经验。而伴随着企业生产制造运营过程中的多样化信息资产的丰富,如何利用这些信息资产助力企业生产制造就成了一个亟须解决的问题。学者们也意识到,传统的基于经验的对比判断式产品研发模式具有研发成本高、周期长、风险高的问题,于是数据驱动的产品研发模式应运而生。在过去很长时间里,我们处于由生产促进消费的阶段,消费者参与较少,那时基于经验的研发设计是可行的,而现在看来,情况已经极大地颠覆了。21世纪已经过去了两个10年,人们反思总结,当今时代与以往是不同的。在制造业领域,传统的生产要素是我们所熟知的劳动、土地、资本等,人类迈入数字经济时代,数据逐渐成为一种新兴的生产要素。这是区别于传统生产要素的属于这个时期的特有生产要素,数据驱动是当前最大的特征,在各行各业中均有体现。在制造业,由于过去信息技术流动水平有限,发展受到了极大的限制,缺乏与消费者互动的环节,已经逐渐不能满足现实的需要。由于大数据、云计算的大规模应用,制造业企业也都尝试借助其进行产品研发创新,实现数据驱动产品研发,这与传统制造业中依赖经验的研发设计有很大的不同,而企业要想在转型的浪潮中生存,就要抓住数据驱动的大势。对于数据驱动产品研发设计路径、如何实现数据驱动生产制造过程的研究还处于模糊阶段。毫无疑问,在实现数据驱动研发时会遇到很大的阻力与压力。比如,目前少有企业成功实现数据驱动创新,很多都失败了,并且需要资金投入以支持一定的基础设施建设,但这并不阻碍企业逐渐意识到要想产品在市场占据一席之地,必须注重产品的研发设计,通过结合需求端的数据在设计上不断创新,满足个性化需求。企业对产品的认识正逐步提高,研发设计创新意识越来越强,产品也逐渐走出国门,得到了国人乃至世界的认可。与前几年国人出国旅游抢购马桶盖、电饭锅的情形形成鲜明的对比,这一时期已不仅仅局限于满足消费者对于产品质量的要求,更是从供给端率先根据大数据的预判来掌握消费偏好,与传统的基于经验的产品研发设计有着相反的逻辑。现在通过大数据分析技术对此进行改善与创新,是一种利用大数据的产品研发模式。利用大数据的方法与工具,可以构建出详细的消费者行为画像,帮助企业实现有价值的洞察,从而进行高度复杂的研发决策。数据驱动的研发设计过程可以有效降低产品研发的成本,缩短研发周期,有利于控制研发风险。企业根据消费者的信息及其对产品信息的点击浏览情况精准地分析消费者的偏好。借助这些来支持新产品的研发,数据驱动的研发设计范式引领着新一轮研发设计过程。

6.2.2 数据驱动产品研发设计主要特征

6.2.1小节中分别讨论了基于经验的研发设计、数据驱动的研发设计以及强调数据驱动研发设计的重要地位。那么我们不禁要思考,区别于传统的基于经验的研发设计,数据驱动的研发设计有着什么样的特征呢?数据驱动的研发设计能够成为当今制造业的潮流趋势,必然是依靠其特殊性、适时性。下面是对其主要特征的思考分析。

随着大数据、人工智能技术的迅速扩散,数据驱动的产品研发设计转型范式成为数字经济时代企业创新的大势,按照党的十九届五中全会部署,紧扣新发展阶段、新发展理念、新发展格局,坚持稳中求进工作总基调,以推动高质量发展为主题,以深化供给侧结构性改革为主线,以满足人民日益增长的美好生活需要为根本目的,实体经济制造业是国民经济的命脉,要实现经济由高速增长转为高质量增长,制造业的创新发展是关键。中国制造已经站在了一个新的历史起点上,相信我们通过主动创新、主动思考,用更高的标准、更严的要求来推动制造业转型升级,中国制造也必将实现"中国质造"和"中国智造"的历史变革。数据驱动是创新发展的重要力量,数据驱动的制造过程不仅是这个时代的题中应有之义,而且是企业提高产品质量,增加收入,降低成本,维持和提升企业竞争力的重要保证。数据驱动产品研发设计,本质是通过大数据分析技术实现产品研发设计的复杂过程。利用数字化手段可以实现对消费者实时需求的追踪与了解,根据消费者的需求信息优化产品定位与功能,这也是智能制造的一种表现形式。通过摆脱传统的基于经验的产品研发设计惯性,实现源头的转型升级。数据驱动产品研发不仅需要收集多维度的企业内外部信息,还需要构建相应的大数据系统和提升大数据分析水平。

6.2.3　数据驱动产品研发设计转型路径

如何利用大数据转变基于经验的研发设计过程引起了各界的关注,不论是学界的理论探讨还是产业界的实践摸索,都已经利用各方面资料支持论证这一转型路径。当然,转型路径并不是唯一的,基于各自的认知,学者探讨给出了对于这一过程的认识和理解。比较有代表性的是刘意、谢康等提出的数据驱动产品研发两阶段转型模型。他们指出,转型为数据驱动的产品研发设计模式,首先是由数据冲突识别及其解决引起的。企业首先识别出数据嵌入不同产品研发产生的不同程度的冲突,例如技术冲突、价值冲突和权利冲突。技术冲突是指各个部门之间可能难以协调配合,即各部门之间可能会有冲突,负责生产研发的部门可能会质疑基于数据分析制订的方案、计划;价值冲突是指原先的产品设计师可能很难接受基于大数据辅助的研发设计,而是认为对于非标准化的产品很难用理性的数据、算法和模型来量化,大数据系统辅助设计的逻辑和这些设计师的价值评判标准有一定的差异,并且这种差异很难被接受。这说明数据驱动产品研发设计可能在具体实施过程中遇到阻碍。但是企业应该树立数据驱动研发设计的意识,清楚数据是可以传递价值的,数据的利用是对企业已有资源的整合,是对企业本身资源整合的一种补充。虽然这一改变可能会增加企业的研发风险,增加企业的投入成本、协同成本,但是数据的引入使得研发设计过程中有了与消费者相互交流的数据,可以通过数据分析过程满足消费者潜在需求、个性化需求,提高消费者在产品研发设计过程中的参与度,在一定程度上降低因难以满足消费者需求带来的风险,提高消费者的忠诚度，使企业保持一定的竞争优势。另外，企业还要有数据驱动产品研发设计的加强阶段，巩固数据参与研发设计的地位，不断在实践中总结提炼出更好的数据驱动产品研发设计实现机制。数据参与产品研发设计过程可以帮助实现对产品研发设计过程的全流程透明、精细化管理，降低企业的经营风险与成本，提高企业的经营绩效，助力企业转型升级，实现由传统制造业向先进制造业的转变。

6.3　数字化产品生产制造：从制造业大国向制造业强国转型

6.3.1　工业大数据——赋能数字化转型

随着制造业相关领域信息化程度的逐渐提升，制造业的数据正快速增长。数字经济时代是万物互联的时代，可以通过数据这一生产要素有效降低交易成本和资源配置成本，提升整体层面的资源配置效率。数据会引起广泛的资源重组与聚合。它不是孤立的个体，也不能独立于其他要素而单独参与生产。数据的重要作用在于提高了生产者与消费者的连接效率与连接深度。生产者可以更加清楚消费者的动态，并且可以深入细节，提供令人满意的产品与服务。这一时期产品与需求的连接深入产品孕育的初始阶段，数据有效弥补了两者之间的认知偏差，提供更有针对性和更具个性的产品，能够更高效地实现供需匹配过程。海量的数据共同构成了行业的大数据，贯穿生产制造及管理的各个环节，利用大数据，企业可以掌握更加丰富翔实的实时信息、历史信息，进行时间跨度更大、涉及业务范围更广的综合分析，以此来辅助作出更优的决策。数据俨然成为新时代重要的生产要素之一，具有极高的价值，生产制造的方方面面均会产生数据。如何通过大数据技术提取有效的信息，将其用于企业经营、分析、管理及规划，赋能企业数字化转型已经成为时代热点。

工业大数据的特点包括：其一，数据体量大。信息化、智能化、网络化的发展，智能制造系统的普及，会产生大量的生产运营数据。数据类型广，随着传感器、信息传播技术等的发展以及各类信息化管理系统的普及，数据的种类逐渐增加，包含关联的数据，如环境数据、经济数据等，都极大地增加了大数据分析的复杂度。其二，对真实性要求高。制造业对数据的真实性要求高，缺乏真实的数据，生产制造过程就没有了意义。这也是由传统的生产促进消费转型升级为由需求带动生产的重要保障。通过大数据的收集、分析、处理可以进行精准的预测，但在这一过程中必须尽量减少人为主观因素的干扰，否则非技术性失误会降低数据的真实性，数据价值就会降低。

制造业大数据不仅包括研发设计、生产制造以及设备机组系统检测的参数数据，还包括企业外部的消费者数据、政策法规数据等。这些数据都与生产制造本身息息相关。收集到的数据本身可能并不存在价值,而且受内外部因素的影响不可避免地存在缺失和错误,所以对信息进行处理就更加重要。经过正确处理的数据在完整性、可用性上会更加满足生产制造过程的实际需要。数据就是资源,拥有数据以及对数据的应用转换能力无疑为企业转型升级插上了翅膀。

6.3.2 人工智能、工业机器人——掀起新一轮工业革命浪潮

作为引领世界的颠覆性技术,人工智能被广泛应用在社会科学领域和自然科学领域。人工智能是新一轮科技革命和产业变革的重要驱动力,发展新一代人工智能有助于提高我国的综合实力。工业机器人是一种能够自动控制并可进行编程的机器人,它是制造业智能化改造的重要基础,从某种程度上讲,机器人的发展水平是衡量一个国家工业自动化水平的关键。人工智能是数字经济发展的战略抓手,是新一轮科技革命和产业变革的重要驱动力。发展新一代人工智能有助于提高我国的综合国力,促进我国经济的健康可持续发展。人工智能不仅可以实现对人体力劳动的替代,还可以进一步地实现对于人智力的部分替代,人工智能的出现是人类历史上具有里程碑意义的革新,人工智能可以实现劳动替代和赋能劳动者。具体来说,在制造业中,有很多简单重复、劳动时间长、技术含量低、工资回报低、没有创造性的工作,导致人们不愿从事这些工作,而人工智能的出现可以很好地弥补这一缺口。现今,我国人口老龄化趋势日益明显,生育率不断下降,适龄工作人口数量必将会逐渐减少,我国用工短缺现象将会加剧,劳动力成本会不断上升,而大力发展人工智能替代逐渐没人干的工作,就可以在一定程度上摆脱劳动力供给不足的困境,助推我国经济健康稳定的发展。对于一些高强度、高难度的"干不好"的工作,人工智能机器人可以实现很好的替代,不仅显著提高劳动生产率,而且相比于人工还具有一定的成本优势。但不可否认的是,人工智能的快速发展和应用也给社会带来了一些负面影响,给经济社会带来一定的风险与挑战。一方面,其可能会导致低技能人口面临失业风险,加剧收入分配两极分化,形成市场垄断的风险,还存在对消费者实施价格歧视的风险以及国际经济风险等;另一方面,其可能导致隐私泄露风险,降低人类动手能力等。所以,我们要通盘考虑人工智能的发展如何在制造业领域显著提高产业生产率、促进就业、实现经济市场的繁荣。

6.3.3 智能化技术——重塑竞争新格局

"中国制造 2025"总体思路是坚持走中国特色新型工业化道路,以促进制造业创新发展为主题,以提质增效为中心,以加快新一代信息技术与制造业融合为主线,以推进智能制造为主攻方向。其中智能制造的实现离不开智能化技术,1988年,"智能制造"一词被首次定义,强调它是由智能机器和人类专家共同组成的人机一体化智能系统。随着制造业信息技术研究的不断深入,智能制造的概念逐渐演化为在整个制造过程中,以智能技术为基础,以智能系统为载体,实现自感知、自适

应等能力的信息化制造。中国工信部、财政部2016年发布的《智能制造发展规划(2016—2020年)》中也对智能制造进行了一个新的表述,并指出智能制造是基于新一代信息通信技术与先进制造技术的深度融合,智能制造的关键技术主要包括物联网、信息物理系统、云计算、大数据和信息通信技术。智能制造的发展历程可大致分为三个基本范式,即数字化、网络化和智能化。各制造业大国纷纷部署智能化软、硬件基础设施设备,我国要想保持在世界制造业的领先地位,就必须重视通过实现智能化技术领域的创新,不断地进行技术改革。智能化技术可以通过多种方式赋能制造业,实现分工深化、产业链延长、成本节约、效率提高、价值提升等。智能化技术已经体现在制造业的方方面面。在智能生产方面,通过大数据智能和自主实现生产制造全过程的智能化,包括生产决策、业务流程、工序适配、生产成本控制、物流和人力资源管理、生产安全控制、客户反馈、效益评估等;在智能服务方面,通过智能化数据挖掘技术、大数据技术分析技术可以收集到已有客户的需求信息以及挖掘潜在客户对于产品的需求信息,改变过去的被动型生产方式,最大限度地实现以需求定供给,实现精准供给,并通过物联网、数字孪生技术实现虚拟世界与物理世界的虚实共生,为客户提供更加及时与精准的服务等。智能化生产方式有效连接了企业实际生产能力与消费者真实需求,并基于信息技术对消费者需求进行快速响应,以此来提高企业精准化服务水平,促进企业的转型升级。

新一代信息技术与先进制造技术的融合发展是新一轮工业革命的核心驱动力,只有紧跟智能制造的浪潮,才能助力实现制造业的转型升级,实现中国制造转变为"中国智造",实现制造业的高质量发展。换句话说,企业只有拥有了智能化技术,才能保持竞争优势,在激烈的市场竞争中生存下去。

6.4 "工业+互联网":打造智能制造生态圈

6.4.1 工业互联网概念内容

2012年11月26日,GE(美国通用电气)发布《工业互联网:打破智慧与机器的边界》白皮书,首次提出了工业互联网的概念,工业互联网即"工业+互联网",是工业与互联网结合的产物。顾名思义,工业互联网是关于工业制造业企业与互联网企业联通协同进行的助力企业实现自身数字化转型的新范式。工业互联网的建立是顺应时代潮流、企业追求发展进步的必然产物。我们始终追求开放合作、包容、共赢,工业互联网的形成就是这一思想的重要体现形式。它通过用数据来解决复杂的制造系统的不确定性问题,以不断优化研发设计、生产制造、运营管理等各个过程,进而不断使包括企业在内的互联圈层实现共享、共通与共赢。通用电气认为,在过去200年,人类的生产文明发展历经了由简单到复杂的渐进变换过程。早期英国的工业革命,实现了使用生产工具的基础性变革;后来的网络技术在生产制造中的普及应用,可以处理大量与制造相关的信息,使生产制造过程实现了飞跃;现在由于相关数据的参与,实现了真正意义上的互联互通,甚至人与机器的界限开始逐渐模糊,很多传统的只能由人完成的工作逐渐被智能机器所取代,拉开了智能制造创新发展的序幕。自通用电气提出工业互联网的概念以来,各制造大国均在积极推动制造业转型升级的基础设施布局,为实现智能制造打下坚实的基础。智能制造在宏观的国家层面可以助力改变国家间相对地位。可以说,一旦在这一转型升级过程中占据了优势,就可以成为现代化强国。这对任何一个国家来说都是一个弯道超车、逆风翻盘的机会。同时,智能制造的相关技术与服务会催生规模可观的新兴产业,加大国家间的差距,即借此发展起来的国家可以取得绝对的领先优势,实现助力本国经济的整体水平提升。在微观的企业层面,智能制造能够帮助企业提高运营效率、降本增效、提质增收。工业互联网平台是企业实现智能制造的重要基础设施,每个制造企业只有参与其中、积极投身建设,才可以助力实现企业的转型升级,最终达到企业整体实力提高的效果。

6.4.2　工业互联网整体架构——发挥互联与协同功能

工业互联网是新一代信息技术与工业制造的融合。2017年11月,我国发布了工业互联网的顶层设计——《国务院关于深化"互联网＋先进制造业"发展工业互联网的指导意见》。2020年,工业互联网被列入"新基建",成为制造业和数字经济深度融合的抓手,截至2020年,我国中央企业已经搭建54个工业互联网平台,总投资超过40亿元。平台注册用户超过6 000万,高价值设备接入超过1 000万台。工业互联网规模从2018年的1.4万亿,快速增长到了2020年的3.1万亿。工业互联网企业的发展迎来巨大机遇,当前工业互联网的主要落地方式有智能生产、远程运维、个性化定制等,这些极大地提高了生产运营效率,也使成本明显降低。工业互联网首先服务于工业,那么我们要重点关注工业生产制造过程中存在的困难,把控产品质量,同时对于工业互联网的基础安全问题给予重视。近年来,全球工业系统内安全事件频发,我国也不例外。为了降低安全隐患可能给企业带来的损害,我们应该给予高度的重视,解决新形势下工业互联网安全问题。一方面,要提高系统的免疫力,通过企业间的开放合作互联,增强其抵御风险的能力;另一方面,通过自主的、自生产的、自适应的形式来保证工业生产的安全。

在国家层面,各国纷纷推动制造业智能化转型,都在构建各自的工业互联网参考架构体系,以此来激发数字经济潜能,唤起发展新活力。

目前,我国工业互联网发展势头正盛,是继续深入壮大发展的关键阶段,也是从基础的规模化布局转化为更加精细化布局的阶段。工业互联网建设扩张可以有力地促进制造强国、网络强国建设,形成联动效应,以此可以大力促进数字经济时代制造业的转型升级。工业互联网之所以强大,是因为它强化了关键核心技术,能够实现企业与企业之间的互动,形成一个良性的沟通渠道,放大利好,形成一加一大于二的有利局面,形成一批引领性工业场景,使更多的企业参与其中,促进形成更多的积极正面引导,加大数字化改造升级的支持力度,建设一批更高能级工业互联网平台,优化数字供应链,打造更具有国际竞争力的先进制造业集群,逐渐形成一个良性循环的平台。工业互联网是制造业的重要基础,是制造业智能化转型开展的载体。世界主要工业大国陆续发布了各自的工业互联网参考架构,因各国国情差异以及使用的环境条件不同,此架构存在明显的差异,也有一些相同的特性,可以相互借鉴。我国要充分把握机遇,通过识别我国工业互联网的基本特征与发展现状,在充分吸收借鉴国内外相关的实践经验基础上,助力打造适合我国国情的工业互联网平台,以促进我国制造业的一体化协同持续发展,加速实现我国经济的转型升级。比如在企业层面,美国通用电气在 2013 年成功开发了 Predix 工业互联网平台,为制造企业提供资产管理与运营优化服务。西门子、施耐德等世界著名企业纷纷推出了 MindSphere、EcoStruxure 等工业互联网平台产品,借助其在制造业的制造技术实力和利用信息技术改造企业的成功经验,为行业提供数字化、网络化和智能化转型的应用和服务。除制造业外,通信和软件企业巨头亚马逊、微软等企业也都抓紧布局工业云平台,陆续推出了 AWS IoT 和 Azure IoT 等工业互联网平台。

6.4.3 互联革命,经济发展驶入新赛道

在数字经济时代,企业只有拥有了数据才能进行生产制造和创新研发。数据成为决定企业存亡的关键因素。通过数据的互联互通可以实现闭环的信息驱动的制造工艺流程,即由需求端的数据驱动生产制造各个环节,最终用来满足需求。对数据的精准分析有助于进行全方位的创新,更加具有针对性,从而可以提升消费者的体验感。工业互联网平台作为新的基础设施可以支持制造业的网络化、数字化、智能化转型,已经成为全球制造业竞争的主战场。我国起步较晚,目前仍处于工业互联网发展的初期。从基础设施建设,到企业每个节点以及自身的生产信息化和自动化系统的深度集成和结合,以及我们如何打通企业间、产业链间各个环节,实现异构系统的互通共享和交互,都还在探索阶段,对于工业互联网未来发展情况及其结果是无法确定的。但是工业互联网的发展前景无疑是美好的,它形成的是一个无处不在的基础设施和神经系统。数据显示,我国工业互联网网络具有覆盖面广、涵盖业务类型齐全的特点,基本可以加速各行各业的创新变革,能够真正地助力制造业全方位的数字化转型。近年来,接踵而来的利好政策无疑显示出政府及社会各界对工业互联网发展寄予厚望。社会各界都在思考如何将促进其发展的措施落到实处,转化成工业互联网实实在在的高质量发展的动力。面对风头正盛的工业互联网,我们要认真思考如何能够实现健康的发展。这当中可能会遇到一些问题,例如,数据是工业互联网的核心资源,如何实现数据安全可靠的获取、分析、利用值得深入探究。实现工业互联网高效应用的过程必定是艰难曲折的,但其带

来的利好也表明其值得推进,也是应该积极推进的。工业互联网不仅仅是工业与互联网的简单融合,如图 6-1 所示,它是一种基于信息化、网络化、数据化的新的生产方式和业务模式的创新升级。工业互联网可以实现企业内外部相关信息的整合协同利用,数据驱动的企业智能制造,推动研发设计、生产制造、服务等功能一体化发展,可以最大限度实现以低成本付出获得较高的顾客满意度,逐步实现企业的转型升级。工业互联网平台可以通过数据分析优化产品生产制造过程中的各个环节,形成数据驱动的新型制造模式,实现制造模式的转型升级;工业互联网可以帮助制造企业打通生产的现场数据、企业运营数据和供应链数据,优化和提升运营管理决策效率,实现管理升级;工业互联网平台可以帮助企业不断创新产品和服务,发展新的商业模式,推动制造企业以产品为中心向"产品＋服务"的经营模式转变;工业互联网优化商业模式创新,推动智能服务,颠覆传统工业业态,实现业态升级。但我国工业互联网平台建设与运用过程中也存在着一些不足,具体说来,首先,是平台开发与实际应用存在差距。目前我国工业互联网模型复杂且解决方案能力不足,不具备综合一体化解决方案能力;其次,很多制造业企业发展理念落后,对企业生产运营数据、信息的平台化仍存疑虑,不愿意接入工业互联网平台;最后,部分企业虽然拥有丰富的数据,但缺乏相关的应用经验以及专业人才,这是企业智能化转型的一大痛点。只有在充分认识我国工业互联网发展现状的基础之上,企业才可以解决发展中存在的问题,通过发展工业互联网助力实现中国制造的转型升级,实现"中国制造 2025"的远景目标。

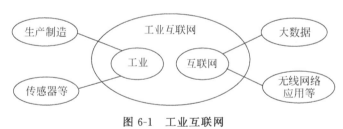

图 6-1 工业互联网

6.5 智能制造面临的困难挑战及对策建议

6.5.1 困难挑战

在新一轮全球工业革命中,我国制造业充分认识到 5G、大数据、云计算、工业互联网平台等是推动工业智能化的利器,但是却存在着新型基础设施建设不足、数字化建设昂贵的制约困境;另外,我国仍存在部分企业对智能制造认识不足的问题,导致企业对于创新研发的投入少,使得研发创新能力不强、创新成果少。在各界的支持努力下,我国制造业数字化、网络化、智能化转型的步伐不断加快,智能制造发展取得积极成效,但各地区之间天然存在自然条件制约、资源分配不均等问题,导致了制造企业生产力发展水平参差不齐,智能制造整体上仍处于起步成长阶段,发展存在不平衡、不充分现象,还存在很大的进步空间。不可否认持续推进智能制造发展面临挑战,对于中小企业来说实施智能制造会面临着试错成本和风险增加的挑战,所以大多数中小企业不愿意尝试转型。数据是推动智能制造的关键,获取真实可靠有用的数据以及分析、应用这些数据的能力就成了拉开企业与企业之间距离的决定性因素。企业受自身数据分析、应用能力的影响,且在制造业中也存在相关人才方面"脱实向虚"倾向严重的问题,这就导致智能制造相关人才的培养不能满足实际需要的情况屡见不鲜。人才是创新的来源,是制造业转型升级的重要保障,传统产业优化升级不仅需要科研人才,而且需要技能技术人才,人才的缺乏会大大束缚制造业的发展,李拓宇等人认为,"以人为本"是"中国制造 2025"的重要基础。

6.5.2 对策建议

新一轮科技革命会推动制造业产业的全方位进化发展转型,智能制造是我国制造业未来的发展方向,工业互联网是制造业智能化转型的重要基础设施,我国应抓住新一轮科技革命带来的机遇,尽快实现智能制造发展目标,进而建立行业规则,在世界范围内得到认可。加强以 5G、大数据、工业互联网平台、人工智能等为代表的基础设施建设,积极吸纳更多国内外相关企业、科研机构的先进经验,更好地为产业升级提供支撑平台。通过开放共享一些公共资源,为中小企业提供相应的帮扶,才能更好地提高国家智能制造整体水平,帮助国家实现经济由高速增长转为高质量增长。基础设施的建设可以帮助充分挖掘消费者需求大数据。传统的制造业生产制造模式中,掌握主动权的是生产者,而当企业能够获得精准的消费者数据时就可以进行追溯与分类,为个性化的生产提供强有力支撑,让消费者参与到产品研发设计、生产制造等过程中来,这可以实现在生产制造的初始阶段就提供完美契合消费者需求的产品,真实数据的获取能够高效地推动消费者参与产品设计、智能制造与售后服务的各个环节,及时纠偏。如果不能在初始阶段提供符合消费者需求的产品与服务,那么即使再好的售后服务也弥补不了前期的缺失,所以企业要加大数字基础设施体系构建力度。借助新型基础设施建设的技术优势基础,加大在光纤宽带、物联网和 5G 基础设施领域的投资力度,加快大数据中心和云计算中心的布局与体系化建设,推动人工智能和工业互联网的发展,构建完善的数字基础设施体系,不断降低制造业企业数字化转型的成本。就企业自身而言,要大力推动企业观念的革新,如果企业自身观念不转变很难从根本上实现变革,企业要充分认识到智能制造的重要性。企业需要先满足已有市场,然后再创造一些需求从而取得进一步的竞争优势。另外,要改变我国制造业普遍存在的研发投入产出水平不高的问题。企业应该注重关键环节的技术难题攻克,不断地优化企业生产制造模式。针对缺少专业人才问题,应该通过完善多层次人才培养机制培养出所需要的科研人才以及高技能人才,激发人才的创新活力,重视人才的培养;在人才保障方面,完善技术工人培养、激励、奖励机制,改革薪酬制度吸纳先进的人才,并且留住需要的人才。另外,政府可以在合理的配置范围内将资源适度转向智能制造发展方向,为其发展提供更多的支持服务。政府要大力支持企业的转型升级,进一步降低企业的融资成本,为制造业的长远创新注入活力。

2020年是不平凡的一年,是"十三五"规划收官之年,也是"十四五"规划的开局之年,是承上启下的一年。智能制造发展方向是制造业的机遇也是挑战,是企业的威胁也是企业"弯道超车"的机会,未来只有通过政府、企业、高校的多方努力,才能更好地带动制造业转型升级,实现制造业的智能制造,将我国由制造大国发展成为制造强国,实现社会主义现代化强国的建设目标。

典型案例

徐工机械生产制造数字化转型

徐工机械(以下简称"徐工")是徐州市生产吊机、铲车、轧路机等重型机械的大型集团公司,成立于1989年3月。成立以来,始终是中国工程机械行业排头兵,我国重型机械的领头羊,也是行业规模最大、产品品种最多与系列最齐全、最具竞争力和影响力的大型企业集团。

制造业是立国之本。树立与智能时代与时俱进的"产品观、智造观、用户观、生态观"是企业发展的生命线。对徐工而言,依据国家制造强国的战略指导思想,以智能制造为主攻方向,强化数据的价值作用,体现为通过产品研发的数字化、制造过程的数字化,真正打造出高端、可靠性高的智能化产品,向客户提供全生命周期数字化服务,充分将数字化、智能化技术融入这些重点领域,并加速迈向智能制造发展的更高阶段。徐工掌舵人对于时代潮流的洞悉令人惊叹。早在我国出台《中国制造2025》前两年,就已经敏锐地嗅出市场前景,精准部署。那时徐工就已经高度重视数据、信息的获取,为此还成立了专门负责的信息公司。该公司成立后掌握与企业相关的内外部环境信息。现在我们处于数字经济时代,可以说谁掌握了数据、信息,谁就拥有了先发的主动优势地位,而这无疑让本就处于制造业领先地位的徐工在行业内再次提升了自身的威望。制造业是国民经济的命脉所系,我国实现两个一百年奋斗目标、实现社会主义现代化必然离不开制造业的崛起。我国正处于由制造业高速发展转型升级为制造业高质量发展的关键阶段,制造业的转型升级离不开以各个企业转型升级为依托。徐工是具有典型性和代表性的工程机械制造企业,自成立以来因其发展的速度与质量受到政府、业界的高度重视。习近平主席在调研中曾深入徐工企业内部进行参观访谈,并且充分肯定了其在制造业中的模范带头作用。其连续3年的数据显示,徐工都是智能制造的遥遥领先者,曾获江苏省首批"智能生产车间示范单位"称号,并且在机械制造领域处于世界领先水平,科技研发、工艺流程制造、创新等方面均走在世界前列。

徐工自成立以来始终保持我国制造业行业排名数一数二的地位，企业的发展也始终坚定不移地与国家战略保持高度一致。目前，在"中国制造2025"战略的指导下，其也将智能制造作为企业生产制造发展的主力方向，并且经过多年的深耕，企业的智能制造水平受到业内其他企业的推崇、学习与模仿。其具体体现在：在研发设计过程中通过先进的大数据、云计算、物联网等新一代信息技术实现信息的精准有效获取，从而实现在源头上保障研发设计的科学合理性。这样就可以确保满足客户的需求，实现精准匹配，增加企业的利润收益。在生产制造过程中，企业内部生产制造流水线上实现了各个节点的联网布局。这样就可以捕捉翔实的设备运行参数，帮助企业达到设备精准化运行的目的。利用企业内外部相关信息，并进行集成化处理，一旦机器设备有故障问题出现，工人们可以立刻察觉，就像通过机器"说话"获取实时、准时、可靠的数据。徐工的设备产房里，井然有序的自动化设备的"手臂"在整齐划一的动作中完成着每一道工序。当然，对于智能制造的理解需要进一步深化，绝不仅仅是实现自动化。自动化与智能化的区别关键在于智能化实现了给机器赋予了类似于"人类的思考能力"，智能制造这一阶段可以实现基于数据的理智判断与利益最大化的决策，仿佛是使机器逐渐有了人的思维，逐渐取代人在制造中的核心作用地位，最终理想化的状态是形成"智人"。

徐工始终屹立于我国制造业前列，其战略目光一直关注国际宏观的市场，才成就了如今的地位。要想在国外竞争激烈的市场中获得一席之地，在国内外均保持先进的工程技术水平，创新发展的作用不容小觑，这也是徐工能够实现经久不衰的秘诀之一。回首企业的成长史，在企业发展初期，徐工就注重自己的创新能力，并且创造了我国制造业行业的好几个第一的佳绩，给行业内留下了很多突破式的创新成果。一次次尝试与探索，都显现出徐工人的坚守与执着，努力与不放弃的精神。正是因为徐工人拥有勇于创新的精神品质才使得徐工抓住一次次发展的机遇、把握一次次发展的浪头，成为制造业行业中的一棵常青树，并且徐工并没有满足现状，依然坚持在创新一线孜孜不倦地探索。2018年12月13日，徐工发布成立汉云工业互联网平台。该平台的建立是在阿里云这一互联网企业助力下实现的。这一"云助力"实现了各方利益的增加，促进社会向前发展。工业互联网是业内公认的实现智能制造的基础设施平台，汉云平台的形成是徐工基于发展的实际需要，以及社会综合发展的实际情况而作出的促进整个行业向上发展的重要创新举措。就徐工自身而言，工业互联网基础平台的建立，可以充分挖掘研发设计、生产制造、消费者需求等方面的真实信息，在一定程度上轻松实现协同一体化发展。另外，工业互联网的发展可以助力徐工实现智能制造的总方针，并且在极大程度上降低企业运行成本。制造业是一个利润率偏低的行业，不仅前期需要大量的资金投入，而且在后期的运转、销售过程中也会受到很多不可控因素的影响，从而进一步地降低企业营收。并且近些年我国逐渐迈入老龄化社会及新生儿出生率增长缓慢，导致适龄工作人口数量的减少，制造行业简单重复枯燥的工作又逐渐不被90后这一代人所接受。企业面临用工成本逐渐上升的窘境,这就使企业需付出更多的成本才能获得所需要的生产制造的人。徐工作为老牌制造企业,早就意识到这一问题的严峻性,通过布局工业互联网的健康全面发展,有效助力实现智能制造,降低企业的成本,增加企业的收益。这一布局是极具前瞻性的。

徐工通过数据驱动实现智能制造,有效连接了多方参与者,提高了企业生产制造效率、运行效率,降低了企业运行成本,助力了企业转型升级。其成功的实践路径及其经验效果给其他不同的企业带来许多可借鉴的经验,使更多企业在转型升级的道路上避开弯弯绕绕,加速转型升级,从而成就我国制造强国建设的伟大征程。

第7章

知识管理革命：数字驱动知识复利增长引擎

7.1 企业管理模式新视野——知识管理

7.1.1 知识管理的背景和由来

企业如何生存？如何做大做强？这是自企业诞生以来，管理者永恒不变的关注点和思考题。企业就是一个有价值的知识储备和集合体，其当前的知识储备存量与知识结构直接影响着整个企业的发展，决定了企业在未来如何运用机会、如何进行企业资源配置。企业作为一个"有机的生命体"，通过积累并不断更新知识，来帮助自身在不确定的经济环境下保有持续的竞争优势。由此可见，知识管理正是帮助人们认识公司的资源、帮助企业获取持续竞争优势的重要途径。

那么什么是知识管理呢？

人类对于知识的认识和探究与人类文明的发展相伴而生，至今已有约 200 万年的历史，但知识管理的真正兴起只有 30 余年。

美国管理学教授彼得·德鲁克（Peter F. Drucker）作为最早感知和预言知识经济时代即将来临的人物之一，在 1965 年就提出，诸如土地、劳动力、资金、机械等传统的生产要素将会被知识所代替，知识将成为社会的主要生产力，这也是知识管理理念的萌芽。对于知识管理理论的探究始于 20 世纪 80 年代，1986 年瑞典裔管理大师卡尔·爱立克·斯威比（Karl-Erik Sveiby）在其著作中首次提到了"知识管理"一词，并对知识和知识管理的基础性问题进行了研究，被誉为"知识管理之父"。20 世纪 90 年代初，知识管理的基础理论与科学实践理论逐步走向了具有实质意义的研究阶段。1991 年，日本著名管理学者野中郁次郎博士正式提出了"知识有显性知识和隐性知识之分"。他认为，社会群体在不同情境下交往的过程中，显性知识与隐性知识可以相互转化，显性知识与隐性知识在相互转化过程中呈现螺旋形态，并以此形态实现知识的创新、生成社会财富，这就是隐性知识与显性知识转化模型（SECI 模型）。这个模式已成为知识管理研究的经典理论基础。

不同学者从不同角度对知识管理进行了定义。总的来说,知识管理是企业将信息转化为知识,通过一系列获取、创建、编码、共享、应用的动态过程,最终实现知识创新、推进组织运营、改善企业绩效的目标。

7.1.2 知识管理的规律及误区

在国内外学者和企业界知识管理实践者的共同努力下,知识管理的理论和实践内涵逐渐完善,总体而言,知识管理有如下基本规律。

首先,企业知识管理要以人为本,为人的发展需要建立学习型组织。企业是知识经济时代最具生命力和活力的主体,而员工参与是企业知识共享和创新的关键环节,学习型组织符合个体和组织发展的需要。只有尊重个人的需求和潜力,承认员工在知识开发中的独特性,建立合理激励机制,才能最大限度地激发员工的创新精神。

其次,有效的知识管理需要依靠技术支持。互联网在知识管理中的应用,大大增强了知识获取、转化、共享和创新一系列过程的便利性,为企业提供了知识交流的平台。采用人与技术相结合的管理方式,能够减少员工重复和机械的工作,拓宽其获取知识的渠道。知识管理的重点是对显性知识和隐性知识的管理。其中,隐性知识的分享导致个人知识优势的丧失,分享意愿的降低,是知识共享的一大障碍,也是在实践中知识管理"教会徒弟,饿死师傅"困境产生的原因。因此管理者在进行知识管理的过程中,要注意引导员工将隐性知识转化为企业的显性知识,使组织内显性知识与隐性知识得以相互转化,达到螺旋上升的效果。

最后,企业要建立扁平化的组织模式,营造知识创新的良好氛围。知识管理的关键是营造平等开放的知识共享环境,建立便于员工知识交流的平台。扁平化的组织能有效减少知识的流通环节,实现知识快速、准确的传递。只有这样组织才能适应外部动态环境的不确定性变化,灵活运用知识、创造价值。

越来越多的企业开始重视对知识管理的研究与实践,但并非所有企业投入的资金与精力都能换来预期的效果。知识管理失败的一部分原因在于企业对于知识管理的理解还存在一定的误区,使得知识管理成了企业发展的"拖油瓶",如对于知识的"共享"性理解片面。在实践中,我们遇到的所有问题并非都能在可视化的文档中得到答案,这时共享、对话就是激活隐性知识的最有效方法。然而在职场里,对话并非一直存在,很多场合会出现单方面输出的情形,例如员工或管理者在某些情境下"有话不敢说""有话不便说"。实际上,摆脱这种尴尬并不难,企业开展茶话会、组织团建等活动,大家在一起喝茶聊天的同时便进行了交流。美国 Nesta 公司发起的"Randomized Coffee Trails"活动,将自愿报名的员工随机进行一对一的配对,配对成功后员工找一个双方都合适的时间一起去喝咖啡。当然,喝咖啡不是重点,活动的重点是通过喝咖啡,两个以前可能完全没有交集的员工建立起连接,自然而然地产生交流。国内近年来出现的"随机午餐伙伴"活动也应用了这个原理。

还有一种错误观点认为,知识管理是独立存在的。类似于人的机体,企业是一个各"器官"和各"组织"相互连通、息息相关的整体。很多企业知识管理项目的误区,是在企业运营之外单独设立一套知识管理系统,或者在某个部门单独建立知识管理系统。实际上知识管理应该是贯穿于全领域、全流程、全人员的管理,每个部门、每个员工都应该是知识管理的参与主体。

那么,知识管理就是全员的 IT 文档管理软件吗?实际上,企业知识库是基于整个企业建立的,是企业的知识资源集群。这些知识大到宏观的企业整体规划,小到微观的各部门、个人的知识积累,同时涵盖时政或与该领域市场相关的学术理论内容。然而大多数企业认为的知识管理,就是知识库的搜索引擎的功能。这样一来,企业知识库便和"百度"没有什么区别,不过是加了"知识管理"帽子的信息仓库。

实际上,知识管理有着更加丰富的内涵。知识管理本身是可以做到一个生态闭环的,员工经过"知识存储—搜索—调用—创新"的循环,激活企业的隐性知识,交流人际知识,共享实践经验,激励创新,实现知识的应用和创新。

7.1.3　知识管理新的应用形式——神秘的"知识集市"

在日新月异的今天,会议室是我们最常见的办公场所,我们能利用会议室做些什么呢?在这里将介绍一种知识管理的有效方法——知识集市。

知识集市是指设立多个摊位,每个摊位都有一名优秀的实践者,由听众自行选择去哪个展位交流、吸取经验。知识集市分成知识广告、知识交易、知识评价三个环节。

2016 年,华为在深圳举行的全球会议中,华为知识经理为使参会成员更好地参与会议提出了一个很好的想法。

第一步:知识广告环节。每个分享者有 90 秒的时间向其他人传达关键信息和实践经验的价值。他们的分享包括"我们做得很好""我们的做法将如何帮助您"。

第二步:知识交易环节。在这个环节,场地变为开放区域。听众自行选择要去的展位,并提出他们最关心的问题。这个过程中每个人都在进行对话,人们通过提问来不断汲取经验,甚至没有人想要停下来喝杯咖啡!

第三节:知识评价环节。所有人员针对他们印象最深刻的实践管理活动进行评价、提出建议,并分享自己即将采取哪些行动。

2016 年华为的全球会议非常成功,并且自 2016 年以来,知识集市成为华为全球会议的常规部分。

7.2 大数据情境下的知识管理

7.2.1 数字经济时代传统知识管理面对的挑战——沿着旧地图，一定找不到新大陆

近年来，数字经济革故鼎新、大势已现。它以互联网行业发展为主体和依托，将数字资源、信息技术融合创新为一种新的社会经济形态。大数据、互联网、人工智能等信息技术的突破，在全球范围内掀起了数字经济的浪潮。数字经济重新定义了人们的工作和生活方式，逐渐成为经济高质量发展的主力军，同时促进了传统企业的转型升级。

数字经济无处不在，海量碎片化的信息大量涌现，重新审视知识管理，数字经济对传统知识管理理论提出了哪些挑战呢？

1. 利用消费者数据创造价值成为知识管理战略的核心

传统知识管理聚焦于组织内部，企业单方面主导产品生产、投放市场与消费者进行交易的时代已经过去。在数字经济时代，产品价值的创造依赖于厂商和消费者的共同作用。有研究显示，"客户是变化最快的"。企业应动态关注消费者数据，从中挖掘相关知识，分析用户需求，以此为依据进行企业下一步的价值创造。

2. 知识管理对数据的挖掘、整合和分析能力提出了更高的要求

淘宝首页如何实现"千人千面"？美团外卖骑手如何带着多条订单进行最优路径的规划？这一切都需要大数据。正如马云所说，"整个世界将变成数据，这还只是数据时代的开始"。海量信息铺天盖地而来，技术应用领域实现了人与人、人与物、物与物的全连接，也实现了网络层数据的不断融合和指数化增长……在这个时代，谁能最大范围、最高效利用知识，谁就可能成为其相关领域的领导者。这种形式下，人工智能、机器学习、数字仿真等技术的应用对于知识管理而言就显得尤为重要。

3. 基于数据进行决策成为考量知识管理增值体系的核心指标

在知识经济时代，随着互联网的广泛使用，人们获取信息更加容易，但里面充斥着大量的无效信息，人们对于知识的精度、实时性和准确性提出了更高的要求。同时，人们的位置和行为信息也以数字化的形式记录在移动客户端。这些数字化资产将为组织管理和决策提供最有价值的依据。对数据进行多维度、更广泛的挖掘、分析和解读，是组织进行前瞻和精准决策必不可少的一环。

4. 打破"知识孤岛"要求组织形式更加平台化

新型数字化平台企业以其数字化的特点最大范围联系各方利益相关者，为知识无障碍地流动和共享开辟了渠道，为激活企业自身的创造力奠定了基础。企业

通过挖掘大量用户数据和追踪用户行为形成特有的商业洞察力。这些敏锐的"嗅觉"帮助企业在实践中对创意快速试错,通过循环迭代和总结,最终转化为商业价值。

5. 人工智能在知识管理核心知识类型中占据战略性地位

有学者指出,人工智能技术的广泛应用以及快速地更新迭代必然会对知识管理的各个过程产生深刻的影响。通俗来讲,人工智能就是机器系统模仿人的思维,获取知识和应用知识的一项技术。人工智能可以看作管理者的"超级秘书"。依托人工智能技术,组织对平台数据进行整合分析,通过逻辑思维模拟情景是服务提供和价值创造的关键步骤。可以说,人工智能逐步在知识管理中成为核心的知识类型,并在技术领域占有重要的战略性地位。

7.2.2 大数据时代知识管理的特点

将分散而孤立的碎片化知识进行整合与管理,才能真正发挥出大数据的作用。大数据时代下海量资源和数据的互动与交叉整合,使得知识的形成不再是传统意义上由数据到知识的一对一过程,而变为多数据对多知识的形成过程。知识图谱的构建,打破了最简单的"数据—信息—知识—智慧"的直线过程,而是由数据网、信息网、知识网和价值网交叉融合,编制了一张螺旋上升的大网。基于此,有学者总结出了知识图谱网络,如图 7-1 所示。

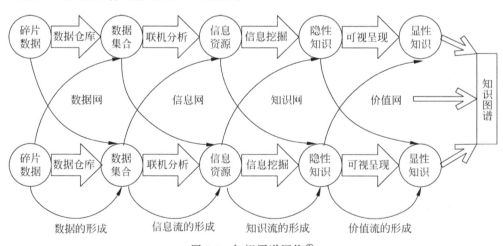

图 7-1 知识图谱网络[①]

大数据时代,知识管理的边界逐渐变得模糊,企业需要建立新型组织架构,遵循组织管理的扁平化、网络化、动态化原则,同时注意吸收企业外部知识成果。

---

① 叶英平,陈海涛,陈皓.大数据时代知识管理过程、技术工具、模型与对策[J].图书情报工作,2019,63(5):5-13.

扁平化的结构能加快信息、知识在组织中流动的速度,层级较少、幅度更宽。扁平化的新型组织架构增强了知识的有效性,激发了员工提升职业素养和自我管理的积极性,使得新型知识管理人员得以在其专业的知识管理领域大展拳脚、开拓创新,从而减少冗余的组织架构和管理人员,降低了人力资源的成本。同时在设计新型知识管理结构体系时,要遵循网络化原则。只有这样,不同层级、不同部门、不同知识背景的员工才能依靠网络化的组织架构快速、有序、紧密地联系在一起,实现沟通和协调的有效性。人的思维是不断变化的,个体的隐性知识也随之变化,在知识交互中实现创新,这就要求组织架构符合柔性和动态性的要求。

有研究表明,技术引入和开发能够提升组织创新的技术水平,进而提升知识管理水平。这些技术包括以用户生成内容为代表的数据处理技术、以 ETL(extract-transform-load)工具为代表的大数据清洗技术、以 SAS Visual Analytics 为代表的可视化技术,乘着技术发展的东风,企业得以更好消化与融合新的知识。近年来,国内出现了一批以众创、众包、众筹为代表的新兴组织平台。这些平台以开放、共享为主要特征,令各方利益相关者可以在平台上相互选择,汇集各方资源,为知识提供吸收和转化的空间。

典型案例

产品共创——娃哈哈向 180 万大学生发布创意征集令

2019 年 11 月 5 日至 12 月 31 日,娃哈哈集团在全国范围内组织了一场创意大赛。娃哈哈集团投资上千万元,向全国 1 000 所高校学生提供 2020 年 6 款新品共计 12 万箱。每一位品尝过娃哈哈新品的大学生都可以进行创意创作,并在娃哈哈集团公众号"哈宝游乐园"上传自己的作品。不仅如此,同学们还可以对其他学生的创意方案进行观看、评论、投票,学生的这些操作均作为美创平台意见采纳的参考。本次创意大赛结束后,娃哈哈集团将充分采纳其中的优秀创意,使其在 2020 年的新品研发、生产以及市场推广过程中有所体现,为娃哈哈品牌以及产品的创新升级精准赋能。

总而言之,与传统的知识管理理论相比,知识获取、储存和使用等知识管理的过程均因大数据的出现变得与以往不同。在知识的获取过程中,不再是企业单向外部搜寻和获取知识。海量知识的涌现拓宽了知识的来源渠道;"云储存"兴起,使知识的储存方式突破了单个企业各部门私有知识库的形式,向共享的方式转变;知识的增值也由服务于某一主体发展为被多主体使用,知识的总量并未发生变化,但是在商业价值的创造上实现了"1+1"远大于 2 的效果。

7.2.3 大数据赋能企业知识管理创新

"赋能"是以"前提—过程—结果"为基本逻辑的概念,具体而言,就是企业为自身、员工、用户以及利益相关者提供一定的环境条件及技术手段,通过整合企业内外资源,赋予相关主体生产、竞争和创新的能力,从而最大限度发挥个人潜能,了解客户需求,实现产品升级、服务升级、价值共创。企业赋能的基本过程如图7-2所示。

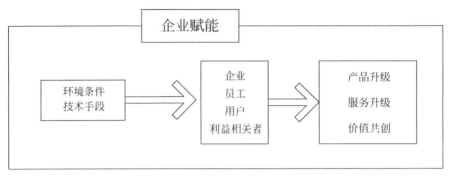

图7-2　企业赋能的基本过程

随着研究的不断深入,国内外学者普遍认可了"信息源于数据,知识源于信息"的基本逻辑。基于赋能理论,本书认为大数据能够赋能企业的知识管理,通过"数据—信息—知识链"的有效转化,最终实现企业的知识创新。

在发展初期,企业规模尚小、影响力不足,获取知识的渠道尚不完善,这时企业聚焦于公共数据的获取,把缩小本企业与同业竞争者知识储备的差距作为知识管理的目标。由于这部分数据更容易获得、获取成本比较低,具有可视化的特点,初创企业可以更容易、更高效地进行数据的提取和转化,从而获得具有高价值、对企业发展而言有重要意义的知识。对于我们每个人而言,艾宾浩斯遗忘曲线告诉我们,新学到的知识并不等于已经掌握的知识,这些知识在很短的时间内就会被遗忘掉大部分。对于企业而言,如果不及时建立知识库,未调动员工分享知识和应用知识的积极性,获得的知识同样会变成一潭死水,逐渐干涸。在这个阶段,如何引入相关知识,提升知识的保有率,成了企业需要关心的问题。

企业经过一段时间的发展,逐渐拥有了一定的知识积累。这些知识会与企业在实践中遇到的问题发生激烈的碰撞,迫切要求企业吸收、转化外源性知识,生成能被本企业利益相关者认可的特有资源。这时互联网技术可以帮大忙了!大数据处理和清洗技术为企业厘清知识图谱提供了可能,云端分布技术和联机技术帮助企业以地区、业务为依据分别建立知识共享平台。据此,企业得以建立起完善的知识体系,在保证数据全方位、多渠道不断更新的同时,盘活已有知识,使新旧知识相互交融,实现知识的创新。

在知识与技术的推动作用下,企业在发展过程中,逐渐把知识管理侧重点放在知识创新上。企业明白,客户的需求是企业在产品研制和进行知识管理过程中的主要依据,借助互联网技术,企业能够更加深入地挖掘用户的数据,实现用户与企业的价值共创。发展到后期,企业不再只是被动接受知识,而是主动从企业各利益相关主体处获取有价值的数据信息,向市场提供独特的见解,实现知识的输出。由于企业始终以用户价值为核心,其输出的知识会首先得到消费者的青睐,同时也会引起同业者的关注,在市场中获得良好的反馈,企业的市场地位也得以提升。知识输出的完成,使得企业的知识管理形成一个完整的生态闭环。由此企业完成了数据赋能知识管理的过程。

7.2.4 "实战"中的知识管理新讨论

1. 知识管理领域的新讨论之一——互联网知识付费服务

近些年来,互联网上出现了各种提供知识付费服务的平台。新型互联网知识付费服务包括面向企业客户的服务和面向消费者的服务。在早期的校企联合的形式中,高校图书馆向企业提供的检索文献、查专利等专业化服务,就属于知识服务。在知识管理时,企业会将相关领域专家的文章、著作进行整合,并以此为基础,利用互联网技术做一些提炼,让思想发挥价值。现在,知识服务正在被大众广泛接受。随着国内知识管理领域的发展,知识服务逐渐形成一个社会化的概念。东方财富网的报道称:"随着智能手机应用的普及,年轻人的学习方式也越来越碎片化。尤其是疫情以来,在线上购买知识类产品的用户不在少数。在知识付费平台上,越来越多元化的内容也成为泛知识付费的写照。"知乎 CEO(首席执行官)周源在 2021 新知青年大会上表示:"知乎月活跃付费用户已超 250 万,形成了集音视频课程、电子书、期刊、论文库、盐选专栏的高价值付费内容库。"知乎、喜马拉雅等平台抓住知识付费逐渐流行的趋势顺势而为,不断拓展自身经营边界,以包括音视频课程、电子书、期刊、网络小说、游戏在内的丰富内容吸引了广泛的受众。知乎、喜马拉雅等平台的成功案例为同类型企业管理提供了很好的示范,它们提供了检索和提取知识的平台,将专业领域的知识和见解转化为显性知识,对人们学习知识的传统方式进行了有效补充。据相关行业内统计,2020 年中国知识付费行业的规模已达到 392 亿元,同比增长 41%。新型互联网知识服务让更多的人了解知识服务并参与到知识服务过程中,放大了知识的价值,这对于知识管理行业来说无疑是好的现象。

2. 知识管理领域的新讨论之二——理论与实践脱节的问题

在知识管理领域,当发现理论研究与实践工作脱节时,我们应该如何来平衡理论与实践呢?首先,理论是解决问题的根本依据,然而对于企业知识管理的研究,更加偏向于实践。深入了解顾客需求,才能贴近实务。在追求理论方法、构建模型的同时,更要力求贴近实战、以客户需求为导向。

企业的知识管理,要充分调动企业内专家参与的积极性。专家拥有丰富的实践知识,这些隐性知识的挖掘,对于知识管理而言具有很大的价值。我们可以采取多样化的方式将企业内专家的隐性知识保存下来,如定期请专家录制系列课程,定期针对现存问题做专访等。这样的方式专家更容易接受,能够节约专家的时间成本。将这种方式生成的可视化知识放在企业平台上，更多的员工能够受到启发，企业知识管理的效率也得以提升。

7.3 人工智能时代的知识管理

7.3.1 什么是AI

人工智能英文简称为AI。在7.2节提到过，人工智能是机器系统模仿人的思维，获取知识和应用知识的一项技术。专业的程序员将工作规则直接编写为程序输入计算机，人工智能通过人工或者机器自动学习的方式实现知识"摄入"，使机器具备集体的智慧，再来模拟人的行为、帮助人的工作。在未来的发展中，人工智能甚至可能打破人类知识的界限，创立新的知识库，但一切还是未知数。2019年1月，谷歌研发的AI程序"AlphaStar"与职业电竞选手进行了一场《星际争霸2》人机大战，比赛中AlphaStar以10∶1击败了人类职业选手。AlphaStar在通过编程录入《星际争霸》游戏规则之后，实现游戏学习和模拟，从而获取相应的知识和经验。有人认为，如果AlphaStar能从最后一局中吸取教训，下一次将会无敌！

当前，人工智能在不同领域都已经成为一个热词。近几年来，随着人工智能的快速发展，人们生产生活的方式也发生了巨大变化，AI技术逐渐发展成为21世纪的一项颠覆性技术，AI技术应用范围不断扩大，对人类生产生活产生了巨大影响。尤其是在知识管理领域，AI技术为知识管理提供了更多形式的可能性。

7.3.2 人工智能对知识管理的多维影响

经过近几年的发展，人工智能对知识管理的影响越来越大。人工智能与知识管理的交叉领域摆脱了过去单单偏重学术层面的讨论，也在实践过程中有所落地。现在人工智能对知识管理的影响，是源于实践、面向实践的研究。比如，李开复博士提道，什么样的职业最容易在未来被人工智能所取代？他用一个矩阵关系表明"人际化程度低"且"结构化程度高"的职业容易被人工智能所取代。那么，人工智能对企业的知识管理过程能够产生什么样的影响呢？

首先，人工智能拓宽了企业知识吸收的渠道。我们知道，在市场竞争中，及时获取知识、充分吸收知识是企业转化、利用、创新知识的前提。人工智能的出现，延展了知识的边界，大大提高了企业吸收知识的能力。人工智能的存在将企业获取知识的范围拓展到全世界，任何企业和个人在互联网上都可以发布信息，获取和交换知识。通过精密的算法，企业在检索海量知识时，可以更加精准地甄别出对企业有价值的信息，获取信息的方式更加有效、获取的效率也更高。人工智能技术在很大程度上帮助企业避免了人工筛选重叠知识时所造成的时间和精力浪费。接下来，在企业完成知识的获取后，人工智能的算法对这些外源性知识进行分类管理。

第 7 章 知识管理革命:数字驱动知识复利增长引擎

在需要人工的岗位上,员工对知识的调取更加快捷;而在无须设人的岗位上,人工智能也能实现以强大的计算机技术为依托,半自动甚至全自动地汲取和利用知识。

其次,具体"情境场"的知识分享转变为多维知识共享,逐渐形成知识共享生态圈。传统的知识分享过程是一种情境化的模式,我们在某一情境下面对某一问题时,最快速有效的解决办法就是交流与共享。当我们在工作、学习中遇到问题时,是不是首先选择向相关的人进行询问和沟通?企业通过相互交流、分享知识提高企业整体知识水平。然而,知识分享的内容和深度在很大程度上取决于分享者所处的情境和分享者的个人意愿。由此可见,不合适的对象、时间或环境都可能阻碍知识的分享过程。而人工智能的出现,清除了时间和空间的障碍,弱化了知识分享的情境。面对互联网上没有利益牵扯、更加纯粹的提问,人们更愿意分享知识;没有具体情境限制,人们能够更加畅快地发表自己的经验和想法。相反,在公共平台上,分享者自身也会因为问题参与者的赞同和评论获得知识的更新,获得分享的快乐和满足。那么人工智能能为分享者做些什么呢?事实上,人工智能能够根据用户数据精准分析用户特质,预设用户参与场景,使知识的分享者在提供知识的同时,收到更多相关问题、相关新知识的推送。人工智能给予了用户在该领域的交流与反馈,于是知识分享者就拥有了双重身份。一方面,提供了知识;另一方面,接受了新知识。在这个持续不断的双向反馈中,知识渐渐融合成为一个庞大的知识体系并不断完善,不同的个体能够随时随地从这个知识体系中获得想要的知识,最终形成知识共享。但需要注意的是,进行知识分享的过程中,企业要慎重考虑特定知识对于企业战略的重要意义,要有意识地选择知识分享的对象和内容,避免具有竞争力的核心知识泄露带来的风险。企业可以有选择性地与其他企业建立战略联盟关系,在确保企业独特核心优势不流失的前提下,增强本企业与其他企业的联系,构建一个知识共享的圈子,实现企业的知识共享与创造。

最后,知识创造模式的改变。对于企业而言,在大数据时代,消费者的行为信息、产品货物物流数据不再令人捉摸不透,人工智能通过将这些数据进行有效的分类管理,帮助企业提取有价值的数据,使存在于组织内的隐性知识得到更高效的获取和利用。一方面,人工智能突破了传统知识共享的形式,不再局限于面对面直接沟通。计算机通过迅速识别语音、人脸和手势等信息,高效地获取信息,将隐性知识以可视化的方式呈现出来,加速了知识显性化和知识融合的过程。另一方面,人工智能技术也在不断探索模拟人脑意识生成的过程,如目前的脑机接口技术、模拟神经元等。随着科学家对神经网络技术进行更加深入的探索,也许在不远的未来,人工智能将代替人脑意识生成过程,将人脑产生的隐性知识完全转化为可视化、可理解的计算机信号,继而转化为显性知识,以便被企业不断组合。最终人工智能通过计算机模拟技术对碎片化显性知识进行组合,改变了传统的知识组合,从而实现知识的创新。

7.3.3 在人工智能时代，知识管理出现了哪些新的变化

1. 人工智能时代，"人本"价值还有意义吗？

我们相信，人工智能依托强大的知识内核，必然能够全方位影响未来社会的发展。在知识管理领域，人工智能可能取代人在隐性知识传播中的作用，未来在企业内部，那些产品标准化程度高、流程规则化程度高的企业容易被AI辅助甚至取代，实现"无人企业"或许不再遥不可及。同时也产生了一个问题，在产品同质化的人工智能时代，"人本"价值还有意义吗？我们应该如何体现"人"的价值呢？

首先值得肯定的是，在人工智能时代，"人本"价值是有意义的。程序员通过将专业的流程和规则"喂入"人工智能中，人工智能就可以以零成本的方式进行机器的理解和学习，更好地实现知识的调用过程。在这一过程中，"人本"价值体现在通过人工将知识写入机器，让机器具备集体的知识，从而模拟人的行为，帮助人解决问题。同时，对于组织来说，人的价值应该更多地体现在"人际化程度高"且"结构化程度低"的工作中，发挥人的主观能动性，进行创新性、有创意的开发工作。

2. 人工智能环境对于工作岗位的设置提出了什么新的要求？

人工智能的出现挑战了企业原本的知识型员工，尤其是那些凭借记忆进行的程序化工作。从计算机与软件角度来看，人工智能的出现同样也是一种挑战——如何让没有专业背景的大众也能够去应用人工智能，与其顺利对话？这就对人机交互技术和操作界面提出了更高的要求。

在未来，企业可能会创造性地设立一些与知识管理密切相关的工作岗位。有一些观点认为，新出现的知识管理岗包括但不限于"数字化管理师""知识训练师"等。"数字化管理师"，顾名思义就是利用数字作为工具进行管理的工作岗位。在企业进行数字化转型过程中，数字化管理师的主要职责是利用数字化平台理顺组织架构、维护企业运营流程，并协同员工的工作，以便为企业管理者的决策提供分析依据等。"知识训练师"，从字面来理解就是人工对AI进行"训练"，提高AI的"智商"。人工智能系统与其他传统的信息系统存在着很大差别，传统的信息系统把工作的规则与流程固化下来，并据此在很长一段时间内稳定运行、保持不变。但是，人工智能系统需要不断吸收外界知识进行"智力的进化"，通过用户的不断使用、不断更新使系统得到优化。随着人工智能的发展，以"数字化管理师""知识训练师"为代表的新型岗位也应运而生，虽然现在人们对于这类岗位了解较少，也很少有企业真正设置这类专职岗位，但并不否认企业是需要专人进行知识管理的，这必然会成为企业未来发展的趋势。

大部分企业的知识管理是与相关部门的具体业务相融合的，而且在不同部门，具有不同的导向性。譬如：知识管理在人力资源体系中，就体现为将知识管理与员工培训发展、能力提升相融合；在市场营销部门做知识管理，就更加关注如何通过知识管理更好地促进业绩的提升等。企业的知识管理发展不同，企业开展的行

动也有所不同。企业具体做某一项目时,相关业务部门会依据项目的需要开展相应的知识管理。当单个项目的知识管理进行到一定程度后,企业能够从每个单独项目提取有效知识,将一个个"知识孤岛"组合为一个知识体系,并不断完善。企业内进行统筹工作的部门一般包括人力资源体系、企业管理部门或者董事会等。特别是当企业进入长期运营阶段后,可能会选择成立公司层面专门的知识管理部门或专职岗位。现在,一些企业内部可能已经率先设立了"知识管理部",同时配备有专门的首席知识官(CKO)。这说明一部分企业高层管理者已经认识到了知识管理的价值,但目前这部分企业的比例不高。

7.3.4 人工智能时代对知识管理提出什么挑战

人工智能的本质是机器替代人的社会分工,所以在人工智能发展过程中必然会出现对人和人工智能如何分工与共存的讨论。首先,目前尽管人工智能发展尚不完善,但有些企业的知识管理由于过度依赖人工智能而出现了一定的现实问题。例如,外卖平台依赖于人工智能算法计算外卖送达时长,并对路径进行最优规划,然而这种规划并没有考虑现实中可能出现的各种突发状况,由此在交易过程中出现了一系列的问题。其次,现有的人工智能的知识创造还处于人类的认知范围内,在未来,随着人工智能不断的学习和进化,其创造的知识甚至可能突破人类的知识边界。拥有了人的"智慧"的人工智能系统,也许在将来会拥有自己的意识,构建新的知识管理规则和制度,这势必会引起新的制度和道德的风险。

7.4 数字经济时代知识管理的发展趋势:从"赋能"到"智能"

知识管理可以类比于"戏曲"。"戏曲"是一个较为宽泛的概念,它包含很多戏种,知识管理也一样。一方面知识管理的内容丰富多元;另一方面又比较泛化,容易使企业落地时难以抓住重点。知识管理整体的发展趋势是逐渐细化,每一个知识管理的分支都有专项的工具和方法。

知识管理的过程可以描述为资产化—赋能化—智能化。在知识管理发展之初,企业将获得的外源性知识和内源性知识储存在一个企业知识库中,使知识资产化。知识管理不断发展,逐步进入知识赋能阶段。这个阶段强调"场景应用"。企业通过提供一定的技术手段和环境基础,促使个人、团队、组织完成产品升级、服务升级并实现价值创造。企业对个人的赋能,表现在企业通过对员工提供在岗知识学习机会促进员工个人知识积累与创新;企业对团队的赋能,表现在企业聚焦于团队所做项目,通过对项目提供专业化的支持对团队进行赋能;企业对组织的赋能,则表现在企业从组织知识服务体系、知识主要侧重点、知识管理制度流程入手,促进组织实现价值创造。知识管理发展的第三阶段为智能化,知识管理追求"融会贯通",知识工作自动化将在企业中得到更广泛的应用。

数字经济时代,知识管理的重要性和战略意义显著提升。在未来,知识管理的发展将会有如下趋势。

1. 利用动态数据进行决策成为战略的核心

数字经济时代到来,知识管理要求企业利用数据驱动管理层决策,从而以创造企业价值作为核心目标。首先,企业高层对于知识管理价值的认可是推进企业知识管理的基本保证。其次,组织从内源和外源获得动态数据,企业内部知识管理主要通过可视化的数字工具,协助员工对组织运行过程中遇到的状况和问题进行及时判断并采取对策,这时知识管理的价值主要体现在对组织运行各个环节和各部门的决策支持。企业外部知识管理的主要目标是帮助企业达成其战略目标,根据客户的需求更好地提供个性化、异质化的产品和服务,从而更好地服务社会。在完成这些目标的过程中,企业的管理层要将数据转化为有效信息,在形成企业特有知识库的基础上来支持企业战略决策,从而确保企业战略决策的有效性。

2. 在内容上,知识管理要求企业更加系统化地整合数据信息

传统的知识管理过程相对而言是较为简单和系统的,知识与知识之间相互交融形成的知识管理体系能够在相对较长的一段时间稳定运行。随着移动互联网、人机交互技术的发展,任何组织和个人都可以在互联网上发表自己的观点,这当然有利也有弊。一方面,知识可以通过互联网"飞入寻常百姓家";另一方面,互联网增加了信息的复杂性并造成知识内容的浅薄化。在一个话题出现时,社会各个群体对于同一话题的关注点和切入点不同,对问题的理解也因知识背景和社会地位的不同而不同,并由此呈现出了不同社会属性的碎片化知识,即知识分布的多源化。正是这些特点使得互联网数据良莠不齐,其中不乏一些知识"噪声"的存在,噪声的存在增加了知识甄别和提取的难度系数。这些知识在各个平台传播的同时,也增大了企业知识管理的难度。企业在面对零碎的数据信息时,知识的有效检索就显得尤为重要。它不仅是搜索引擎的补充和扩展,同时有助于将隐性知识显性化。一些虚拟学习社区的信息的兴起正是以关键字的组合作为检索依据,满足用户个性化的需要。

3. 基于人机交互系统的知识创造突破了传统隐性知识的转化模式,为知识管理提供了新的方法与技术支持

传统的知识分享过程在人与人的直接交互中得以体现,知识分享过程多处于具体的情境模式之中,在一定程度上可能出现知识分享受阻、异变。基于此,知识图谱、知识地图、知识付费平台等帮助隐性知识显性化的方式应运而生。在7.1节中我们提到野中郁次郎教授提出的"隐性知识与显性知识转化模型",即知识在实现"隐—显""显—隐""显—显""隐—隐"的转化过程中不断相互融合创新,生成新知识。在野中郁次郎教授的理论中,隐性知识的来源主要是人与人之间直接交互,如管理者通过敏锐洞察力对市场环境变化作出预判、解读，并利用自身管理智慧与实践经验作出决策。例如，从事一线生产或制造的员工在专业技术、生产经验的交流中产生思维的火花。而伴随着我国进入数字经济时代，人与人的直接交互已经不能满足人们对知识的需求，这时人机交互系统的优势就体现出来了——利用精密算法，依据数字孪生或大数据中心的自动监测、诊断和预测功能，对企业实物资产的归档、使用与消耗情况进行监测进而形成历史数据。即使是跨地区经营或是连锁的企业也可以通过小规模人力资源的投入轻松实现对某台独立设备远程监控。不仅如此，人机交互技术同样可以对整个网络进行监控和管理。在人工智能监管过程中，那些相对单一、重复的数据采集和分析工作被替代，由此就能节约大量人力成本去从事那些相对而言更加复杂的、具有创造力的活动和工作。因此，在人工智能时代下，企业数据的处理能力的提升以及对运营管理的投入成为企业保持竞争优势的关键。

4. 知识管理领域的技术：由基于组织的知识地图到基于平台的知识图谱

在知识管理领域，人工智能技术的应用十分重要。在过去，一个岗位需要掌握哪些知识、具备哪些技能，都是通过人工或半自动化来梳理的。而现在企业可以利用知识图谱更加全方位、智能化地展示某一岗位，通过对岗位进行"画像"形成若干关键词的"标签"，使有关人员对岗位的定位一目了然，也可以对求职者进行个性化推荐。知识地图以可视化文档为对象，动态联系了不同领域的知识，通过展示不同知识的定位、价值和使用方法来展现其内在联系。知识地图将一个企业内部由专家的隐性知识转化而来的显性知识储存在企业内部的知识库中，帮助组织发掘其智力资产的潜能。然而在数字经济时代，新型平台企业逐渐兴起，平台的利益相关者所提供的知识范围、种类、内容更加多元化，知识地图难以满足知识管理的需要。知识图谱以可视化的图谱为工具，形象展示了知识演化的过程、核心结构和整体框架，通过算法、信息检索、音频与视频识别技术等为管理层和决策层提供依据。知识图谱不再受限于特定的知识领域，数字化扩展了数据的来源途径。企业通过建立多主题的知识图谱实现知识的关联，据此建立起自动化的知识管理体系，以高质量的知识储备满足互联网时代的知识需求。

5. 在组织的结构上，数字化的存在是帮助企业的知识无障碍交流和创新打造通路

新型平台企业在数字化的背景下应运而生，不同平台企业通过数字化得以在虚无缥缈的网络世界实现连接，突破了传统企业由于分工形成的壁垒，激活了组织的创造力，提高了企业对于环境的适应性和创造力。企业通过对移动通信端用户数据的挖掘和对用户行为进行追踪，形成了机敏的商业洞察力，捕捉到细微的市场动向，对输出的知识和创意收到的反馈进行快速反应。由此，企业将创造的知识转化为商业价值。特别是像京东、虎扑、今日头条这样的企业，凝聚了组织、用户以及各方利益相关者的创造力，将创造力聚合在对真实、动态数据的挖掘与知识发现上,倾听市场的声音,从产品的供应方、服务的提供方再到其他利益相关者的信息相互交融,实现企业价值共创。

6. 从知识管理范围来看,知识管理的发展逐渐全领域化

在组织管理发展的今天,数字化使得知识管理形成分化程度越来越高、范围越来越广的发展趋势。知识管理从以往的针对特定的部门或者领域,转向现在朝着全流程、全价值链协同发展。组织需要在理顺框架的前提下,在整个网络空间的范围内去收集和更新显、隐性知识,再与现有知识进行融合,这对于知识管理的蓝图设计和推进具有重要价值。

数字经济时代已经到来,知识对于处在不确定环境中的企业有着很强的战略意义,成为21世纪企业的核心竞争力之一。互联网技术的变革为企业知识管理带来了颠覆性变化,同时也增加了知识管理的难度。然而,我们对于知识管理的认识还远远不够,我们需要投入更多的人力和物力,在学术界和实践界相互补充的过程中,综合多学科的前沿研究成果,不断探寻适用于数字经济时代的知识管理方法。

典型案例

大数据赋能华为知识管理创新

1987年成立以来,华为公司从"代理交换机"发展到"自行开发交换机",再到现在华为已经成为全球领先的通信技术解决方案供应商。在全球范围内,无论是创造通信设备与5G领域、企业网络设备和智能解决方案领域,还是消费者业务领域,华为都名列前茅。2019年6月,华为获得了中国工信部5G商用牌照,成为全球唯一能够提供端到端5G商用解决方案的通信企业。在国际竞争日益加剧的环境下,许多公司纷纷倒闭,而华为凭借自身的开放式创新激流勇进,并在全球占据了领先地位。作为一家创新型科技公司,华为取得这些斐然的成绩与其高效的知识管理体系是密不可分的,经过30余年的积累与突破,华为通过知识管理的创新,已经成为世界级知识密集型组织。

1. 华为的数据获取-积累阶段

华为的知识管理起步于其创业期。华为刚刚进入通信领域时,西方国家已经在此领域经营了数十年。想要消除这几十年的鸿沟,并非短时间可以做到的。而如果从零开始研究,则会花费过高的人力、物力成本,错过市场机遇。华为通过过去的交换机业务积累了一定的资金、客户和产业链资源,这些资源成为华为发展的基础。这个阶段,华为尚未成立自己的研发部门,技术水平和市场占有率较低,所掌握的信息和知识多源于外源公共平台的用户数据和产品数据等。在新产品开发过程中,华为采取"技术拿来主义",积极对外合作交流,并进行技术的模仿与知识积累,在此基础上先后开发了首个拥有自主知识产权的BH03交换机和中国首台C&C08交换机。华为开创了新型员工持股制度,使公司98.99%的股份均为员工持有,通过优先购股的方式吸引和留住了人才,把知识风险降到最低水平。

2. 知识内化交流与创造阶段

知识的积累为华为带来了能量,但这些外部资源难以在短时间内被企业内化和应用,复杂的权限也使得知识难以顺利在各个部门和员工之间传播与共享。反观国际上拥有成熟知识管理模式的企业在通信领域不断"向前",华为逐渐意识到必须建立知识管理体系,才能打通知识传播的通道,使知识得到最大限度的吸收和利用。于是在此基础上,华为将企业内部的知识交流平台和规章制度作为创新对象,不断探索适合于华为的知识管理体系;在对外知识的获取上也不再仅限于技术的积累,同时学习成功企业的制度和体系构成。华为开始积极与大型跨国企业、科研机构建立合作关系,不断跟踪国际前沿的数据信息和标准,为技术的发展投入巨额资金,取得了显著的成效。

发展至今,华为建立了不同类型的知识平台和包括"知识集市"在内的知识共享机制,帮助企业实现了知识的有效管理。

3. 华为致力于构建创新生态系统

华为公司高管将华为的创新定义为"满足客户需求的开放式创新"。"客户是我们生存的唯一理由"。这条华为的至理名言强调了客户资源的重要性,体现了华为将消费者的需求作为发展的原动力。2011 年,华为构建大数据智能系统,将用户的消费和行为习惯进行记录,扩充了用户数据;同年,华为建立了 20 个云计算数据中心,在大数据推动下迈向知识输出的重要一步;次年,华为建立了"花粉俱乐部",花粉俱乐部作为华为线上互动平台,为此后华为实现企业与用户价值共创奠定了基础;2013 年,"云帆联盟"的出台,使得华为最终完成整个知识管理的过程,形成完整的知识管理闭环。发展至今,作为全球 500 强企业之一,华为的业务范围遍布全球 170 余个国家和地区,拥有员工超过 18 万人,在全球通信领域占据了举足轻重的地位。

思考案例　扩展阅读

第8章

重塑：企业商业生态系统演化新动力

8.1 平台生态系统的兴起

8.1.1 平台：物种的连接者

1. 生态位的重叠

共同占据同一生态位的两个物种（或生态元素）称为生态位重叠。赫尔伯特将生态位重叠定义为两个物种在同一资源生态位中的相遇频率。生态位重叠通常与竞争有关。在资源无限、环境丰富的情况下，物种 A 和 B 的重叠不会产生竞争，两个物种的生态位都在扩大。

2. 生态位的分离

在资源和环境有限的情况下，A 物种和 B 物种在 X 维度上完全重叠，但在其他维度上的划分可能会使 A 物种和 B 物种避免竞争，形成共存的局面。但随着重叠维度（或重叠程度）的增加，竞争将不可避免。如果所有维度（包括资源维度、时间维度、空间维度）重叠，竞争会最激烈。根据高斯的竞争排斥原理，竞争的结果是要么一个物种被淘汰，要么两个物种在生态位上分离（包括完全分离和部分分离），形成共存。在真实的自然界中，竞争的结果更倾向于后者，从而形成各种世界。"泛化"和"特殊化"是实现物种生态位分离的两种主要方式。在激烈的竞争环境中，一些物种扩大了生态位宽度，形成了"杂食性"生态模式，以增加对环境的适应性。

8.1.2 平台商业生态系统：改变价值循环的新生态

1. 商业生态系统理论概述

在1999年出版的《竞争的衰亡：商业生态系统时代的领导与战略》一书中，Moore系统地阐述了商业生态系统的概念和商业生态系统的演化规律，为各类企业提供了借鉴。"经济生态系统是一个基于组织和个人之间互动的经济联盟。除了企业本身，其成员还包括消费者、代理商、供应商、竞争对手、政府等。"这个概念定义了商业生态系统的特征和主要组成部分。后来，Moore强调了商业生态系统的动态性和共生性,并指出,商业生态系统是一个由相互支持的组织组成的扩展系统:客户群、供应商群、行业领袖群、投资者、金融家、贸易伙伴、标准立法者、工会、政府和具有政府职能的实体以及其他利益相关者。这些单位通过绩效分享、自我组织甚至随机路径积累起来。商业生态系统由占据不同生态位的公司组成。这些公司的利基市场是相互联系的。一旦其中一个角色发生变化,其他角色(包括竞争对手、合作者和互补者)就会发生变化。Mirva 和 Elisa(2004)认为,经济生态系统具有生物生态系统、经济系统和复杂适应系统的特征,并在此基础上给出了较为完整的定义,"所谓的商业生态系统是一个动态的结构系统,由某些相关组织组成,这些组织可能是企业、大学、研究机构、社会公共机构和其他相关组织。"在中国,陆玲(1995)提出企业生态学理论和"企业生态系统"概念,认为企业生态系统是研究"企业与其生存环境关系"的科学。根据企业在商业生态系统中的作用,企业可以分为四种类型:帮助者(enabler)、建设者(keystone)、统治者(dominator)或者一个投机者(niche player)。其中,帮助者类型的企业是整个系统的核心,为系统成员创造价值,并赋予共同价值。以盈利为导向的公司处于制度的核心,忽视了整个制度的健康发展,试图获得价值的最大化;在主导企业的控制体系中,增值占据了大多数关键地位;不同的公司分散在系统中,通过专业化生存。它们分为三种类型:修炼者、学生和有影响力的角色,是连接不同系统的桥梁。在激烈竞争的外部环境下,具有领导气质的核心企业通常会选择"角档"或"角档与优势的混合型"(角档型企业对所提供的平台起到"优势型"的作用,对平台技术执着且不断创新),为缺口型企业提供服务和支持,不断吸引新的中小企业加入共享平台。初创企业参与经济生态系统的增值非常重要。

2. 平台经济:改变世界的商业模式

数字平台是一种为供需及相关主体提供连接、交互、匹配和价值创造的媒介组织。它是一种基于数字技术的新型资源定位模式。从历史的角度看,平台不是现在才有的,人们经常看到的市场平台自古就存在。老平台的振兴和新经济发展的引领,都是基于数字平台的出现,数字平台搭配互联网、移动互联网、物联网、大数据、云计算等技术迅速崛起,在新一轮科技革命中支撑着人工智能和智能设备。数字平台具有连接性强、频谱广、运行效率高、网络效应强等特点,创造了许多前所未有的新功能和新价值。数字平台的兴起是 21 世纪以来最重要的事件之一。它以前所未有的力量将人、人与物、物与服务融为一体,为人们的经营带来便利和效率。通过这个平台,人们可以在千里之外相互交流、互动,进行高效的工作分享与合作,以前所未有的速度积累财富。有人说:"第一次工业革命是工厂,第二次工业革命是公司,第三次工业革命是平台。"

世界各国都有了自己的数字平台,但能够形成全球影响力的数字平台主要集中在美国、中国等一些国家。目前,中文平台发展如火如荼、充满活力,在规模和影响力、创新和活力等方面均居世界前列,除了信息技术、数字技术、智能技术的深度应用和商业模式的不断创新外,还有两方面原因使平台在中国崛起:一是中国是世界上人口、消费、生产、资源大国,有很多分散的资源,如人员和财产;二是全社会供需匹配度不是很高,存在很多痛点、难点和瓶颈。

平台经济是以信息网络化、数字化、智能化技术为基础,以互联创造价值为理念,以开放生态系统为载体,依托网络效应产生、增长、转化和实现价值。平台经济的发展提升了全社会的资源配置效率,创造了许多新业态、新企业,创造了新的增长点,改善了用户体验,增加了大量就业岗位,繁荣不同的市场,促进国际和国内贸易。

平台经济种类丰富,发展迅速。电子商务、社交媒体、搜索引擎、金融互联网、交通运输、物流、工业互联网等平台经济从根本上改变了不同国家的产业格局,改变了人们的生产和消费行为。平台经济给传统经济带来了新的活力,促进了产业结构的优化和现代化,在更广阔的领域实现了全球网络化,引领社会向智能化发展。平台经济不仅给中国经济带来了新的动力,也推动了中国经济新一轮的产业改革。从低到高,平台经济包括四个层次:数字平台、数字平台公司、数字平台生态系统和平台经济。其中数字平台是引擎,数字平台公司是主体,数字平台生态系统是载体,整个数字平台生态系统及其内部关系形成平台经济。

发展平台经济的基本途径有三条:一是建设数字平台,创建数字平台公司;二是传统中介机构的数字化、现代化;三是从传统企业向数字平台公司的转型。其中,建设数字平台是最重要的。作为新经济的重要形式,平台经济的发展需要一个合适的环境,需要政府支持新业态、新模式。政府要高度重视发展平台经济,结合建设生产型国家、交通型国家、网络型国家的战略,制定发展战略和平台经济规划,研究制定可行的科技政策和贸易政策,明确发展方向、目标、原则、主要任务和保护措施,要为平台经济发展营造良好的营商环境。秉持"开放、包容、审慎"的态度,按照法律不禁即可为,不同平台可以率先明确其法律地位,为其市场准入创造宽松的环境。

平台经济发展中的一些新问题值得高度关注。比如,数字平台的垄断趋势日趋明显,平台之间的竞争与传统企业有很大不同,平台的竞争更加生态化。数字平台具有很强的网络效应,因此在初始阶段保持用户友好性对于维持足够的用户是非常重要的。平台生态化发展趋势明显。过去,企业之间的竞争是一棵树和一棵树的竞争,而平台之间的竞争就变成了一片森林和一片森林的竞争。这种情况往往形成"赢家通吃"的局面,并存在一些问题,如企业"二选一"、数据屏蔽、通过广告费提高企业搜索排名、以创新为名突破政府相关规定、虚假交易、虚拟表扬、对手恶意评论、政企平台数据分布边界不清等。上述问题必须通过新的政策加以规制,以建立政府、企业、消费者和第三方共同规制的新体系。政府应特别注意立法,如界定相关的平台垄断市场和禁止滥用主导地位,以优化反垄断措施;出台法律和行政管理规定,确保数据安全;在"促进创新和规范市场行为"之间找到平衡点。为提高监督效率,政府有关部门可以利用互联网技术和信息技术改进监督工作。根据监管需要,用户将进一步了解平台的运营、服务、数据收集和使用。平台应当按照监管部门的要求,定期向监管部门通报数据的收集和使用情况,鼓励用户发挥社会监督作用,形成多方参与社会共治体系、不同市场参与者协调发展的良好局面。

3. 平台迁移的驱动因素

社交网络用户跨平台迁移行为的普遍性促进了广泛的跨平台迁移。微信吸引用户迁移，微博吸引用户"回归"。影响社交网络用户跨平台迁移的因素是另一个值得探讨的课题。在对社交网络影响因素的研究中，社交网络用户的采纳行为和持续使用行为，在西方有较多的研究视角和理论框架条件。主导内因的理论主要关注认知、情感、需求满足等因素对用户持续使用意图或行为的影响机制。这是一种内部研究方法。它主要采用期望确认模型（ECM）、感知价值理论、流量理论和使用满足理论（U&G）作为理论基础。外因中心论主要关注社会性和技术性等外部条件对用户的持续使用意愿或行为所产生的影响和推动作用。外因中心论的理论基础非常广泛，主要包括网络外部性理论、社会资本理论、社会影响理论、创新扩散理论和成功理论。

8.2 平台生态系统的搭建

8.2.1 数字科技：平台的力量

1. 需求规模经济

网络效应的经典表达式是梅特卡夫法则，它指出网络的价值随着网络用户的增加呈指数增长。网络效应包括直接效应和间接效应，直接效应指某一商品或服务的使用者数量的增多，将增加其自身的实用价值。例如，微信是一种社交工具，用户越多，就越能充当熟人社交的媒介，而未使用的人也不得不加入其中。间接效应是指商品或服务某一类使用者增多，会提升其对于其他类使用者的价值。例如，淘宝网作为一个商品交易平台，买家的增加可以提高卖家的销售速度，卖家的增加可以为买家对所需商品提供更多的选择。网络效应使平台用户的平均支付意愿随着用户规模的扩大而增加。

互联网平台网络效应还体现为随着平台规模增大可以显著降低每个搭载其上的普通企业（包括上下游供应商和入驻企业）的固定成本和交易费用，从而形成一个个"企业群落"。因此，平台运营效率的高低，信息分析、运用能力的强弱将直接影响不同"企业群落"间普通企业的竞争质量。未来企业之间竞争乃至国家之间的竞争都体现在以数字平台为纽带的"企业群落"之间的竞争中。平台的网络效应和规模效应使平台形成自然垄断。虽然，互联网平台的天然网络效应使互联网反腐成为可能，但在自然垄断趋势下，规模经济与公平竞争之间的悖论，需要从更高维度进行引导和规制。

2. 双边网络效应

Tirole认为，许多具有网络外部性的市场都是双边市场，如软件、门户网站、媒体、支付系统和互联网等行业平台，为了取得成功，"市场双方的客户必须在平台上同时积累"①。因此，平台的战略重点是调整业务模式，在创造整体利润的同时吸引各方客户。在双边市场上，并非任意两个节点都会产生交互。交互只在不同类别的用户之间创建，同一类别的用户之间没有交互。例如，只有乘客和司机在出租车平台上互动，而乘客和乘客、司机和司机在出租车平台上不互动。只要平台的用户可以划分为明确的类别，并且同一类型之间的交互很少，就可以将其归类为具有双边效应的网络平台。因此，在电子商务平台上，商家和商家之间几乎没有互动；外卖平台上，餐厅和餐厅之间几乎没有互动；新闻网站上，信息提供者和信息提供者之间几乎没有互动。

双边市场的网络关系中，并不是所有的节点之间都可以通过核心价值单元进行交互。例如，卖家和卖家之间，买家和买家之间，都是没有交互的，至少没有核心价值创造的交互。因此，在网络商业中，只有双边市场效应存在的平台。它的价值是非常有限的，至少缺乏同质化节点之间的互动带来的商业洞察与满足。例如淘宝、美团上的商家互动很少，美团也没有为消费者之间的互动设计特有的产品；大众点评支持消费者之间的少许互动。再如，Uber、滴滴的司机与司机之间、乘客与乘客之间，Airbnb 上的房东之间都很难有互动，一方面看似没有需求，另一方面平台也不支持。

8.2.2 数字驱动：如何使用平台的力量

从自然生态系统的形成过程中可以发现，物种随着环境的改变必然会经历适应、居住、竞争等一系列行为。当生物个体相对强大时，周围的生态环境受到个体的影响，吸引大量生物个体聚集，最终形成自然生态群落。

企业生态系统的创建过程与自然生态系统的创建过程相似。核心企业根据自身的主导地位传播核心主题，创造主吸引力，使其他辅助企业开始关注核心主题，从而促进产业生态系统的形成。一般来说，公司集团化有四种方式：一是核心公司与合作社的合作类型；二是产业内企业间合作的集聚类型；三是以政府为主导，其他企业为补充，相互合作的集聚形式；四是与大学、科研机构相互合作的集群模式。

8.2.3 信息共享：平台生态系统内部运行机制

1. 互利共生

在生态位和结构创新的基础上，技术、报价、产品和服务、市场、信息等维度融入互利共赢中，与公共权力共同体、研究人员、供应商、分销商、客户、金融家、信息技术提供商等共生。因此，互助社及与其类似的商业生态系统是围绕核心企业，并采取互惠战略的生态系统。利基是独立的，对商业生态系统中的利基共享企业有重大影响。

如郑州宇通客车股份有限公司（以下简称"宇通"）是一家集客车产品研发、生

---

① ROCHET J C, TIROLE J. Platform competition in two-sided markets[J]. Journal of the Ouropean Economic Association, 2003, 1(4): 990-1029.

产、销售为一体的大型现代化制造企业。宇通通过严格的检测程序和标准,寻找供应商支持宇通的企业战略。首先,调动供应商的资源,以满足产品质量和进度的要求;通过完善整个供应链体系来降低产品成本。宇通提高运力的方法是支持供应商的发展和管理。宇通和供应商分享宇通的企业理念和价值观。只有哲学和价值观一致,合作才能长久。其次,宇通的设计师和供应商共同设计零件,质量部参与供应商的质量保证体系。最后,宇通实验室和供应商一起测试零件,以便供应商能够清楚地了解其零件的可靠性。对于新能源等勘探产品的供应商,宇通信奉"谁投资,谁获利"的原则。如果供应商先进入,宇通承诺一定的保护期,以避免他人的快速模仿。宇通考虑如何分担投资相对较大的项目的成本。宇通只承诺初期交付,后期与市场规则竞争。如果获得竞争力,宇通将优先考虑其供应的其他零部件。

2. 捕食共生

捕食共生是指一方获得利益,另一方却要做一些牺牲的共生现象。捕食者与商业生态系统之间的价值分配和控制力是一种互惠关系。即使在同一家公司里,根据合作主体的不同也会采取不同的合作战略。在经济危机中,萨博的财务状况日趋紧张,鉴于汽车业务日益冷清,萨博的高端技术也不再像过去那样有价值。在目前自主研发的情况下,北京汽车股份有限公司(以下简称"北汽")发展规模有限,大量资金找不到盈利渠道。在这种情况下,萨博和北汽交换了高端技术和资金实力,而双方的交易不涉及品牌价值、制造设施、研发人员等。北汽聘请的收购团队由具有国外经验的专家组成,他们非常重视中国企业普遍缺乏的业绩评价体系、采购制造体系以及质量保证体系文件。经过艰苦的谈判,北汽斥资 2 亿美元收购了萨博的三大汽车平台、两大系列涡轮发动机和两大齿轮,以及萨博的全套基础知识产权、评估体系、生产体系和质量保证文件。北汽通过建立内部人员激励机制,利用萨博专家对现代设计和工艺技术进行解码和本地化,加速消化吸收。

3. 共生战略融合

互利共生和捕食共生这两种共生战略有一个整合渠道。互利共生主要与生态位分离的公司、组织采取互惠战略,以创造互惠生态系统;捕食共生主要采取捕食者-食饵共生战略,与生态位重叠的公司或组织以及商业生态系统是共生的。然而,本研究发现,交易对手也会使用一小部分的力量来采用捕食-被捕食共生战略,目标是与其生态位重叠的领先公司、组织及其商业生态系统共生;捕食者还利用一小部分权力采取互利共生战略,将企业及其商业生态系统与其生态位分开。因此,当核心企业和商业生态系统选择这两种类型的共生战略时,它们也会把一小部分力量放在与主流共生战略相反的方向上,来整合这两种类型的共生战略。由此可见,核心业务是商业生态系统的核心,通过两种共生战略对整个商业生态系统的健康发展产生深远影响。以网络直播商业生态为例,其共生战略机制如图 8-1 所示。

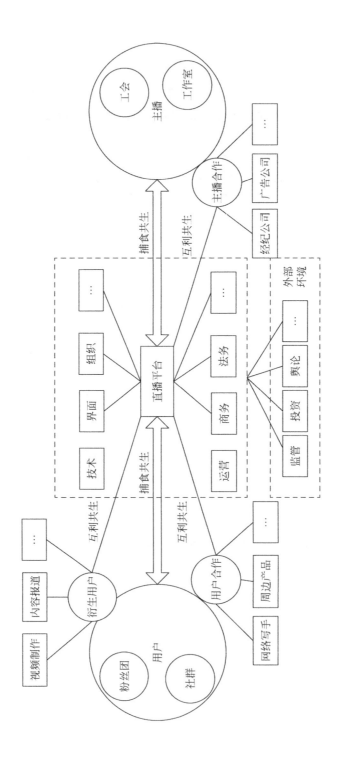

图 8-1 网络直播生态中种群之间的共生战略机制

8.3 平台生态系统的领导与治理

8.3.1 数字化：约束平台的力量

1. 企业生态系统内部治理机制

平台企业商业生态系统治理的核心是建立有效的治理机制，有效协调、限制和激励系统内成员企业的行为，避免道德问题和信任危机，确保系统高效有序运行。在大数据业务的生态系统中，我们还必须借助政府的力量，通过适当的法律法规（即制度约束）来规范系统成员的行为，以充分发挥正式强制机制的作用。

（1）知识产权保护机制。知识产权作为企业创造自身竞争优势的重要手段，对企业尤其是大型企业在激烈竞争的市场中保持优势地位起着重要作用。技术在大数据产业的发展中始终扮演着重要的角色。良好的知识产权保护（特别是与数据相关的知识产权保护）一方面有助于大数据企业建立自身的技术和产品优势；另一方面，由于创新的预期效益可以得到高度保障，有力地激发了其创新力。

（2）数据事务的标准机制。数据资源是平台企业发展的关键资源。由于数据所有权、数据安全、数据保护等问题，数据交易仍处于初级阶段，难以满足产业发展的需要。因此，政府作为推动力量，在充分吸收社会各方意见的基础上，制定与平台公司发展相适应的数据交易标准或法规，显得尤为重要。

（3）准入限制机制。准入限制机制是指在新企业进入系统时设置一定的进入壁垒。系统的核心公司在选择新成员时，一般会考虑以下因素：公司的信誉、整体实力，在产品、技术和服务方面与现有系统内公司的互补性、合作意愿。在一定程度上，准入限制机制可以控制系统成员的数量，从而降低企业之间的协调成本。合作伙伴的减少意味着互动的频率增加，进而有利于推动整个大数据商业生态系统中的资源整合。

（4）共同制裁机制。共同制裁机制（又称"集体惩罚机制"）是指在治理过程中，为了惩罚一些违反先前约定标准的公司而采取的制度，终止合作，甚至要求它们退出系统。共同制裁机制通过通知或惩罚系统成员的侵权行为，对欺诈性违约承诺施加一定的成本，然后要求它们规范自己的行为。这不仅会对整个系统的合作环境产生积极的影响，而且会确保系统内不同合作和竞争关系的有效维护和发展。

2. 企业生态系统激励机制

激励机制包括：通过内部化系统成员的成本和收益来限制机会主义行为，通过声誉机制和绩效分配机制使系统成员了解违约的机会成本和合作发展的收益。在经济利益的主导下，"经济人"的成员公司会自觉地与系统中的其他公司一起创造价值，并监督其他公司的机会主义行为。利益分享机制不合理，一方面会导致制度成员采取机会主义行为，合作难以维持；另一方面，容易造成成员企业之间的摩擦和信息紧张，加剧信息不对称，直接影响成员企业的合作意愿。因此，构建企业生态系统绩效共享机制，要从系统整体利益出发，从成员在生态系统中的地位和作用出发,制定经生态系统成员同意的合理、公平的利益分配方式,鼓励成员遵守此规则和协议,并采取适当措施。

3. 企业生态系统外部监管

由于商业生态系统受到外部环境的影响会产生严重的后果,所以所有系统的内部不断与外部环境交换材料、信息和能源,才能并行开发业务环境。一方面,环境是生态系统的一种选择。对于企业而言,市场或者行业外部环境对平台企业商业生态系统的生存发展情况会产生重要影响。另一方面,生态系统对环境具有适应性。当然,平台企业不一定要盲目地改变自己去适应环境,而应根据自身商业生态系统建立起一定的风险规避机制,在变幻莫测的环境中灵活调整战略,从而保证自身商业生态系统正常运行。

(1) 宏观文化。宏观文化是由行业、专业和专业知识组成的共同价值观、行为标准和期望体系。宏观文化通过三种可能性加强系统成员之间的协调:通过社会化形成期望聚合,以独特的语言综合复杂的程序和信息,以及在意外情况下建立适当行为的共同规则。在大数据业务生态系统中,宏观文化主要体现在合作文化中。合作文化是一种共同价值观和一致的行为准则,是在系统内各成员公司的相互影响和支持下,经过长期的沟通与合作逐渐形成的。合作文化的形成,使制度成员在合作与交流中有了共同的行为准则,在任何合作中都能遵循现有的固定规则和制度行事,这很大程度上简化了合作流程,降低合作成本,提高双方合作效率。

(2) 法律法规。现行《中华人民共和国反不正当竞争法》和《中华人民共和国反垄断法》在界定掠夺性定价、排他性行为、垄断性兼并等不正当竞争和垄断行为时,主要针对传统的单边市场,而对双边性质的平台的适用性有限,针对平台特点的市场行为监测仍然不足。此外,对于跨国扩张的平台公司,要建立部门间(包括贸易部、国家发改委、国家市场监督管理总局、交通运输部、商务部)的综合协调机制,创新管理体制和监管手段,制定有针对性的管理办法。最后,要注意法律法规的执行。2015 年,国家工商行政管理总局公布实施《网络商品和服务集中促销活动管理暂行规定》,是解决平台问题的有益尝试,但到目前为止,这一规定并没有解决电子商务平台之间不正当竞争的问题,缺乏实施细则是其难以实施的主要原因。

8.3.2 演化方向:生态系统的领导与治理

1. 中心化平台:平台商业生态系统的领导者

在企业平台生态系统中,参与者存在于核心平台公司和合作企业类型中,核心公司是生态系统的重要组成部分,其他合作企业是核心公司的供应商。这种模式的主要特点是:核心企业是不可摧毁的,合作企业的所有创新活动都由核心企业管理。虽然核心公司和合作企业之间有不同形式的合作,但结构极为稳定且周期性较长,有利于各种类型企业彼此之间的合作。核心企业的业务拓展方式主要以外包形式展开,将非核心技术逐步应用于合作企业,使一大批合作公司得以继续发展。由于很多合作企业固有的创新能力不足,甚至没有建立研发机构,缺乏创新。

通过与核心公司的合作,合作公司可以借鉴核心公司的成功案例,提高自己的研发水平,增强创新能力。核心企业的创新水平高,适应性强,其可以与合作企业进行长期合作,从而拓展更广泛的领域,使二者之间的交流更加频繁。一些公司正逐步参与创新生态系统,使得创新主体之间的关系更加复杂、结构更加稳定。综上所述,这种创新模式能够很好地回应核心企业和合作企业的基本需求,保证生态系统与主体的持续集聚,最终实现集聚的产业核心,形成以平台企业为核心的商业生态系统。

2. 平台企业的价值共创机理

平台企业商业生态系统的价值共创从系统的角度考虑主要由以下四部分组成。

(1) 职能性价值。平台企业作为商业生态系统的中心,必须承担重要职能,在系统内各个企业之间进行相互协调和一定的管理。所以一般企业的管理必须具备一些基本职能,只有具备了这些职能,商业生态系统的目标才有可能通过努力得到实现。

(2) 经济效益性价值。任何一个企业或者商业系统,盈利是第一要义也是最终目标。不盈利的企业走不远,所以要在收益、盈利等方面进行考虑。

(3) 发展性价值。平台企业商业生态系统形成之后,各方利益相关者想要长久地获取收益,就要考虑该系统的可持续发展价值,争取在稳定之后更上一步台阶,建立更高追求、更长远的目标。

(4) 社会性价值。每个企业或者商业生态系统从自己的角度考虑盈利为第一要义,但是从整个社会的角度考虑,则肩负更多的责任,要综合考虑提供了多少就业岗位、为国家缴纳多少税等,承担起企业的社会责任。长此以往,企业也为社会的发展出了一分力,也就体现了企业的社会性价值。

以上四个价值的基本实现,才能保证平台企业生态系统内各方利益相关者的价值得到相应实现。

8.4 平台生态系统的局限与演化方向

8.4.1 垄断趋势:平台经济的死胡同

平台公司的垄断往往类似于自然垄断,即一家公司提供整个行业的成本低于几家公司同时提供相同产品的成本。平台企业如果形成垄断,就有权参与行业决策,通过抑制创新来保留垄断租金,从而降低社会福利。平台企业的垄断往往来自它带来的平台网络优势的黏性。我们根据不同情况分析了不同类型平台的黏性,指出社交平台由于网络效应强、排他性强、迁移成本高而具有较强的黏性。电子商务平台也有很强的黏性,但与社交平台相比并非牢不可破。例如,旅游平台的创建更多地依赖于补贴,成本很高。

由于垄断带来的巨大利益,创新者有更强的动机去破坏这个平台。例如,IBM

曾经引以为傲的大型计算机业务,在20世纪90年代被竞争对手日立和富士康的研发业务所打破,导致其大型业务收入在研发方面大幅下降。微软Office套件在新Windows操作系统中推出了首款高度可定制的产品,它将原来垄断的Office套件市场Lotus1-2-3和WordPerfect推向了另一个市场。

8.4.2 后平台经济时代：从中心化走向去中心化

数字经济时代,平台型企业规模发展迅猛,成为全球经济发展中的重要力量。平台是以数据、技术等新型生产要素为核心开展经营的,生产要素沉淀、分发、流转和交叉融合的处所。因具备非竞争性、网络效应、规模效应、范围经济等诸多特点,平台型企业具备众多传统企业没有的优势,如较高的成长天花板、爆发性的成长速度、多边网络效应带来的黏性和重组产业链的颠覆性创新能力。平台型企业在前数字经济时代同样以集市等方式存在,但数字经济中的平台型企业无疑具备更大的规模。我国广阔的市场成功孕育了众多优秀的平台型企业。我国的平台型企业从门户网站起步,渐渐地,搜索、社交等领域的平台型企业也登上舞台;随后,以电子商务领域为突破,平台型企业开始向物理世界渗透;之后,吃、喝、玩、乐、衣、食、住、行等各个领域逐渐都被平台型企业渗透、改造。以网络直播为例,其生态内外部利益相关者的演化过程如图8-2所示。

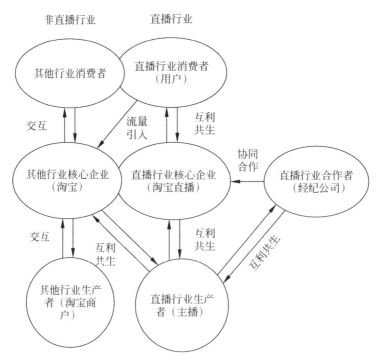

图 8-2　网络直播生态内外部利益相关者的演化过程

> 典型案例

"让每个人都能享受科技带来的美好生活"
——小米智能硬件生态链的构建与价值创造

1. 小米商业生态系统样化路径

通过平价策略和网络营销策略，2010年成立的小米科技有限责任公司得以快速发展，营销额迅速突破百亿元。小米优秀的手机产品为其带来了优质的资源和竞争力，如稳定的现金流、日益增长的供应链影响力。但是，在市场占有趋于饱和后，投资、营销和价格谈判在扩大手机业务方面的边际效用显著降低，为了突破"单一领域"的禁锢，小米需要拓展自身的业务领域来维持优质资源的获取途径。

2012年前后，支付宝出现，在淘宝上推出"全额赔偿"担保，迅速征服支付市场。2013年，小米引进日本NFC（近距离无线通信）技术，推出了可以瞬间支付地铁、公交车费用的小米3手机，还实施了以10元的价格在第二代小米手机上加装NFC模块的活动，尝试将NFC模块应用到小米手机上以充分利用技术爱好者的客户资源，参与支付市场。然而，小米的用户已经适应了支付宝舒适的运营，小米试图将用户群体的资源转化为对支付市场的渗透，以失败告终。后来雷军无意中投资了两位高级经理或设计师，开始了智能硬件生态链业务。在引进小米流行的产品定义能力、供应链广告和营销渠道后，小米成功推出了移动电源和小米耳机，随后成为紫米科技和万魔声学的两块基石。2013年年底，小米成立智能硬件生态链事业部，投资小米剩余的优质资源，孵化初创企业，描绘物联网。

2012年前后，小米通过现有的手机销售和上下游业务关系，积累了大量手机用户群（米卷），拥有大量稳定的现金流。小米实现剩余资源的方式是与暴风影音、金山微软Win10体验等合作，通过植入式广告，打通粉丝直销渠道；从手机屏幕到电视屏幕，按下Hi-Res框并放置媒体内容制作链接；开办米卷摄影大赛，甚至收购一家软件动漫设计公司；通过吸收小米手机的现有用户，投资开发移动电源和NFC快速支付模块，并将用户群体切入支付环节。

2012年11月，雷军在接受记者采访时规划了一个以手机为重点的硬件生态，涵盖电视、机顶盒、阅读器等质优价廉的硬件，引领用户走向新时代。然而，小米盒子却在开拍10天后开始收到因版权问题引起的投诉。他们自己内部工程师前期开发的小米移动电源，上市后每月销量不到2万台，很快就停了下来。NFC支付模块的开发和推广也难以与阿里巴巴支付宝抗衡。

回顾2012年前后小米扩张的试错，我们可以看到：①内部成长的小米盒子和移动电源面临投资禁令的高风险；由于并购扩张存在违约风险和时间成本。②单纯依靠营销策略只是锦上添花，不足以充分利用大量的用户资源，产品质量和用户体验都是至关重要的。为了享受现有粉丝的红利，小米必须投入专业的设计团队进行研发和移动外设的生产，选择多种混合动力扩张策略。

自2013年以来,智能手机的竞争变得十分激烈。小米本身缺乏精力、人力、专注力和资金。如果效仿乐视、联想、HTC等传统模式,智能硬件生态链很难迅速做大做强,会错失快速发展物联网的机遇。因此,小米决定另辟蹊径投资现有企业,但收购中型智能硬件企业所需资金量大,成本效益可能不高。负责人刘德认为,小米智能硬件生态链的建设可以借鉴竹子种植的原则,投资目标可以确定为初期拥有良好产品技术的公司或团队,可以假设"非控股投资＋孵化加速"的"平台＋"类型。

虽然创业公司在商业关系和技术专利方面有许多具有竞争力的投资目标,但该团队往往缺乏产品品牌、营销渠道及硬件制造和销售方面的经验。在传统模式下,从技术研发到用户反馈满意的产品,都需要一系列的业务活动和资源能力。例如,供应链系统的组织和营销与分销网络的建立需要大量的时间、精力、产能和投资,就使得企业团队很难专注于核心技术研发,供应链和营销的投资成本也很高,故障可能性大;缺乏品牌、规模,谈判地位薄弱,难觅优质供应商、分销渠道等;缺乏准确的市场信息和优质的原材料,导致产品质量不能完全满足市场预期,产品成功率低,给企业融资带来困难,容易错失发展机遇。

根据上述供需适应逻辑,小米智能硬件生态链管理层为创业团队制定了以下条件:①只有市场足够大,单个产品数量足够大,才能充分利用小米的互联网营销工具,与现有用户群共享消费者升级红利;②存在明显的痛点和不足,包括盈利能力低、质量差、信誉严重缺失,可能导致产品竞争爆发性增长;③有消耗品或可以迭代使用一个典型的"硬件消费"互联网模式,以实现盈利;④与小米用户群定制,即可享受小米用户红利;⑤有相同的价值观,不急功近利,对最终追求产品质量有共识,降低沟通、监控等交易成本;⑥团队本身就有能力和动力,小米不需要投入太多人力去干预。

2. 小米蜕变之路——从商业生态链到商业生态系统

小米智能硬件生态链的价值体现在投资成本、时间成本和风险的降低上。小米在产品设计、供应链管理、质量控制、营销渠道、用户群体、品牌等运营资源上投入了大量的时间、精力和资金,使企业得以精心培育和稳定商业生态系统。同时,这也为将这些成本转化为更高的收入提供了基础。这也避免了小米自主研发智能硬件产品的不确定性,降低了成本。而生态链商业团队也大大降低了投资成本和风险。初创企业凭借自己的核心技术,可以分享小米通过交易积累的最重要的运营资源,在品牌、用户获取、供应链管理等方面节约大量的时间和精力,减少投资,降低运营成本,提高成功率。

这正体现出商业生态系统的如下优势。

(1) 商业生态系统能使核心企业和合作企业的收入显著增加;核心企业能迅速扩大规模或提高创新能力,保持品牌知名度,扩大生产;合作企业可以在足以支撑自身发展的共享模式下,享受核心业务品牌渠道产生的高现金流和毛利现金流。

(2) 企业生态系统可以显著降低核心企业和合作企业的成本。核心公司可以通过大幅降低投资成本迅速扩大规模或增加产能,而合作企业可以大幅降低研发、分销或管理成本。

(3) 经济生态系统可以大大降低核心公司和合作企业的风险。当核心企业通过合作机制扩张时,可以通过选择合作企业来提高交易成功率。同时,即使失败,部分退出成本也明显低于内部培育和并购方式。而且,合作企业可以利用核心业务支撑服务和品牌来提高生产能力,注重技术,提高自身竞争力,从而减少产能过剩、技术投入错位等造成的损失。

小米构建智能硬件生态链,是企业规模和投资价值双增长的优秀实践:实现效益的积累和多元化,充分利用运营资源和能力,与具有创新产品的合格初创企业或团队进行运营和投资,发挥孵化器、投资者、电子商务渠道、供应链经理、品牌出口商等多种要素的作用。通过资源和能力的交易、成本和收益的适当分配来控制风险和冲突,同时,双方都有权选择业务以保持灵活性。结果是,智能硬件生态链公司数量不断增加,成功率高于独立公司。这代表了商业生态系统价值的正协同效应和附加值:生态链公司的规模和投资价值以及小米五金的业务都在快速增长。

通过对小米智能硬件生态链的了解,可以得出以下结论:第一,商业模式设计必须明确聚焦实体和所选交易对象的角色、痛点和资源能力;第二,指出资源配置的类型、重点公司的优缺点和交易主体;第三,选择可用于贸易的资源能力,包括输出资源能力和输入资源能力;第四,评估交易价值的来源和程度,包括增加收入、降低成本和降低风险;第五,根据龙头企业的要求和选定的交易主体,制定双方认可的交易模式和绩效分配机制;第六,设计利益冲突解决规则和风险管理规则。有了一个好的商业模式,核心公司可以最大限度地利用其资源能力。这意味着可在最短的时间内实现企业规模和投资价值的快速增长。商业生态系统的商业模式设计是基于龙头企业的资源能力和实力以及所选择的交易对象,根据商业模式设计框架来塑造增值交易结构。通过营销等商业策略,我们可以总结出更多的交易主体,扩大业务规模,产生协同价值,形成生态聚集的加速效应和长期稳定的交易关系。

思考案例　扩展阅读

第9章
大数据时代管理会计的范式革命

9.1 大数据时代下的管理会计新坐标

9.1.1 企业管理与管理会计

企业管理是对企业生产经营活动进行决策、组织、领导、控制和创新等经济管理活动的总称。企业的出现应归于 18 世纪的产业革命。随着人类进入大规模机器生产时代,企业作为适应机器生产的组织形式应运而生。企业的运行主要包含两类活动,其一是面向市场的外部经营活动,其二是企业内部的管理活动。企业管理主要是针对企业内部的管理与协调,旨在实现人、财、物等资源的合理配置以及供、产、销等活动的科学衔接。

管理会计服务于企业管理实践。管理会计是一门利用相关信息对企业未来活动进行预测、决策、规划、控制、评价并提供内部服务管理的学科,并随着经济环境的发展变化不断对其自身工具方法进行调整与创新。管理会计作为企业的管理工具,其基本职能就是通过把握企业"脉搏心跳"的财务信息数据支持企业决策、控制和战略管理。

20 世纪 90 年代起,基于我国改革开放的时代背景,管理会计创造性地提出作业成本法、平衡计分卡、全面预算管理等工具方法。21 世纪初,管理监控系统逐渐受到重视,管理会计工具转向业绩导向型薪酬体系和绩效评价系统的建设。2014年,财政部发布了《财政部关于全面推进管理会计体系建设的指导意见(征求意见稿)》,明确指出管理会计体系的建设任务、措施及目标,管理会计研究逐渐转型。随着大数据时代的到来,收集、整合、处理、分析庞大、复杂的信息流满足企业决策需要,是管理会计转型与创新的新方向。

在财政部相关政策与制度以及现实需要的推动下,管理会计开始成为学术界和实务界关注的焦点,管理会计工具开始被广泛应用于企业的战略管理、预算管理、绩效管理、成本管理、作业管理、信息系统管理等领域,并充分渗透到企业管理的各个环节。

21 世纪,随着以大数据、AI、云计算、"互联网+"等为代表的新技术、新思维的出现,已有的管理会计工具方法已经难以满足大数据时代的需求。通过数字化转型重塑企业管理中的管理会计范式,实现现有企业财务管理思维转变,为企业决策提供更为科学的依据,是管理会计目前的主要任务。

9.1.2 大数据背景下的会计数据新特征

2015年8月,国务院在《促进大数据发展行动纲要》中提出,要顺应全球趋势,通过大数据的发展和应用实现我国经济转型发展。2016年10月,财政部在《会计改革与发展"十三五"规划纲要》中提出,要以管理会计作为会计转型升级的方向,以会计信息化作为会计转型升级的基础,尤其要紧密关注大数据技术对管理会计工作的影响。

大数据具有4V的特点:数据量巨大、数据类型多样、数据处理时效性强以及商业价值高。大数据时代下,企业财务数据的变化主要集中在两个方面:一方面,财务数据容量增大,要对与经济业务相关的信息数据进行全方位收集;另一方面,除与经济业务活动环环相扣的财务信息外,非财务信息的重要性日益凸显,需要利用会计综合报告工具将二维的财务数据系统重塑为一个立体化的企业综合信息系统。大数据时代会计数据的新特征主要表现在以下几个方面。

(1) 会计数据的来源由结构化向非结构化转变。大数据时代,以二维表数据结构对企业的生产经营信息进行逻辑表达和实现,已经难以满足企业决策对于会计数据的要求。为保证所获信息的及时性和完整性,企业会计数据越来越多的是由智能设备捕捉形成的动态实时数据,且这些数据往往是非结构化的。

(2) 会计数据的作用由反映向决策转变。管理会计最终要服务于企业的经营决策和价值创造。以往的会计信息更多是对企业的财务状况、经营成果、现金流量进行全面反映,但大数据背景下对数据价值进行挖掘和提炼,并最终服务于企业管理层的决策工作,是管理会计更为重要的职能。随着信息处理技术的不断进步,企业的智能财务系统能够对海量数据进行横向和纵向分析,深度挖掘管理会计所需的有价值的数据信息,提高企业管理决策的科学性。

(3) 会计数据的处理方式由集成式向扁平式转变。大数据背景下,会计信息数据量呈指数变化趋势,数据样本空前之大,且对于数据分析处理的时效性也提出了更高的要求。如ERP(企业资源计划)等集成式会计数据处理方式,强调将会计模块融入企业整体流程中,形成的整体信息针对性较差。扁平式数据处理方式是管理会计应用简单、独立的数据表格,通过对大量财务相关信息进行数据清洗和数据验证等工作形成有针对性的决策信息,提高工作效率,减小误差。

9.1.3 数据驱动的企业财务管理信息系统变革

1. 现有财务软件评述

目前,我国大多数企业采用的财务软件是金蝶和用友等。此类软件主要的信息处理模式是用电子凭证代替以往的纸质凭证，以电子凭证为基础自动生成明细账、总账及财务报表来代替以往的手工记账、登账、编制报表。此外，软件还可以对财务管理、生产制造、成本管理、绩效管理、供应链、人力资源、CRM（客户关系管理）等企业运营环节进行综合管理，主要实现了会计的核算和监督职能，为企业管理者和利益相关者决策提供了较为全面和综合的数据信息。

上述基础的财务软件的基本工作原理是针对单一、独立的业务进行确认和计量，虽然代替了会计人员大量的手工整理工作，但操作比较烦琐，面对大数据时代的到来，在诸多方面开始表现出不足。其一，会计人员的主要工作还停留在烦琐的核算职能上，形成的数据结果仍然主要是对企业经营状况的反映而非对经济活动的分析及预测，导致数据的分析功能不足。其二，软件中包含的 ERP 等功能在实践中并没有得到充分的使用，侧面反映出目前财务软件所具有的管理系统功能模块在与实际的结合上还是存在问题，没有实现软件模块与企业日常生产运营的严密耦合，动态性、流动性不足。其三，使用软件的财务人员对于财务岗位职能的认知还没有实现观念上质的转变，现有的财务人员和财务工作的重心还是集中于核算和报告，并没有转向对数据进行挖掘分析并进一步进行财务预测和管理决策。

2. 大数据背景下企业管理会计信息系统变革

要真正实现管理会计对于大数据的应用，关键在于完成大数据的集成和存储，并对数据进行挖掘和提炼。因此迫切需要一系列专门的信息系统实现对海量数据的分析处理，挖掘管理会计所需的有价值的数据信息。面对海量数据，现有的局限于电子记账的财务软件逐渐难以满足大数据收集和处理的需要，因此可以从以下几个方面考虑企业管理会计信息系统变革。

（1）数据收集层面。传统的财务信息聚焦于与企业经济业务活动密切相关的财务数据，较为重视结构化数据，忽视了同样与经济业务联系紧密的半结构化数据、非结构化数据，故不能完整地反映企业经济状况。大数据时代下新管理会计信息系统要求数据来源渠道的多样性和广泛性，既可以从内部业务获取，也可以从企业外部获取；数据内容要求既包含完整的结构化信息，也要尽可能包含丰富的半结构化数据与非结构化数据。企业外部的社交媒体等平台往往能够提供广泛的半结构化、非结构化的多媒体资源，为财务信息云计算提供数据基础。

（2）数据清洗层面。面对海量数据，并不是所有的经济业务数据都能服务于某一特定决策，因此需要利用数据挖掘技术对数据进行清洗，剔除与决策无关的信息，缩小决策分析所需信息的范围。

（3）数据分析层面。大数据要求企业的管理会计信息系统在对信息进行充分的收集和挖掘的基础上，能够实现对相关信息进行全面、快速的分析，以供进一步决策使用。这就要求管理会计信息系统能够将结构化数据与半结构化数据、非结构化数据相结合，将文本数据与多形式媒体数据相结合，将历史数据与现阶段数据相结合，做到"活"看数据、"数"以致用。

（4）数据储存层面。管理会计信息系统对于数据的收集、清洗以及分析，需要一个强大的信息储存平台作为基础。这一平台是实现企业内部的生产经营信息与外部的经济环境信息无缝连接，实现企业信息资源优势整合的重要场所。同时，数据平台数据存储的安全性也应得到充分重视。

（5）数据传输层面。顾名思义，数据传输就是将上述程序形成的决策有用信息传递给决策者，供其使用。但是基于数字技术，传输的结果不再是静态的二维数据或还需进一步加工才能图表化的数据，而应该直接输出动态的、图表化的、可视化的综合数据。

9.1.4 大数据时代下的管理会计新发展

1. 管理会计数字化转型

2015 年 10 月，中共中央印发《中共中央关于制定国民经济和社会发展第十三个五年规划的建议》，其中明确指出要实施"国家大数据战略"。大数据时代的高速度、低功耗、低时延、万物互联正在润物无声地改变着人类社会和企业经营管理。数据驱动产业模式更新换代，同样为财务的转型升级带来了新的生机和机遇。在这样的时代背景下，管理会计的信息处理方式以及思维模式都在发生转变，其数字化转型是顺应大数据时代浪潮的题中应有之义。

在"大智移云物区""上云用数赋智"等新技术日新月异的数字经济时代，克服传统财务管理模式的不足、实现数字驱动下财务数字化转型是管理会计发展的主要方向。会计核算在会计领域大踏步向前，逐渐实现电算化、信息化，进入大数据时代后，通过数字化转型，进一步促进业财融合、财务共享服务实现数据赋能、决策支持是管理会计的新目标。

2. 管理会计发展趋势——业财融合

2016 年 10 月，财政部制定了《会计改革与发展"十三五"规划纲要》，指出各界应密切关注大数据、"互联网＋"发展对管理会计工作的影响，推动财务系统与业务系统的有机融合，促进财务、业务数据的融合与共享。"互联网＋"引发了企业经营模式与财务管理模式的转变，也深刻影响着管理会计的发展。

管理会计基于大量的企业财务信息，分析过去、决策现在、预测未来。传统的管理会计重点关注与企业经济业务相关的财务数据的收集和分析，忽视了与业务相关的非财务数据的重要性。大数据时代背景下，传统意义上的管理会计割裂财务与业务，缺乏业财融合思路，无法满足大数据时代企业管理的要求。为保证管理会计能够更好地服务于企业管理的有效运行以及价值创造，应当充分利用"互联网＋"等新兴科技手段加强业财融合新格局的构建。

3. 财务共享推动管理会计数字化转型

财务共享服务中心对于管理会计整个体系的搭建起重要作用，是管理会计实现数字化转型的重要衍生角色。财务共享主要通过对企业的财务流程、业务流程进行标准化、统一化、共享化，实现企业核算的效率提升及成本节约。更为重要的是，财务共享服务中心搭建了未来财务数字化转型的数据基础与信息化基础设施，搭建整合人、财、物资源以及供、产、销环节非财务数据为一体的大数据中心，为管理会计奠定基础，从而真正将管理会计推向数字化转型之路。

9.2 大数据时代下的企业管理会计数字化转型新路径

9.2.1 数字化转型

1. 数字化转型的基本概念

当今，数字经济是全球经济发展的趋势，面对企业全局优化的需求和碎片化供给之间的矛盾，数字化转型已经成为所有企业的"必修课"，特别是对于传统制造企业，融入数字经济时代更是必须要跨越的门槛。

大数据时代我们面对的不仅仅是全新的技术，同时也面对很多新的概念。物联网、云计算、人工智能、区块链、工业4.0、智能制造、工业互联网等概念层出不穷，我们很容易陷入"新概念雾霾"的困扰。要想顺利实现数字化转型，首先要明确什么是数字化转型，尤其是对于管理会计而言的数字化转型究竟是什么。

对于企业而言，一般认为数字化转型就是基于边缘计算、云计算等数字化信息技术，推动企业业务模式、业务流程、组织架构等的变革与重塑，最终实现商业格局创新。对于管理会计而言，数字化转型就是通过对企业财务"赋智"实现对企业管理"赋能"。通过数字化、智能化技术实现财务与业务的深度融合，推动管理会计实现对大数据价值的挖掘和提炼，形成对决策有用的信息。数字化转型主要包括业务数字化、数字业务化两个部分，二者相辅相成，共同实现财务与业务的深度融合，推动管理会计的数字化转型进程。

2. 业务数字化与数字业务化

业务数字化主要指利用数字技术实现对一切业务的数字化，不仅拓宽了企业财务管理的广度，将其职能由财务领域拓展到业务领域，还加大了企业财务管理的深度，实现了从生产、销售到客户、市场、区域的延伸。业务数字化是驱动企业成功应用企业管理会计信息系统的核心动力，具体包括业务在线化、业务智能化以及产业间互联，实现数据"赋智"。

数字业务化是指通过精准的数据服务实现数据与决策的无缝连接。在业务数字化的基础上，企业在其日常的生产运营过程中完成了大数据的收集后，就要基于数据进行进一步的智能整合与分析，从而形成对决策有用的信息。数字业务化就是利用企业生态所创造的数据，在智能整合的基础上，搭建数据决策的逻辑，让数据直接服务于决策，实现企业管理"赋能"，对企业生态进行反哺，不断扩大并丰富企业生态。

9.2.2 管理会计的数字化转型

1. 企业管理会计数字化转型概述

管理会计的数字化转型旨在改善会计信息质量、提高会计核算效率、降低会计核算成本、促进会计信息决策有用、实现会计信息价值创造，更好地服务企业管理实践与价值创造，并最终推动企业的数字化转型进程。

管理会计决定着企业人、财、物资源的合理配置，贯穿于企业供、产、销业务的整个流程，服务于企业生产经营决策，是企业管理的重要组成部分。管理会计的数字化转型有助于其实现思维、理念、方法的突破与创新，促进已有的结构化会计信息与海量半结构化、非结构化信息相融合，更好地发挥管理会计职能，服务于企业决策。

对于管理会计的数字化转型，业务数据化聚焦于海量数据的收集与整理，打破传统意义上的一维数据，让财务管理数据变得更丰满、更鲜活。数字化业务聚焦于数据的价值再创造，让数据服务于决策，通过数据决策逻辑的构建来辅助决策。二者相辅相成，共同服务于管理会计数字化转型及立体化管理会计信息系统的构建。

2. 大数据背景下管理会计信息系统的构建

要实现大数据背景下管理会计数字化转型以及管理会计信息系统的构建，应当首先根据管理会计信息从获取到服务决策的全流程，对数字技术在整个流程中的具体应用进行系统分析，如图 9-1 所示。

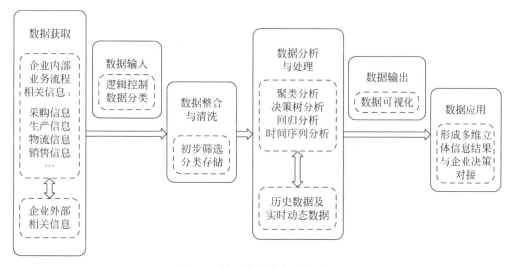

图 9-1 管理会计信息系统流程

（1）数据获取。除了对传统意义上的企业日常经营活动的财务数据进行收集,还要对企业管理所需的各类数据信息进行多种渠道收集。数据获取的思路可以按照业务流程顺次展开,包括采购信息、生产信息、物流信息、销售信息等,也可以根据企业内部与外部的划分来进行信息的收集。企业需要获取的外部信息可以根据企业外部宏观环境来划分,包含政治法律信息、经济环境信息、社会文化信息、技术信息等。对于上述各种半结构化和非结构化数据,除了企业直接获取外,还可以通过政府平台、社交媒体等渠道进行充分收集。

(2) 数据输入。大数据背景下管理会计信息系统的数据输入强调输入过程中的逻辑控制,尽量保证从数据源头对数据进行归类,确保数据来源渠道一致,避免信息边界的模糊不清。

(3) 数据整合与清洗。对于信息的初步筛选,主要任务是将庞大的信息数据按照业务与财务之间一一对应的关系,分门别类储存在管理会计信息系统中,便于进一步精细化管理。基于数据整合所得到的信息,要有针对性地挑选出对企业决策有用的进行进一步筛选,以合理地减少后续数据分析处理的工作量。供决策使用的信息针对性越强,分析和处理所得到的数据结果越准确,越利于准确做决策、进行预测。

(4) 数据分析与处理。首先,管理会计信息系统需要利用大数据与云计算的有机结合,通过聚类分析、决策树分析、回归分析、时间序列分析等工具方法,实现对海量数据的快速分析处理。其次,系统需要进一步运用一定的算法及分析方法,对数据进行计算、加工、建模等。最后,系统应当结合历史数据、动态数据等,形成直接服务于企业决策的综合性立体数据。

(5) 数据输出。经管理会计信息系统分析处理后的数据可以直接服务于企业管理的决策。数据输出就是将信息系统分析处理直接生成的数字化数据结果,通过系统的处理转化为可视化数据,方便管理层理解使用。

(6) 数据应用。数据处理结果的应用意味着基于系统分析形成的多维度立体信息结果实现与决策的对接,成功服务于企业管理的相关决策应用。

9.2.3 大数据背景下管理会计信息系统在制造业企业中的实践应用

制造业不仅是实体经济的支柱,也是我国实现工业化、进一步实现现代化的中坚力量。本部分将以制造业企业为例,对大数据背景下管理会计信息系统的应用进行分析和研究。制造业企业的生产经营活动可以大致分为供、产、销三大基本环节,判断管理会计信息系统是否得以成功应用,可以通过其是否成功服务于三大基本环节的科学衔接以及流程优化来进行判断。管理会计信息系统实践应用如图9-2所示。

制造业企业供、产、销三大基本环节都包含业务交易和货币结算两大活动。大数据时代背景下,管理会计数字化转型就是要利用大数据与云计算的技术支持,实

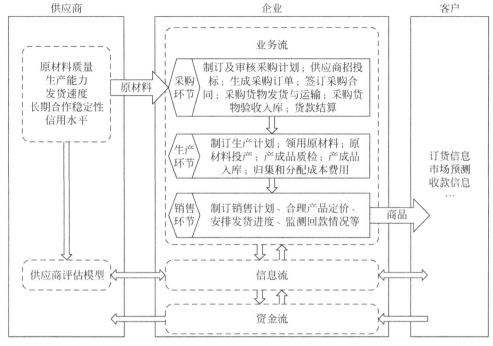

图 9-2　管理会计信息系统实践应用

现采购、生产、销售环节中业务流、资金流、信息流相融合,为企业的控制、管理、决策提供更为准确和可预测的信息依据。

1. 采购活动中管理会计数字化转型的应用

企业采购活动往往包含七个环节:制订及审核采购计划;供应商招投标;生成采购订单;签订采购合同;采购货物发货与运输;采购货物验收入库;货款结算。采购活动的本身即是业务流,而资金流和信息流贯穿其中。采购过程中管理会计数字化转型可以概括为无边界化、动态化和敏捷化。

首先,大数据下管理会计的数字化转型能够打破企业间壁垒,实现企业间管理信息系统的联动,实现无边界化管理。已有的如 ERP、WMS、MES(制造企业生产过程执行管理系统)等管理软件已经实现了对企业内部库存的盘点与需求进行实时监控,但局限于企业的内部管理,无法实现对供应商供货能力相关信息的全面掌握。企业间管理信息系统联动,使得管理会计除能够直接获取供应商名称、编号、供货地区等有关基础信息外,还能根据数据库中已有的历史记录迅速掌握不同供应商原材料质量、生产能力、发货速度、长期合作稳定性、信用水平等情况,对企业供应商进行初步筛选。管理会计人员能够进一步运用供应商评估系统,根据企业对于各项指标进行的重要性排序,构建供应商评估模型,结合云计算手段对供应商进行综合评估并生成系统的评估报告,最终选择出达成采购合作的最佳供应商伙伴。

其次,大数据平台具有极高的适配性及快速迭代的能力,能够根据现实情况对正在进行的业务进行动态化调整,打破以往"业务服从系统"的尴尬处境,搭建"系统适应业务"的新平衡。管理会计信息系统数字化转型通过实现采购环节的无边界化与动态化,提高其敏捷性。采购往往是企业中时间跨度较大的一项业务,来自企业内部力场和外部力场的变化都可能对采购活动产生影响,可能在采购的过程中就需要进行调整。由于无法实现企业间的快速联动,根据企业内外部情况变化快速调整采购计划对于传统的管理会计信息系统是难以实现的。尤其是对于大企业而言,其采购需求往往数量庞大且难以对品类众多的原材料逐一进行实时监控。但一旦出现采购决策失误,所付出的如违约费用、仓储费用等代价往往非常大,给企业造成巨大损失。管理会计信息系统数字化转型能够针对不同的原材料建立预警机制,依据企业间信息系统的数据联动对采购计划进行实时动态调整,使采购计划与企业生产计划科学匹配,尽可能降低企业损失,提高企业运行效率。

最后,管理会计信息系统通过数字化转型,能够实现对存货更为精确和科学的管理。采购环节的最后一项活动是原材料入库。管理会计信息系统的数字化转型能够实现对原材料信息,如类别、名称、型号、数量、仓库、质量情况的实时录入,还能够对企业存货的成本进行更为准确的核算。例如,企业对于存货的计量往往因受限于会计人员的核算成本,难以采用移动加权平均法或个别计价法对存货进行核算,但这两种方法能够实现对企业存货更为科学合理的管理。大数据下的管理会计信息系统能够通过"互联网+"等数字技术,有效解决此类问题,帮助企业显著提升原材料管理水平。

2. 生产活动中管理会计数字化转型的应用

企业生产活动一般包含以下六个步骤:制订生产计划;领用原材料;原材料投产;产成品质检;产成品入库;归集和分配成本费用。企业生产活动涉及的成本相关概念及科目,是管理会计核算的重要内容,是一项复杂程度高、涉及部门广、时效要求高的重要环节。

对企业生产过程进行成本核算和质量监控是管理会计重要工作内容之一,制定生产预算也是企业实施全面预算的重要环节。成本核算为企业经营决策提供最基础的生产数据资料。依据准确的成本核算才能实现对商品成本的有效控制,并为企业制定产品价格提供基础资料。除此之外,企业产品的高质量以及及时完成生产目标也是企业高质量发展、获取企业竞争优势的关键,每一个环节都需要进行实时监控。企业产品高质量不仅是指产品品质好,还要求产品能够很好地满足消费者需求。此外,生产过程同时还涉及员工、设备等因素,需要掌握及时、全面的信息才能实现对生产过程真正的全面管理。企业内部生产过程中的成本核算本就是一个比较复杂的过程,如果还要同时实现对于员工情况、客户需求、生产设备等因素的全面监控,就必须依赖于强大的数字化信息平台。

大数据结合云计算搭建的管理会计信息系统能够将生产的诸多产品的多方位

信息全部存储在产品数据库中。首先,除了反映与产品直接相关的名称、产品型号、生产批号、完工程度、生产车间等产品信息外,还可以随时获取产成品、半成品成本及性态分析,对成本进行实时监管和控制,更好地执行全面预算计划。其次,由于大型制造业企业生产设备众多、生产线复杂,管理会计人员往往需要建设"台账"来对企业生产用固定资产的原值、净现值、残值、累计折旧、使用年限等情况进行全面掌握。但受限于核算效率、投入产出比,管理会计人员对于设备的会计核算通常细化到年度或半年度,无法随时了解企业设备的生产情况。然而数字化转型的管理会计信息系统能够实现对设备使用状态、生产性能、车间生产布局等直接关乎企业产品质量、生产效率、生产计划完成情况等重要指标的有效监控。再次,员工情况也是生产过程中需要实时掌握的重要信息。在生产过程中,除了对相关职工薪酬进行准确的成本费用归集外,大数据下管理会计信息系统的搭建能够同时实现对员工工作效率、考勤记录、绩效考核等指标的生成,降低企业的管理成本。最后,大数据下管理会计信息系统能够实现与客户的及时对接,根据客户的情况对生产计划进行及时调整,实现对企业各产品、各生产线、各车间的动态调整与整体协调,提高生产效率。

3. 销售过程中管理会计数字化转型的应用

销售过程中管理会计的主要任务包括制订销售计划、合理产品定价、安排发货进度、监测回款情况等。依托于数字化转型下管理会计信息系统的搭建,管理会计实现数据的全方位收集整理,为管理会计的有效应用提供必要支持。

基于销售过程中的信息,数字化转型下管理会计信息系统能够整合相关业务数据和财务数据,形成有针对性的报告以供企业管理者作出决策。对企业未来在市场上的销售情况进行预测是管理会计工作中十分重要的一项任务。除了订货、供货、收款等相关信息,管理会计信息系统还能够帮助管理会计人员迅速对与销售业务相关的结构化和非结构化数据进行充分的收集、筛选、处理、分析,进一步对未来产品销售情况进行预测。销售预算是企业全面预算的起点,管理会计信息系统能够为销售预算提供数据基础,服务于企业的整体预算制定。

9.3 "互联网+"下的业财融合新格局

9.3.1 管理会计新趋势——业财融合

1. "业财融合"概念界定

"业财融合"是目前学术界与实务界共同关注的焦点,也是大数据下管理会计发展的大趋势。但由于以往理论与实践中的"两层皮",会计工作与业务活动之间"一枚硬币之两面"的紧密关系,会计与财务"一块匾额、两项业务"的复杂联系,出现了"业计融合"与"业财融合"两个概念。同时,关于"业财融合"的本质也出现了

"信息融合论""组织融合论"与"价值融合论"三种不同观点。因此,要研究大数据背景下"互联网+"管理会计的转型升级"业财融合"新趋势,必须提前厘清"业财融合"的中心含义。

"业财融合"是以大数据为背景支撑建立数据仓库、以"互联网+"等信息技术为必要前提,其对财务人员要求更高。此外,根据财政部于2016年发布的《管理会计基本指引》,其中有关业财融合原则的内涵说明提道:"管理会计应嵌入单位相关领域、层次、环节,以业务流程为基础,利用管理会计工具方法,将财务和业务等有机融合。"由此看出"业财融合"主要是基于信息层面上的融合。

本部分内容主要聚焦企业管理中数据驱动所引发的管理会计的转型与变革,所以谈到的主要是"信息融合论"。其强调大数据环境下,利用先进信息技术实现业务流、资金流和信息流的有机结合,构建集信息收集、处理、分析、服务决策等为一体的管理会计信息系统,实现业务与财务相融合,最终服务于企业管理实践决策。

2."互联网+"对"业财融合"的影响

"互联网+"实际是创新2.0下的互联网发展新形态、新业态,是知识社会在创新2.0推动下由互联网形态演进、催生的经济社会发展新形态。2015年7月4日,国务院印发的《国务院关于积极推进"互联网+"行动的指导意见》中指出要积极推动互联网由消费领域向生产领域拓展,加速提升产业发展水平,增强各行业创新能力,构筑经济社会发展新优势和新动能。2020年国务院政府工作报告中也提出:"全面推进'互联网+',打造数字经济新优势",突出了"互联网+"对于当下经济社会发展的重要性。大数据在物理学、生物学、环境生态学等领域存在已有时日,但是因近年来"互联网+"的发展,开始广泛与各行业领域融合发展。

通常来讲,"互联网+"就是指"互联网+传统行业",利用互联网的自身优势,对传统行业进行优化升级转型,使得传统行业在数字化时代背景下不断发展。"互联网+"技术应用于管理会计领域,主要是通过对数据的采集、挖掘来实现财务智能化,如利用财务云、电子发票、移动支付,优化会计处理流程以及业务处理流程,更好地实现财务信息与业务信息的融合,为业财融合提供大数据基础,从而促进管理会计人员将工作重点和主要精力转移到对企业经济管理活动的分析与预测上,实现数据价值的挖掘与创造。

管理会计要求将管理的中心放在加强内部控制上,为企业管理提供决策支持,助力实现企业战略目标。传统管理会计在业务信息和财务数据的管理上存在一定缺陷,已经难以满足大数据时代下海量数据的收集、整理、处理、分析,其决策有用的目标受到影响。"互联网+"时代的到来成功为管理会计数字化转型提供了广阔的技术平台。"互联网+"下的业财融合就是将数字化转型后的管理会计信息系统应用于企业的供、产、销环节,但又不仅局限于此。"互联网+"对业财融合产生的影响主要集中在以下几个方面。

(1) 信息反映时效性更强。"滞后性"一直以来是会计反映难以翻越的一座大山,原因在于受限于核算方式,会计人员想要对企业生产活动、经营业务进行核算就必须在业务完成或取得阶段性成果时才能开展。在"经管责任论"下其滞后性问题并不十分突出。然而,随着经济社会发展,会计目标与使命已经转向面向未来的"决策相关性",其滞后性问题日益凸显。"互联网+"通过实现管理会计信息系统数字化转型,能够全面、及时地在系统中对企业生产经营业务全过程进行实时的反映与监控,显著提高了会计反映的时效性。

(2) 信息融合更全面。业财融合要求业务流、资金流、信息流的有机融合,这要求管理会计人员获得与业务流相关的全面信息。传统业财融合往往重点关注业务开展过程中的资金交易,落脚点通常还是在资金上,对于业务相关信息并没有给予充分重视,而业务信息往往包含采购、生产、销售以及人员、资金、设备等诸多方面。只有将业务信息与财务信息在同一个信息系统中同时、全面融合,才能真正实现业财融合,更好地服务于企业管理决策。

(3) 信息反映更精细。业务信息往往繁杂庞大,以往财务信息所反映的业务内容往往比较宽泛。受限于人工成本、核算成本、监督成本等因素,会计人员通常只能通过细化二级、三级明细科目,建立固定资产台账等方式尽可能地细化对企业日常经营活动的会计核算,并尽可能使财务信息与业务信息相对应,但并不能实现财务与业务的充分融合。"互联网+"为企业利用大数据技术搭建平台,使得财务信息得以实现多层次细分,更好地满足企业决策对不同层次信息的需求。同时,"互联网+业财融合"能够实现业务活动与财务活动的更好匹配,输出精细化管理清单,帮助企业实现有效的资源配置、提高企业经济效益。

9.3.2 "互联网+业财融合"框架构建基础

1. 建立管理会计信息系统

大数据背景下,要实现业财融合需要首先建立以共享、高效为主题的管理会计信息系统,全面、快捷的信息是推动业财融合顺利开展的关键。传统意义上的业财融合仅仅强调会计人员要熟悉企业的生产流程、生产技术,才能把账务处理清楚。而我们现在所讲的业财融合是在大数据背景下,搭建管理会计工作全新的系统架构。大数据时代的业财融合首先要实现的是通过"互联网+"技术构建管理会计信息系统,从而获取海量信息,实现数据动态化监测。新框架下的业财融合,要求从原料选取、工艺技术、产品质量、生产进度、车间生产流程、客户需求、市场前景、收益能力等方面,对业务信息和财务信息充分融合及综合考量,显然这种业财融合很大程度上有赖于数字技术下强大的信息系统支持。

2. 建立业财融合精细化管理系统

建立业财融合精细化管理系统,能够更好促进业务与财务的融合。大数据下的管理会计信息系统旨在服务企业管理决策、提高企业整体运行效率和效果,并通过构建多个子系统有针对性地支持特定部门的决策。业财融合只是管理会计工作的重要内容和思路，但不是全部，因此管理会计信息系统中仍然有很多信息对于业财融合而言是针对性较弱的、"无用"的信息。业财融合精细化管理系统以业务为主线，对生产经营、市场变化、客户需求进行实时监控，聚焦业务活动开展过程中的财务信息反映，实现对业务开展过程中业务信息、资金信息的有效融合。这一子系统能够充分结合企业自身的具体情况，迅速反映并调整企业的生产计划、销售计划，直接服务于业财融合相关决策，使企业的业务、财务管理更智能、更高效，实现信息的价值增值。

3. 获取复合型管理会计人才

要实现"互联网＋"下业财融合新发展，管理会计人员除需不断更新基本业务技术知识外，还应当提高管理会计人员互联网运用技能的水平。管理会计信息系统以及业财融合精细化管理系统等往往由企业信息技术部门运用计算机技术进行构建，但对于信息系统的功能要求、构建思路则需要企业的管理会计人员、具体业务人员依据其实践需要进行系统说明。如果管理会计人员具有一定的信息技术基础，则能够更为精准地向程序设计人员表述管理会计信息系统及其子系统相关功能方面的要求，提高部门间的沟通效率。此外，信息系统最初搭建时，往往伴随着企业巨大的人力、物力资源以及资金的投入，管理会计人员与程序人员之间的高效沟通能够在成本可控的情况下，确保最终构建的管理会计信息系统及业财融合精细化管理系统的实用性、有效性，最大化发挥其效能。

9.3.3 "互联网＋业财融合"框架构建路径

1. 数据采集环节

这里的数据采集与管理会计信息系统所涉及的信息采集不完全是同一个口径。管理会计信息系统以企业整体为信息收集的对象，数据采集更为全面，而业财融合精细化管理系统主要通过ERP、WMS、MES、CRM等管理系统采集数据，但仍然按照企业内部与企业外部，以及结构化、半结构化、非结构化数据相结合的思路进行数据收集。其中ERP系统主要针对在公司范围内建立覆盖采购、供应、生产、销售等流程的管理与监控。WMS旨在成就智慧仓储，帮助企业提高仓储作业效率，降低仓储成本。MES针对制造生产过程，搭建企业的工业互联网，实现工业互联、精益生产、智能制造三合一智能生产新模式。CRM系统旨在基于管理客户关系，利用相应的信息技术和互联网技术为客户提供个性化的交互和服务，以保留老顾客、吸引新客户和提高企业核心竞争力。这里列出的四个系统，都将服务于企业所构建的业财融合精细化管理系统，但是又保持一定的相对独立性，服务于企业各个职能部门和环节的相关管理与决策。

2. 数据处理环节

没有经过整合、分类、加工、处理的数据大多难以直接服务于企业的分析、决策。信息本身并不具有价值,只有对数据深入挖掘,才能服务于企业管理决策,实现信息的价值增值。数据处理环节在信息采集环节的基础上对信息进行加工与存储,将获得的成本数据、销售数据、客户信息等运用云计算相关技术进行加工处理。这里要强调的是,信息的加工与处理并不是完全依靠信息系统搭建公式、模型来进行的。一方面,系统中的公式和模型也是管理会计人员根据企业管理需要预先设置的;另一方面,数据的加工需要专业的财务人员进行处理,所以该步骤工作质量的好坏直接与工作人员的技能水平相关。管理会计信息系统将信息处理的结果有针对性地分别输出到业财融合精细化管理系统等子系统中并进行储存。业财融合精细化管理系统的支持系统越丰富、信息筛选与处理越精细,企业管理决策准确性就越高。

3. 数据应用环节

业财融合精细化管理系统的应用就是实现其决策有用。一方面将分析处理的数据结果反馈到各个支持系统中,另一方面服务于包含在业财融合精细化管理系统中的全面预算、业绩评价等决策系统。总的来说,数据应用环节是管理会计进行业财融合管理的价值体现。

9.3.4 "互联网＋业财融合"落地保障措施

1. 积极推进"互联网＋"技术运用

管理会计信息系统的搭建必须重视"互联网＋"下云计算、大数据技术的利用,充分挖掘业务信息与财务信息。业务流与资金流之间缺少信息流的贯通是难以成功实现业财融合的。并且,信息流要兼具动态反映、实时监控的作用,才能保证业务与财务在计划制订过程中和作业开展过程中的充分融合。

"互联网＋"技术能够实时反映监控业务进展情况以及资金利用情况,确保业财融合顺利推进。业财融合是一个完整的流程,其中某一个环节的失控都会对后续的业务流程产生影响,偏离企业预先制订的全面预算计划。企业搭建的管理会计信息系统利用互联网技术实现对作业的全面监控,确保相关预测决策在整个业务流程中准确执行,实现精细化管理,促进业务的顺利开展和资金的高效利用。

2. 加强业财融合程度

业财融合本质上就是信息融合,只有实现了财务信息与业务信息充分融合,才能进一步实现信息价值增值,这是企业成功实践业财融合所必要的,也是必需的。业财融合的提出就是要解决因业财不融合所导致的效率低下、监管失灵、决策困难的问题。业财不融合从根源上是企业内部需要实现部门间职能分工导致的。组织架构设计受限于企业职能的划分,尤其是对于大型企业而言,完全模糊组织部门间边界是不现实的,所以业财融合的重点就落在了信息融合上。管理会计信息系统通过信息的融合,在信息系统内部实现业务与财务的充分融合以弥补不足。

"互联网+"下的业财融合在实现组织间的信息联动,跨越组织边界,满足客户个性化、多样化需要的同时,实现企业资源的最佳配置。在基于信息融合观的业财融合中,企业的生产以客户的需求为基础,以客户愿意支付的价款为参考,制订生产计划。业务流就是企业供、产、销环节的有机整合,资金流就是各个环节中以货币资金形式表现出的人、财、物的资源配置情况,信息流是促进业务流与资金流有机融合、实现价值创造的关键。

9.4 "大智移云"下的财务共享新蓝图

9.4.1 管理会计发展新起点

1. 管理会计与财务共享

对财务共享更为完整的表述是财务共享服务。其最初定义为一种依托于信息技术,对重复性高且易于标准化的财务流程进行标准化处理,并将处理结果集中至财务共享服务中心进行统一,以降低成本、提升业务处理效率、改进服务质量、提升客户满意度的作业管理模式。这一模式的应用,尤其是在跨国企业集团中的应用,为企业创造了巨大的经济效益。

2014年年初,财政部发布了《财政部关于全面推进管理会计体系建设的指导意见(征求意见稿)》,其中提出我国管理会计的发展和完善主要有四条途径,包括理论体系、指引体系、人才队伍建设以及信息化,为我国管理会计发展提出了新方向。

2017年也被称为智能化管理会计的"元年","大智移云"等智能技术在管理会计领域的应用得到快速发展。信息爆炸的时代背景下,人工智能、互联网技术使得管理会计人员可以利用更为快捷的多渠道收集多样、多量的数据。信息的收集是管理会计工作的起点,大数据与移动互联网相结合下的数据驱动能够实现将细小、杂乱、关联性低的"无用"数据进行整合。需要特别强调的是,管理会计的落脚点是服务于管理的"会计",其本质不能脱离信息系统,其主要职能是为内部控制以及企业管理决策服务,保证企业经营管理活动的效率与效果,最终服务于企业战略目标的实现。

财务共享是管理会计转型升级的新起点。大数据、云计算等互联网信息技术的发展打破了企业间壁垒,业财融合也成为经济社会发展的必由之路,这些都对管理会计的信息数据能力提出了更高要求。财务共享使原来分离的数据汇流到一个"数据池"中,实现企业与企业之间、部门与部门之间的有效对接,为管理会计提供更为全面、精准和高效的信息数据管理模式。财务共享也为业财融合提供了信息技术支持以及财务监控支持。

管理会计与财务共享之间的联系,具体可以从三个方面来说。

(1) 财务共享是以共享模式进行标准化、重复化的管理会计工作；而管理会计是利用财务共享平台所提供的综合信息进行计划、监控与评价，并最终服务于企业管理决策。

(2) 财务共享是"大智移云"下财务转型的起点，而真正实现管理会计工作的决策有用与价值创造是财务转型的最终目标，因此财务共享是大数据时代下管理会计转型发展的新起点。

(3) 财务共享中心形成财务与业务数据汇集的中心，为企业管理会计人员预算、分析、决策提供强有力的数据支持，为管理会计信息系统的构建提供数据基础。

综上，实现财务共享是企业实现在"大智移云"下的管理会计数字化转型的新起点，是加快管理会计发展步伐的新机遇。

2. 数据驱动下财务共享发展方向

在经济全球化初期，企业管理面临着新的机遇与挑战，许多大型企业纷纷开始建立自己的财务共享服务中心。最早采用财务共享服务这一管理模式的是福特公司，其于20世纪80年代就在欧洲建立了第一个财务共享服务中心。我国最早开始引入财务共享服务中心模式的是中兴通讯，于2005年建立了国内首个财务共享服务中心。

随着大数据时代的到来以及信息技术的迅猛发展，云计算、大数据挖掘、模式识别、移动互联等新一轮的信息技术也为财务共享提供了技术支持。财务共享服务中心借助信息技术、大数据与管理会计的深度融合，利用移动互联网对大量的碎片化数据进行有效的实时收集、整理、分析，以满足企业业务核算、财务监控和战略决策等需要，推动管理会计的数字化转型。

目前，大多数企业管理会计应用的财务共享模式仍停留在核算、报账等基础会计工作上，既不能进一步有效促进企业业财融合，也难以突破现状为企业管理决策提供更为强有力的支持。众多企业都在面对如何利用信息技术成功实现财务共享管理模式的新问题。

9.4.2 财务共享服务典型技术——RPA

以大数据、人工智能技术、移动互联与云计算等为代表的新一轮信息技术，为财务共享服务近年来加速发展提供了机会，为管理会计数字化转型和企业高质量发展提供了强劲的助推动力。财务共享平台最基础的环节就是使企业高效率地完成财务会计处理流程，实现数据的全面收集，为企业管理会计信息系统的运行提供数据基础，同时推动企业业务流和财务流的智能融合。

目前，企业构建财务共享平台主要运用的数字技术包括光学字符识别（OCR）、自然语言处理（NLP）、专家系统、机器人流程自动化（robotic process automation，RPA）等智能技术。下面对 RPA 技术在财务共享服务中的应用进行详细说明。

1. 企业管理会计的 RPA 应用

RPA 是一种新型的人工智能的虚拟流程自动化机器人。其核心是通过自动化、智能化来代替人工，完成高重复、低价值的固定化操作流程，提升效率，降低成本，减少错误。

在企业财务工作中，票据验真、账实核对、银企间对账、企企间对账的工作量对于会计人员而言十分巨大。目前，RPA 首先应用于这些重复性高和标准化强的基础财务工作，实现原始财务数据领域的数字化、自动化、智能化，为财务共享收集财务数据。

RPA 技术在业务流程领域也作出了一定的贡献，推动业务流程向标准化、智能化、自动化转型，实现对业务信息的数字化自动收集和处理，其中包括供应商采购订单、销售订单、库存管理、货运处理等业务活动。目前，RPA 的应用实现了企业财务领域与业务领域的统一，推动管理会计数字化转型，促进业财融合的进一步发展，这些都将帮助企业的管理会计人员更加专注于业财分析、企业决策和价值创造。

2. RPA 应用改善对策

目前企业应用 RPA 技术主要有四种方式。第一种方式，企业直接购买 RPA 产品。这种方法虽然能够快速为企业获取 RPA 技术，但缺点是 RPA 技术不能与企业实际的生产运营进行一对一服务，无法满足企业进一步搭建财务共享服务中心的需求。第二种方式，企业与科技公司合作进行 RPA 技术的开发，由公司的技术人员与科技公司人员分别掌握一部分技术。这种方法不足之处在于，虽然 RPA 技术开发之初能够很好地满足企业自身需求，但随着企业业务的开展，一旦 RPA 技术后期出现不适用的情况，可能会造成维护不便。第三种方式，企业聘用成熟的 RPA 技术人员作为自己稳定的核心技术人员，根据企业的实际情况进行 RPA 的开发，并不断根据后续的业务发展对 RPA 进行调整。这种方式的优点是其构建的 RPA 与企业的实际生产活动完全对应，能够顺利应用于企业的财务共享服务中心的构建，但不足之处在于企业对于高级技术人员的保留需要花费大量成本，此种方式对于大型集团企业适用性较强。第四种方式，也是目前企业较多采用的方式，企业以从专业的科技公司购买 1~2 个流程方案或对本企业的技术人员进行 RPA 培训作为基础，自行组建 RPA 开发团队。这种范式不但能够满足 RPA 技术与企业财务、业务的一一对应，还能够以较低的人工成本实现该技术的完善调整，实现 RPA 的稳定应用，是一个推行 RPA 应用不错的方式。

根据上述提到的第四种方式，要保证企业 RPA 的顺利应用，企业还需要注重复合型人才的培养，对财务共享服务中心相关人员进行智能化财务培训，保证其能够顺利实现对于 RPA 等技术的应用。此外，企业还应当具备稳定的内部 IT 团队对财务共享服务中心进行不断维护以及后续开发，保证 RPA 等技术能够成功应用于企业的财务共享系统。

9.4.3 企业财务共享应用评价

1. 推动企业管理会计数字化转型以及价值创造

随着大数据、互联网经济以及全球化竞争时代的到来,企业间竞争加剧,各种商业模式受到巨大冲击,服务于企业分析、预测、控制、考核以及企业管理决策的传统管理会计也亟须应对挑战,实现数字化转型,其数字化转型的起点就是实现财务共享。财务共享为管理会计信息系统提供数据基础,是管理会计实现数字化转型的关键,通过整合企业财务数据、业务数据支持企业决策,推动管理协同和精细化管理的实现。

2. 促进企业业财融合

企业以财务共享平台为基础,实现业务活动的标准化,利用 RPA、OCR 等技术将半结构化数据、非结构化数据转化为结构化数据,实现大数据下财务数据与业务数据的汇聚与对应,进一步促进企业的业财融合,推进新时期管理会计变革,从而回应企业的实践需要。

3. 降本增效,资源释放

财务共享服务中心通过流程的标准化,实现业务处理过程中成本的降低以及效率的提高,提升企业信息整合竞争优势,有助于企业业务信息、财务信息的价值增值。财务共享服务中心的同步入账有效规避了账务处理中的错误,提升了业务入账时效性,并解放了大量的财务人力资源。

财务共享平台能够实时反映企业内部的财务信息、业务信息以及二者的融合情况,减少错误发生,便于部门间协调沟通,降低了企业管理会计人员的监管成本以及部门间的沟通成本,提升了相关过程中的效率水平。

9.4.4 财务共享与企业风险治理

1. 财务共享服务中心的风险治理体系应用情况

企业所构建的财务共享服务中心已经实现了由侧重于财务到财务与业务并重的转型,但是对于财务共享服务中心在企业管理中所能够起到的风险治理作用,仍然没有得到充分重视。企业建立财务共享服务中心已经实现了降低运营成本、提高生产经营效率等目标,但由于没有对财务共享服务中心所能起到的风险治理作用予以合理关注,反而会产生一定的风险。

以往为了实现有效监督以及加强内部控制,企业的关键核心数据往往掌握在少数人手中,虽然对于信息价值挖掘的效率较低,但是一定程度上较好地规避了信息泄露的风险。财务共享服务中心从诞生之初,其名字本身就首先引起了财务会计人员的担忧。财务数据作为反映企业财务状况、经营成果、现金流量的重要数据资料,是企业中最为机密与核心的。为了降低财务舞弊、数据泄露的风险,企业不惜降低管理效率分别设置不同的财务岗位来分离账务处理与现金支取的职能。此外,随着经济社会竞争日益激烈,企业的业务数据成为反映企业核心竞争力的重要依据,如在竞标投标过程中,企业业务数据的泄露基本等同于企业已经失去了竞标优势。所以,乍一看很难将财务共享与风险治理两个概念联系起来,甚至会认为财务共享活动本身就是一项高风险活动。

事实上,财务共享平台不但能够推动管理会计实现数字化转型、深化"互联网+"下业财融合,还能够通过建立覆盖企业集团的风险管理信息平台对企业的税务风险以及银行风险等多种风险起到治理作用。财务共享服务中心通过打造一体化信息平台,实现原始凭证的电子化存储,业务信息、财务信息的直接录入以及记账凭证的直接生成,能够有效防范信息传递中的潜在风险,规范流程,提高企业的风险管理水平。

目前,企业集团建立的财务共享服务中心对于财务部分、业务部分的运行效果较好,相关信息系统也比较完善,起到了一定的风险防控作用。但财务共享服务中心的风险管理体系并没有实现合理的使用,出现投入多、产出少的规模报酬递减效应。其主要原因在于,企业倾向于将财务共享与风险管理看为两个独立的系统,在运行财务共享服务中心时忽视了潜在风险的监控,在进行风险管理时没有充分利用财务共享的信息整合优势,以致在建立财务共享服务中心之后,风险管理能力仍然存在较大不足。

2. 财务共享风险治理体系改善建议

针对以上企业未能清晰认识到财务共享在风险治理中的作用,以及企业搭建的风险治理体系未能有效实施等问题,提出以下建议。

(1) 对财务共享服务平台与风险管理系统之间的关系进行清晰认知。要求企业的管理会计人员尽快实现对财务共享模式认知的改变,增强其风险意识,利用财务共享服务中心及时发现潜在风险,并充分利用财务共享进行全面系统的风险监控与管理。企业在运用财务共享服务中心时,应以防范风险为导向,把财务共享看作是风险防控的"终点",而不是引发风险的"起点"。

(2) 提高财务共享的信息整合能力以及信息提取能力,有效推进企业的风险治理体系发挥效能。企业的财务共享服务平台应当充分挖掘和利用大数据技术,将交易环节与业务环节深度延伸、融合,实现数据资源的高效传输、合理配置以及优化整合。对信息掌握得越透彻、越及时,越能够对业务流、资金流、信息流进行实时监控与分析,越能够对可能出现风险的环节及时进行事前控制,越能够有效发挥风险管理体系效能从而规避风险。

(3) 加强风险预测与识别。财务共享服务平台实现结构化、半结构化以及非结构化数据汇总,业务信息与财务信息汇总,历史信息与预测信息汇总,因此能够很好地起到预测各类企业风险的作用。例如管理会计对于费用报销凭证的审核不严格及标准不合理的虚报费用风险,关键信息管控不足造成的信息泄露风险,以及员工业绩考核不准确造成的企业内部矛盾等诸多风险,都可以通过风险预测以及风险识别进行有效规避。

典型案例

"蒙牛"智能化财务共享之道

一、蒙牛公司基本情况

内蒙古蒙牛乳业(集团)股份有限公司(以下简称"蒙牛集团")始建于1999年,总部位于内蒙古和林格尔县盛乐经济园区。搭乘内蒙古自治区经济飞跃的"千里马"和改革开放的"顺风车",蒙牛集团实现迅猛发展。蒙牛集团2004年在香港上市,并于2014年成为恒生指数成份股的中国乳业第一股。2017年,蒙牛正式成为2018 FIFA(国际足球联合会)世界杯全球官方赞助商,是国际足联在全球赞助商级别首次合作的乳品品牌。蒙牛连续10余年牵手NBA(美国男子职业篮球联赛)、博鳌等国际平台,连续18年用高品质的乳品为中国航天提供营养支持。

作为中国领先的乳制品供应商,蒙牛集团专注于研发生产适合国人营养结构的乳制品,连续9年位列全球乳业20强。目前,蒙牛集团拥有液态奶、冰淇淋、奶粉、奶酪等多品的产品矩阵系列,以及特仑苏、纯甄、冠益乳、真果粒、未来星等拳头产品。公司愿景为"以消费者为中心成为创新引领的百年营养健康食品公司",公司核心价值观为"诚信、创新、激情、开放"。

二、蒙牛的业财融合之"道"

1. 前期准备

2013年,蒙牛集团与IBM和SAP开展合作,开始进行信息化管理建设,并通过ERP和CRM的实施实现财务与业务系统的整合,正式开启公司业财融合之道。

2014年,公司进一步规范业务、统一制度、标准化业务流程,并将管理职能与财务核算工作进行剥离,系统梳理企业核算职能,开启公司的财务共享之道。

2. 财务共享平台的初建

2015年11月,蒙牛集团的财务共享中心正式上线,实现了企业财务核算与资金的共享。在此基础上,集团运用"互联网+"平台,实现了与银行系统的对接,提升了银企间的对接效率。同时,公司正式上线了一套完整的业务数据与财务数据汇集、流转的信息化平台,建设了"蒙牛乳业集团财务共享管理模式(FSSC)——资金共享平台"。

集团财务共享平台的数据主要来源于预算系统、资金系统、合同管理系统、邮件系统等,实现了对财务数据以及非财务数据的充分收集,然后通过财务业务一体化系统实现对数据的加工,促进了业财数据一体化融合,推动了公司业财融合的发展。最终将全部数据传输到财务共享平台,方便各部门人员调用。此外,蒙牛集团在大数据基础上,进一步完善企业的风险管理体系和精细化成本管理体系。公司先后建成了"7553"管理体系,针对7个风险领域,建立5个管理机制、5项管理流程和3道防线。公司根据风险评估结果,进行战略决策以及营销方案的制订,精细化各项成本的管理,为企业管理决策提供强大支持。

至2016年3月,蒙牛集团实现企业集团内部的全面财务共享,为企业业财融合的进一步发展奠定雄厚基础。

3. 强化管理会计,开启业财融合新篇章

为进一步提升公司业财融合水平,帮助公司实现"大智移云"下的财务转型,蒙牛集团于2017年首先对管理会计的核心内容进行调整。具体举措如下。

其一,调整集团财务。根据常、低、冰及奶粉四大核心品类成立新的事业部,并建立独立的生产销售一体化管理系统,建立运营财务部、财务管理部、营销财务部三大部门,三大部门相互协作整合企业集团财务活动,从而促进业财融合的管理模式发展,更好地为集团内企业管理提供决策支持。

其二,全面推行预算管理。集团通过年度预算、滚动预算、三年经营计划、五年战略规划四位一体进行预算的编制,并尝试将公司销售计划、生产排产并入滚动预算之中,实现预测中业务与财务相融合。

其三,蒙牛集团结合企业的BOM(bill of material)表单设置了成本管理体系,通过WCO(世界海关组织)管理模型实现研发、销售、市场以及PLS(物流与供应链管理资格认证)的主营业务价值链,将成本管理体系与财务共享服务中心相结合,实现企业日常成本的全面监控与分析,为集团决策提供数据支持。

当前,大数据时代背景下"大智移云"新篇章的到来,对管理会计的数字化转型提出了更高的要求,尤其是要不断深化业财融合发展以及推进财务共享服务中心在企业多领域的应用。蒙牛集团的业财融合,提升了企业的运营效率和盈利能力,提高了企业风险防范与治理水平,实现了管理会计数字化转型、业财融合新发展以及财务共享服务中心之间的协调一致。蒙牛集团业财融合之"道"的成功发展,对于其他企业在"大智移云"背景下成功实现财务转型、推进业财融合与实施财务共享,具有宝贵的参考价值。

第10章
传统企业数字化变革

10.1 数字化转型势不可挡

10.1.1 数字经济时代已经来临

随着大数据、云计算、区块链等新兴技术的广泛运用,现代企业在生产经营中产生的大量数据与信息逐渐成为企业发展的核心资产。党的十九届四中全会首次将"数据"确定为新的生产要素,与传统生产要素一起共同创建新的经济范式,标志着我国经济发展正式迈入数字经济时代。

数字经济的关键生产要素是数字化的知识与信息,核心驱动力为数字技术创新,重要载体是现代信息网络。把数字技术与实体经济进行进一步的融合,可以使传统产业数字化和智能化水平不断提高,快速构建新型经济形态——经济发展与政府治理模式。生产力与生产关系的辩证统一是数字经济的一大特征,包含三部分:第一个是数字产业化,指的是信息通信产业,包含了互联网行业、软件和信息技术服务业、电子信息制造业、电信业等;第二个是产业数字化,指的是传统产业因为应用数字技术使生产数量与生产效率得到了巨大提升,其新增加的产出是数字经济重要的组成部分;第三个是数字化治理,指的是治理模式的创新,使用数字技术对自身的治理体系进行查漏补缺,提高企业的综合治理能力等。

从宏观来说,数字经济变成了全球经济发展的新动力,从微观来看,企业即将面对数字化转型的时机与挑战。目前制造业是我国国民经济中起中坚作用的产业以及GDP(国内生产总值)增长的引擎,它的数字化转型是每个国家经济发展的一个崭新的增长点,所以,各国争先恐后开始公布国家级策略,争取获得制造业数字化转型的新时机:德国的"工业4.0"、美国的"工业互联网"和中国在2015年提出的"中国制造2025"。我们要通过发展智能制造来突破某些发达国家在技术上对我国的封锁和阻挠,所以中国制造业一定要牢牢抓住来自数字革命的新机遇。然而2020年新冠肺炎疫情的发生直接引起数字营销和数字工厂等一些大规模需求的激增,这一行为使制造企业更深刻地面临数字化转型的战略性思考。由于数字化转型不仅涉及使用数字技术重新构造产品以及服务、组织架构,而且还有商业模式等,它的整个过程是错综复杂的。制造业的数字化涵盖着管理决策层、数据层、设备层、工业层、业务层等多层次系统的数字连接,所牵涉的一些业务流程、价值活动以及现场作业等都比较宏大复杂。这就造成了制造业在数字化转型当中面临各种复杂的影响因素,而且影响可能是巨大的。

当前全球经济增长持续放缓,金融危机以来世界主要国家经济在艰难地复苏,GDP 增速和全要素增长率在反复震荡,下行压力比较大。信息通信技术对经济增长贡献,自 2015 年开始触底反弹,随后几年在稳步提升,数字经济的规模在快速扩大。现在,数字经济被全球一些主要国家作为推动经济复苏的首要战略选择。

在数字经济的两个部分当中,数字产业化一直保持着平稳的增长,产业数字化的增长非常迅速,所以产业数字化作为数字经济增长主引擎的作用日益凸显,这实际上是全球共同的规律,无论是中国、美国还是其他国家,都遵循这样的规律。到 2018 年,我们的产业数字化规模基本上是数字产业化规模 4 倍左右。这意味着两方面,一方面是信息通信技术依托作用非常强大,信息通信技术实际上是一个投资成熟效应非常显著的领域;另一方面,信息通信技术在产业当中的应用已经非常多,并使得产业的效率和产出在大幅度增加。所以加快推进各个行业数字化、网络化、智能化的发展成为各国的共同选择,也是企业自主的选择。

10.1.2 传统产业的数字化转型

当前,世界面临百年未有之大变局,变局中同时存在着危险与机遇,那么加速经济结构优化升级、提高科技创新能力、抓紧推动经济高质量发展就变得尤为重要。特别是突如其来的新冠肺炎疫情加速了传统企业数字化转型的进程,那么到底什么是数字化企业?数字化企业与传统企业究竟有哪些不同之处?

第一,企业文化。传统企业如果没有文化上的转变,根本不可能成为数字化企业,这一点对于传统企业来讲是最难的。传统企业的企业文化大多数是阶层式的,是一种比较封闭的管理文化。而数字化企业强调的是一种开放与透明的管理文化。比如在一家互联网公司,你会发现整个空间都是非常开放的,可以经常随意地看到大老板进进出出,公司阶层感不是那么明显,而传统企业与之正好相反。

第二,组织架构。传统企业的组织架构基本是金字塔式的,传递沟通的效率很低,而数字化企业是敏捷式的、扁平式的,传递沟通突出一个"快"字,以讲究速度、讲究时间效应为主,这样才能够作出快速反应。

第三,决策流程。传统企业基本上是一言堂,老板一个人说了算,特别是在中小企业这一点特别明显。传统企业依靠经验做决策,而数字化企业依靠数据做决策,相对来说更加理性。

第四,营销策略。传统企业整个决策导向是单向的,上面说什么下面做什么。而在数字经济时代,营销中很重要的一点就是互动与真实。企业必须要与用户之间经常交流,根据用户反馈,进行策略的调整。企业的真实也很重要,大家不愿意看到一家企业看上去很完美,其实却没有真实的东西。

第五,数据部门。数字化企业非常需要把数据部门作为一个战略部门,融入企业管理当中。数据部门不再是一个辅助性部门,必须参与到决策层,实现数字化过程,实行云储存,大家共享信息,共同参与公司治理。

数字化企业与传统企业的主要区别如表10-1所示。

表10-1 数字化企业与传统企业的主要区别

区　　别	数字化企业	传统企业
企业文化	开放、透明	封闭
组织架构	扁平式	金字塔式
决策流程	依靠数据	依靠经验
营销策略	互动、真实	上说下做
数据部门	战略部门	辅助部门

数字化转型的历史可以追溯到20世纪五六十年代,它是利用IT来提升产业效益的历史,工业是那个时候的关键领域,自动化和信息化是转型的主要内容。互联网技术的成熟和应用推动服务业成为转型重点领域。如今,数字化新模式包含了社交网络、电子商务、共享经济、移动支付等。特别是2017年以来,随着物联网、大数据、云计算、区块链等新一代信息技术的加速突破,它们与产业融合的方向正由消费领域向生产领域延伸拓展,开始从提高交易效率向提升生产效率扩展,推动制造业重新成为转型的一个重点领域。近年来我们也看到在全球主要发达国家中,工业数字经济占整个数字经济比例增幅快速攀升,比服务业和农业的增幅更大。

从2014年以来,全球主要的工业领军企业在频繁调整战略,如GE的大象转身,各种各样的技术并购在频繁发生,商业、工业领域的模式大幅度变革。这一系列的变化超越了过去20年、30年变革的总和。这些发生在技术方面、产业方面、组织方面、战略方面、商业模式方面的变革让人眼花缭乱。我们仔细分析也可以寻找到脉络,最后归结起来是在工业领域搭建平台生态。

回顾过去20年服务业里面的数字化转型的经验,我们看到,关键词就是平台,平台的发展一方面可以使得企业的数字化转型实现跨越式的进步;另一方面平台依托马太效应,赢者通吃,成为产业生态的主导者,资源、利润、估值都实现了最大化。正是平台展现出的这种特点,使得它成为巨大的诱惑,诱惑工业领域先锋企业、领军企业投入巨资建平台。工业领域平台和服务业领域的平台完全不一样,我们看到GE大跨越式发展平台的战略遭遇挫折,让我们认识到工业领域的平台理想和现实之间有巨大的鸿沟。这种失败并不意味着平台本身的失败。近年来,PTC、西门子等企业在稳扎稳打,按照平台的落实一步一步推进工业领域平台生态的构建。

从经济学角度,平台的成功有两个关键因素,第一要在底层构建共信能力,第二要在应用层找寻起双边的市场。在应用层搭建起双边的市场。底层共信能力建设主要体现在上层的应用上,用户便捷接入体系,并且低成本便捷调用和使用共信的能力。在消费领域里面,这种共信能力搭建非常容易,在工业领域却是巨大挑战:设备资产的连接很难,工业知识的壁垒很高,行业内部没有统一的标准,通用性很差。正是这些挑战,在2014—2016年这个阶段中,很多企业都在这个方向上努力,以PTC为代表的企业,通过并购很多物联网和数据分析的企业,以此稳步推进了本公司的资产设备连接,并提高了数据分析能力。从2017年至今,以西门子为代表的企业加强并购仿真软件,以构建全流程的数字孪生闭环,并推动MES、APS(高级生产计划与调度系统)等工具的大集成大融合,以拥有覆盖多产业领域、全价值、可即插即用和可复用的强大基础能力。

只有注重基础能力的建设才能使平台实现迅速增长。平台指数增长的关键逻辑在于,在应用层吸引众多主体参与,构建双边甚至多边生态,从而跨过平台自我强化、正反馈的临界点,产生网络效应。越来越多的企业认识到,低门槛是建设这个生态的关键。我们看到2018年以来,领军企业都在加快降低门槛。例如在面向工业App的开发方面,西门子收购Mendix推动低代码程序开发,降低App开发者的技术门槛。

现在存在的某些变革从整体上反映出制造业数字化转型处在加速变革时期,每年都有新模式、新方式产生。这样对政策提出了新的要求,为满足这些要求,这些年各个国家都在不断地更新自己的战略,加快战略的升级。德国、美国、日本、印度等都在更新它们的战略。我们对它们的战略进行了梳理,将其归结于三个方面。第一,政策目标上,从单点突破向生态推进。第二,手段上,更加注重落地实施,不断更新参考架构,推动数字孪生或者是资产管理壳的共信技术的发展,通过数字化转型的加速器推动数字化转型的进程。第三,在动力方面,从过去大家注重技术上面的推进开始向技术和商业双轮驱动演进。

总体来看,我国数字化转型进入加速发展的阶段,2018年数字经济占行业的增加值比重同比提升1.1%,超过2017年的增速,重点行业的数字化转型均进入快速增长的阶段。分行业来看,数字化转型的进展和行业属性密切相关,资产雄厚的企业数字化转型明显比较快,相反,职工多的企业转型较慢,例如在石化、纺织行业特别明显。

从主体看,产业中多种主体基于各自的基础和优势,积极进行差异化探索,共同推动工业数字化转型加速发展。我们看到工业企业、工业软件和自动化企业、互联网、IT及电信企业等都在加入这次转型的浪潮,共同构建转型生态。和全球的发展趋势一致,中国也在加速向平台发展,发展出具有中国特点的平台,部分平台工业设备连接数量已超过69万台套。

参与到这次制造业数字化转型中的企业类型、数量,是前所未有的,远超过去信息化、自动化的规模。在这场大变革中,谁能主导,获取更多收益?是互联网巨头、工业巨头还是软件或自动化企业？这些需要时间和各方的努力来决定。

经过这么多年的推动，信息通信技术在制造业领域的融合渗透取得了很多成绩。但因起点较低，总体上，我国制造业数字化转型快于金砖国家，2018年，我国工业数字经济占比达18.3%，超过金砖国家10%左右的平均水平，但落后于发达国家。2018年，韩、德、美工业数字经济占比超过35%，约是我国的2倍，特别是在基础能力建设上，在高端工业软硬件等方面，我国与其还存在差距。但综合来看，我国和其他国家数字化转型的差距正在缩小。

目前我国经济已处于高质量发展的新阶段。制造业高质量发展提出了很多新的要求，比如生产体系要更加柔性敏捷，以更快适应个性化多变的需要，再比如在产业进入存量竞争、市场更加一体化的背景下，要求企业在全局上提升效率。这些要求企业在更深层次、更广范围利用信息通信技术。恰好，信息通信技术也进入爆发式发展阶段，新的技术进步提供了更多新的工具。这场新的融合碰撞中蕴含着巨大的机会，也有着巨大的挑战，需要政产学研用协同努力，共同把制造业数字化转型推向全局、敏捷、智能的新高度。

10.1.3 传统产业数字化转型的重要意义

1. 传统产业数字化转型是深化供给侧结构性改革的重要手段

目前供给侧是我国经济运行的矛盾点，有效供给不足、产能大量过剩、消费者需求越来越高，当下企业推出的产品以及服务无法使消费者称心，生产活动所产生的市场价值也无法达到预期目标，经济难以良性循环运行。当前，传统产业中商业品牌效益不显著、消费需求懈怠、竞争过度、产能过剩等问题日渐增多，种种迹象说明深化供给侧结构性改革已成为传统产业转型升级的主战场。深化供给侧结构性改革的重要着力点就是要引导智能化、产品和服务数字化推进传统产业转型升级，适应消费升级的趋势，减少低端无效的供给，培育发展新动能。通过满足消费者的个性化需求、使用产品的智能化功能以及企业服务的在线化追求等这些新模式、新业态，提高企业产品以及服务的质量、效率，充分激发传统产业的新动力，全面发挥数字技术在传统产业中的引领作用，这就是数字化转型。例如家电产业，数据显示，中国智能家电市场在2017年规模达到了2 828亿元，其中智能冰箱、洗衣机以及空调达831.3亿元，并且年复合增长率超20%，这种发展状况优于传统的家电行业，呈现出良好的发展机遇。

2. 传统产业数字化转型是制造业高质量发展的必经之路

虽然我国制造业从新中国成立时的一穷二白发展到改革开放后的万花齐放，但是国内大多制造企业仍处在相对低的发展水平，并且其生产综合成本也在不断上升。制造业中的传统产业所占比例超过了80%，足以说明改造提升传统产业以推动制造业高质量发展在未来是非常具有潜力以及市场空间的。2011年底，美的集团开始主动推进数字化转型，实施数据端到端、流程端到端，而且它的生产线自动化率比同一类家电企业平均水平还要高出 1 倍以上,为全面重构系统,它的投资金额高达 100 多亿元,减少员工人数 10.3 万人,进而解决了劳动力成本不断增加的问题。据工信部提供的信息,推行智能化制造示范项目,建设高水平的数字化车间、智能化工厂,可以有效地提高生产效率。数据统计,305 个示范项目改造前后对比显示,能源利用率平均提升 16.1%,生产效率平均提升 37.6%,产品研制的周期平均缩短 30.8%,运营成本平均降低 21.2%,产品不良率平均降低 25.6%。综上所述,数字化转型是将制造优势与智能化、网络化相互叠加,融会贯通,从而构建了智能化、绿色化、柔性化的生产方式,同时有益于提高制造业的精细性和灵活度。转变中国的制造业发展方式,推动制造业高质量发展,就要实现"制造换法"。

3. 传统产业数字化转型是数字经济发展壮大的重要支撑

自党的十八大以来,以习近平同志为核心的党中央高瞻远瞩、顺势而为,开始实施创建数字中国的战略决定。在发生新冠肺炎疫情这个时期,我国的防疫抗疫以及维系全社会生产生活的主要支柱之一是以数字技术、数字治理、数字服务为重要载体的数字经济。它不仅呈现出广阔的应用空间以及巨大的潜力,而且足够展示出中国经济的坚韧性。后疫情时期,数字经济势必成为推进经济发展的一种抉择,它将会为经济的发展提供强大的驱动力,与此同时,它也会迎来史无前例的发展新机遇。后疫情时期,我国的数字经济面临一个崭新的发展机遇,我们不仅要把握新时机而且要把它转化成数字经济快速发展的主要驱动力,这就使我们要多角度、全方位来推进数字技术的发展,从而造就数字经济的新业态,加快传统产业数字化的进度,同时加强政策引导和相关制度保障。

10.2 传统产业数字化转型的趋向与路径

10.2.1 传统产业数字化转型的趋向

进行传统产业数字化转型的真正目标就是要利用数字技术去化解和破除当前企业和产业在发展过程中遇到的难题,需要重新对其进行定义,设计出新的产品以及提供新的服务,从而实现业务的转型、增长以及创新。大量实践证明,传统的产业数字化在转型过程中的主要趋向就是强化价值创造、数据集成和平台赋能。

1. 从生产驱动到以消费者为中心的价值创造

相对于传统的经济形态而言,数字经济的市场条件已经发生了重大的变化。目前大多产品处于供过于求的状态,以往以供给为主导的商业模式已经穷途末路,以消费者需求为中心、以价值创造为重点的商业新模式更能适应社会潮流的发展。数字化是完善企业生产的重要技术支撑,同时也是连接市场、满足消费者各类所需、提供优质服务于消费者的重要途径:一是可以充分借助大数据、互联网等技术平台,全面掌握消费者的需求,从单一产品转向"产品+服务"等多方向的升级,逐步解决消费者多样化需求的问题；二是通过智能制造，以柔性化的生产方式解决消费者的个性化定制问题；三是需要借助智能产品勾勒出整个生命周期的服务系统，同时根据相关数据的观测和解析提升企业服务的附加值；四是借助众创平台和互联网等技术激励消费者亲身参与到产品的策划中，从而产生一种感召力，使他们将自身的需求、体会和看法等实时反映给企业。

2．从物理资产管理到数据资产管理

数字经济发展的重要生产要素是数字化的信息以及知识。企业利用数字化技术在网络空间创造出一个"虚拟世界"，然后通过模拟开始形成对物理世界的指导。目前大多企业已经把数据归入资产管理当中，因为随着数据规模的扩大，增强数据资产管理已经成为数字化转型中企业的共识。一是数据资产的使用领域发生了变化，由传统的企业内部应用为主导转变为服务外部与支撑内部并重。企业管理中的动力主要源自逐步形成"数据即资产"的理念，从而可以发掘更多的数据价值、不断扩充数据应用以及服务。二是随着发展的不断壮大，企业慢慢发现并不是收集的所有数据都可以成为资产，某些问题处理不当会造成大量的成本。如随着内部数据日积月累和外界数据的不停导入，数据范围越来越大、数据利用率低、业务之间的数据处理配合度不高以及数据应用不能够及时到位等。所以，对数据的每个步骤都一一进行策划是很有必要的，从数据的收集、挑选、加工、保存、使用等着手，借助数据加工的全链条来建立数据资产治理体系，提升数据资产价值，同时使管理数据资产展现出运营化的发展趋势。

3．从内部数字化到平台赋能的产业链协作

2019年政府工作报告显示，要全力创建工业互联网信息平台，开拓"智能＋"。大量的实践证明，不管是占据互联网的龙头企业还是位于重点行业中的主干企业在工业互联网上的投入都不断加大。它们不仅要实现自身数字化，而且要借助平台的创建将自己的数字化实践体验赋能于中小企业，逐步成为上下游相关主体的有力支柱。工信部数据显示，我国工业互联网在多个行业得到了应用，如家电、航空、服装、石化、钢铁等行业，主要平台设备连接数大约60万台，最具号召力的平台多于50家，工业应用软件高达1500个，注册新用户也超过50万。这些平台聚合了共享的策划、制作和物流等建设资源，同时重组了产品策划、生产制作、设备管理、运营服务等一些数据的资源，创造出适应不一样环境的应用，拓宽了行业的价值空间，平台赋能中小企业数字化转型的效果开始展现出来，从而加快了传统行业数字化转型的进度。

10.2.2 传统产业数字化转型的路径

1．以智能制造为重点推动企业数字化转型

历年来制造业都是我国的传统工业，随着时代的进步，推动智能制造已成为企

业方面加紧数字化转型的主战场。借助智能化改造和"机器换人"的方法，我们可以逐步提高传统制造方法的现代化、网络化、自动化水平，同时在此基础上创新及优化个性化定制、网络化同步、智能化生产、服务型创设等新形式、新业态。第一，加强变革企业数字化技术，借助云计算以及自动化控制等方法，不断改进和完善机器的设备以及生产过程，创造"无人工厂"和"无人车间"，加快从单机加工生产到持续化、网络化生产的转化，提高企业生产效能和产品质量。第二，运用低成本、模块化设备和系统，推动中小企业工业互联网的基础性改造。运用"企业上云"，推动重要信息系统、设备联网以及数据集成上云，从而深化云应用。第三，连通中小企业在生产过程中每个环节的全数据链，推行智能制造新模式。激励企业发掘数据的价值，使策划、加工、运输、仓储等步骤相互协作、有效运转。以大范围定制为主导，在面对消费者需求的情况下，迅速形成有用的生产运行管理系统，加快制造业发展模式的转变。第四，扶植一些提供工程技术服务的企业，指导它们运用前卫的技术以及智能化的设备，从而推动存量装备智能化的转换，推动企业智能制造。

2. 以平台赋能为重点推动行业数字化转型

根据具体行业的运转方式和特征，以互联网平台企业、制造业龙头企业、ICT（信息与通信技术）领军企业为核心，指导相关平台共享数据资源以及完善运营机制等，选取具有差异的作用点、方法以推动重点行业数字化转型。第一，加紧自主可控的数字化赋能平台创建，积极推广主要行业对工业互联网平台的运用。增强特色工业应用体系以及互联网平台的建设，培养并逐步扩大跨行业跨领域、具备国际竞争力的一些工业互联网平台以及个别企业级、区域级、行业级平台，促使互联网与先进制造业创新融合发展。第二，要不断增加资金投入，推进共享工业互联网的重要资源以及工具，依靠工业互联网的平台资源使中小企业数字化的门槛有所下降。促进开发中小企业的制造能力和策划以及发展集成供应链、供需对接、众包众筹等应用，在中小企业使用平台以及大企业建设平台的双轮启动下，促使产业链在不同环节得到良性互动发展。同时大力鼓励企业 App 创业创新，使工业技术软件化应用得到完美的解决。第三，扶植一些来源于数字化平台的虚拟产业集群，依靠人工智能、硬软件开发、网络安全、大数据应用分析等比赛，发掘整个社会的创新创业资源，创建出以工业 App 架构以及新型工业操作系统为主导的智能服务生态，使大中小企业形成各有特色、争相立异、日新月盛、梯次发展的数字化产业布局，创造数据驱动的新提高点。

3. 以生态建构为重点推动园区数字化转型

产业园区对于企业的未来发展而言，是主要的载体，对指导产业汇聚、完善投资条件、加快体制革新起到了关键作用。产业集聚效应的产生是由于传统产业园区存在配套服务薄弱、运营模式落后、管理效率低下这些问题，不易更好地服务于产业的发展。全力塑造第四代园区——"产城融合、产业自治、创新驱动、低碳绿色、智慧运营"。在智慧园区的顶层设计中，以问题、需求和目标为导向，在产业规划、开发模式、空间规划、人口聚集、绿色生态等范围创造"六位一体"设计理念,以业务为导向、以价值为基础、以模式为保障展开专项规划,推动产业园区实现"产城人景文"最优目标以及园区价值的最大化。园区倘若依旧持迟疑的态度,等之后再追逐别人大概已来不及了,只有注重从 0 到 1 的数据累积、推行项目以及确立组织,才可以快速建设从 1 到 100 的竞争优势。数据要素正在从根本上优化资源配置、减少信息不均匀成本,加速改变企业范围、园区范围和企业及园区的组织生产方式,数据驱动的网络型"第四支柱"组织机构将要站起来。园区之间以及园区内部的数据是互联互通的,不仅可以非常清楚地勾勒出产业集群以及产业链,而且还可以提升企业的工作效率。为推动中国经济的高质量发展,需要以园区为产业互联网的主要载体,利用园区数字化转型这个突破口,以发动企业以及产业数字化转型为主要路径形成竞争的新优势。所以,以园区数字化建设带领各类产业平台整合提升,是变革传统生产方式、管理方式以及组织方式的根本途径,是推进传统产业数字化转型的主要支柱。

10.3 紧跟数字经济时代潮流,开启数字化新篇章

10.3.1 传统产业数字化转型面临的问题

1. 企业数字化认知不足,缺乏系统理论方法支撑

数字化不仅是技术更新,而且是经营理念、战略、组织、运营等全方位的变革,需要全局谋划。目前,多数企业数字化意愿强烈,但普遍缺乏清晰的战略目标与实践路径,更多还集中在生产上如何实现更全面的自动化与更先进的信息化,没有从企业发展战略的高度作出谋划,企业内部尤其是高层管理者之间并未达成共识。与此同时,数字化转型是一次长征,会面对着各种各样的困难与挑战,需要企业全体成员与部门通力协作。目前,多数企业没有设立有效的制度和专门的组织,部门之间数字化转型的职责和权力不清晰,缺乏有效的配套考核和制度激励。多数企业仍以原有 IT 部门推动数字化转型,没有成立专门的数字化转型组织去协调业务和技术部门以便系统解决数字化转型落地问题,阻碍了相关业务的价值发挥。

2. 数据资产积累少,应用范围小

数字化转型是企业数据资产不断积累以及应用的过程。数据资产是数字化转型的重要依托,如何加工利用数据、释放数据是企业面临的重要课题。目前多数企业仍处于数据应用的感知阶段而非行动阶段,覆盖全流程、全产业链、全生命周期的工业数据链尚未构建;内部数据资源散落在各个业务系统中,特别是底层设备层和过程控制层无法互联互通,形成"数据孤岛";外部数据融合度不高,无法及时全面感知数据的分布与更新。受限于数据的规模、种类以及质量,目前多数企业数据应用还处于起步阶段,主要集中在精准营销、舆情感知和风险控制等有限场景,

未能从业务转型角度开展预测性和决策性分析,挖掘数据资产潜在价值。大数据与实体经济融合的深度和广度尚不充分,应用空间亟待开拓。

3. 核心数字技术及第三方服务供给不足

传统产业数字化转型面临较高成本,一是由于核心数字技术供给不足,比如关键工业软件、底层操作系统、嵌入式芯片、开发工具等高端技术领域基本被国外垄断,相关产品需要依赖进口。二是缺乏有能力承担战略咨询、架构设计、数据运营等关键任务于一体的,能够实施"总包"的第三方服务商。目前市场上的方案多是通用型解决方案,无法满足客户、行业个性化、一体化需求。更为重要的是,对于很多中小企业而言,市场上软件、大数据、云计算等各类业务服务商良莠不齐,缺乏行业标准,选择难度较大。以云计算为例,中国信息通信研究院调研发现,目前云服务商在安全服务能力上表现确实参差不齐,存在数据备份机制不健全、秘钥管理策略不完善以及业务安全风控能力不足等问题,容易引致用户数据泄露。

4. 数字化差距大且关联少,产业协作水平较低

传统产业数字化发展不平衡不充分的问题依然突出,绝大多数中小企业数字化水平低,网络化、智能化基础薄弱。尽管有强烈愿望,但受限于人力和资金,多数企业普遍无能力、无实力去实行数字化,大中小企业间的差距十分明显。相比发达国家,我国产业互联网生态建设缓慢,行业覆盖面、功能完整性、模型组件丰富性等方面都较为滞后,与行业内存在的数字化关联少有较大关联。龙头企业仍以内部综合集成为主入口开展工业互联网建设,产业链间业务协同并不理想,平台针对用户、数据、制造能力等资源社会化开放的程度普遍不高。对于不少中小企业而言,即使参与了数字化合作,在安全性方面也存有较大顾虑,一定程度上制约了资源共享、业务协同的水平和效率。

10.3.2 推动传统产业数字化转型的对策建议

1. 加快建设数字技术高效供给体系

从长远的发展角度来分析数字化发展对社会各个领域的影响;注重全局,从经济发展角度以及安全、社会等角度来做具体分析;考虑可行性,制定数字化转型的路线图,明确基本任务清单,针对其中存在的问题提出相应解决措施。加快建设一批数字经济创新平台载体,提升技术创新尤其是原创技术以及基础理论研究创新水平。培育建设一批优势特色学科和专业,加强人工智能、大数据、云计算等数字技术的基础研究。聚焦未来网络、边缘计算、泛在人工智能、泛在信息安全、无障感知互联、智能制造与机器人等重点领域,整合全球人才及平台资源优势,加快与全球顶级科研机构及人才团队合作,启动核心技术攻关,组织实施一批重大科技攻关专项和示范应用工程,推进数字技术原创性研发和融合性创新,力争在人工智能、集成电路、工业软件等领域取得若干原始性、标志性创新成果。充分发挥企业技术创新的主体作用,支持企业建设高水平的、具有行业影响力的企业技术中心,引导企业积极参与国家数字经济领域"卡脖子"技术攻关、大科学工程、大科学装置建设以及国际国内标准制定。

2. 着力解决数字创新人才紧缺问题

明确数字创新人才的能力素质标准。在充分考虑企业对人才能力需求的基础上,对各级数字技能人才的专业能力以及业务运营、风险管控等跨界能力作出规定,推动数字专业技术人才与各传统行业的融合,并完善基于能力水平的数字技能人才职业化等级台阶设计,为数字技能人才指明成长路径。

深化校企合作、政企合作,通过建设企业大学、企业培训基地等方式,鼓励高校根据市场人才需求开设相应的培训课程,通过推动企业深度参与高校课程设置、教学设计、实训课程开发等方式,为培育既精通信息技术又熟悉经营管理的"数字工匠"夯实基础。

发挥行业协会、培训机构、咨询公司等第三方组织在数字技能人才培育中的作用,适度将资格评定、继续教育、国际交流合作等工作交给第三方组织承担,促进政府规制和行业规制有效结合的数字技能人才培育体系的形成。积极营造良好环境,探索高效灵活的人才引进、培养、使用、评价、激励和保障政策,优化人才引进和培养环境。

3. 强化传统产业数字化转型政策支持

优化政府服务,提高政策精准度,使政府真正成为传统产业数字化创新的"后台服务器"。基于统筹研究制定推动传统产业数字化转型发展的政策意见及配套政策,整合财税、金融、人才、土地、要素等政策力量,全力推动传统产业数字化转型。在财税支持方面,强化财政专项资金统筹,引导各级财政资金加大对传统产业数字化转型的投入,加强对数字经济领域重大平台、重大项目及试点示范支持。探索成立传统产业数字化发展基金,推动各级政府产业基金按照市场化运作方式,与社会资本合作设立数字经济发展相关投资子基金。积极落实数字经济领域软件和集成电路税收支持政策、重大信息技术装备首台套(软件系统首用)政策等对企业有利的举措,确保政策落地见效。在人才要素方面,完善人才激励机制,支持开设股权激励和科技成果转化奖励试点,鼓励相关企业采用期权、股权激励等方式吸引领军人才和团队。此外,加强传统产业数字化转型领域用地、用能、排放、创新等要素资源优化配置和重点保障。

4. 部署新一代信息基础设施并完善法律保障

首先,要加快信息化基础设施建设,以5G、人工智能、工业互联网、物联网为代表的数字化设施正成为国家新型基础设施的重要组成部分。将云计算、大数据技术结合起来制订科学发展规划,确定云计算数据中心地理位置,并制订发展计划,建立完善的跨区域信息共享机制;加快"云制造"发展,将云计算技术应用到企业生产过程中,通过完善商业模式推动城乡工业网络转型升级,推动传统基础设施的智能化改造,创造良好的软硬件环境。同时,结合信息传输、存储等技术,推动企业数字化转型升级,建立全面的数字化发展平台,及时更新数据库,为一些数字化安全技术产品的研发提供支持,开展多种形式的应用示范活动,提高安全技术支撑和服务能力。其次,不断完善有关法律法规,作为数字化领域法律法规的补充。同时,有关部门针对数字化发展制定基本规章制度,尤其是在人工智能、区块链等领域,为全球数字贸易发展提供支持。在此基础上制定相应的数字经济法律,建立完善的数字化转型整体系统。要不断完善管理体制机制,各地区政府首先要按照数字化转型发展需求来转变自身职能,根据实际情况,明确数字化转型管理与服务的重要组成部分。

典型案例

美的的数字化转型之路

美的集团从单一品类、单一国家运作,成功转变为多品类和全球运营的企业集团。过去几十年,美的从一个生产瓶塞瓶盖的小乡镇企业成长为今天财富500强的以白电为主的中国企业,2019年财富500强里面排名312位。过去几十年当中,美的也一直在转型,但美的真正的大的业务变革与数字化转型是在2012年开始的,正是业务方面的压力促使美的开启了数字化转型之路。随着业务端对企业发展的要求不断改变,过去向渠道压货、压库存以实现业务增长的模式导致整个渠道库存占用特别高,渠道的这潭活水也就慢慢停止流动,陷入非常糟糕的境地。美的没有办法,被迫转型,将渠道端从早期压货的模式转变为以销定产的模式,加快了渠道成品库存的流动。在2012年转型的时候,美的经历了许多的波折,在当时美的启动业务转型和数字化转型之后,营收出现了大幅的下跌,2011年营收为1300多亿元,而到了2013年营收跌了30%,总额不到1000亿元。

1. 美的曾经转型的业务痛点

第一,低效增长。压货式的销售导致整个渠道库存高企,最高峰的时候,美的一个事业部一年的营收是300亿元,整个渠道的库存却高达320亿元,渠道库存周转率低至0.8。这样一种状况导致美的整个现金流十分紧张,大量资金储压在库存上面,财务、仓储等各项增值费用高,没有资金做市场开发、产品创新与研发,只能做大量低效的、重复的工作,根本看不到改进的空间。

第二,竞争乏力。产品无差异化,与竞争对手同质化严重。由于成品库存的影响,新产品开发之后也无法有效地投放。产品品质与口碑与竞争对手相比也没有竞争力。

第三,被动营销。渠道方面,政策无法到达终端,压货给代理商,代理商再压货给终端,这个模式下,所有政策和活动只能给到代理商,无法给到终端零售。线下线上无法协同,美的与客户离得很远,不知道客户是谁,客户需要什么,不了解、不掌握客户,造成了相应的决策脱离了市场,经销商和营销团队的士气都非常低落。

2. 明确转型战略主轴

在 2012 年,美的明确了转型战略主轴,包括三大战略:第一,产品领先。以用户为中心,去洞察用户,做用户研究,基于对用户的了解来做产品的创新,加大研发投入,做出好的产品。第二,效率驱动。通过整个业务变革,包括营销端、研发端、大的供应链与整个制造的变革来提升制造效率与资产效率,实现整个体系的自动化和信息化,达到去产能去库存的目的。第三,全球化经营。在全球布局,在本地经营。无论是对本地自主品牌还是国外品牌,扶植与收购并用,以扩大自身的销售(表 10-2)。

表 10-2 美的三大战略主轴

三大战略	产品领先	效率驱动	全球化经营
主要内容	科技创新、加大投入、以用户为中心、做好产品	制造效率与资产效率提升、自动化和信息化、去产能去库存	全球布局、本地经营、收购兼并、自主品牌提升

2020 年,美的启用新的战略,包括全面数字化与全面智能化。这是一步一步积累的过程,在过去的七八年当中,美的做了业务转型与数字化转型,有了转型的基础,才能开启全面数字化转型。首先,通过数据驱动业务融合,通过技术升级驱动业务的发展。其次,围绕消费者的需要,定义相应的智能化的应用场景,通过智能化的场景来打造智能产品。再次,构建内容、科技和服务三大核心能力。

2012 年转型至今,美的的经营质量发生了大幅提升。营业收入从 2011 年的 1 341 亿元增长到了 2018 年的 2 618 亿元,增长了 95%。净利润从 67 亿元增长到了 217 亿元,增长了 224%。现金流量净额由 41 亿元增长到了 279 亿元,增长了 580%。净资产由 302 亿元增长到了 831 亿元,增长了 175%。员工由 19 万人减少至 11 万人,减少了将近一半。

3. 产品领先

美的以用户研究先行,为了贴近用户,在全球布局多个研发中心。其在技术制高点布局 20 个研发中心,整合全球研发资源,加速技术研究,实现本土化开发。在科技投入方面,近 5 年累计投入达 450 亿元,2018 年投入超过 100 亿元,占营收总额的 3.82%。在研发团队方面,人员总数超过了 10 000 人,外籍资深专家超过了 500 人,已在包括中国在内的 9 个国家设立了 20 个研究中心。在研究专利方面,家电领域的发明专利数量连续 3 年稳居全球第一。

以用户为中心,让用户参与到端到端服务全生命周期。从用户调研开始,到用户需求提炼、产品设计、用户体验、产品试验、产品上市、产品服务,用户全程参与。坚持工匠精神,持续改善产品结构,从高效能、高技术、高附加值产品向高端系列、精品系列,进行差异化发展。

为覆盖不同用户群体及相关的产品定位,美的启动多品牌战略。从单一产品到多元产品,从产品品牌到企业品牌,从国家品牌到世界品牌,美的不断深化品牌的发展,提升品牌竞争力与影响力。高端品牌COLMO,是注重AI科技理念的高端家电品牌,采用人性化交互、深度学习与专家系统,并将三大先进AI科技整合,塑造出全新的日常生活场景。互联网品牌BUGU,以用户共创为核心理念,通过追求极致用户体验,积累用户口碑,踏实做出用户喜爱的产品。年轻化品牌WAHIN,面向年轻、时尚、个性的群体,以"光"为灵感的来源、"重塑白色经典"为设计理念。

4. 效率驱动

数字化赋能全价值链卓越运营。工业互联网云平台M.IOT包括了人工智能、智能制造与移动大数据。人工智能与数据能做什么?其在工业互联网的体系下通过与自动化生产设备的链接,能够采集运行数据,可以帮助对设备进行故障预测,还可以通过图像帮助做生产线的品质检验,进一步还涉及工业参数的优化等。借助数字化实现了产研销每个环节效率化的极致提升。

首先,去产能去库存。其通过效率驱动,使工厂实现精益化,还帮美的实现了T+3、计划采购一体化等,使整个原材料及半成品库存下降了80%,计划采购效率提升了83%。其次,自动化和信息化。其应用智能装备、自动集成,使生产线人员减少了60%,整个生产效率提升了17%。再次,制造效率的提升。设备联机、智能分析的应用故障响应时间缩短了80%,停机时间缩短了57%,设备故障率下降了36%,品质由94.1%上升到了96.3%。

5. 美的数字化转型路径

美的持续多年在数字化方面有高投入,6年累计投入超过80亿元,并通过数据驱动业务变革。其数字化转型经历了五个阶段。

第一个阶段,2013—2015年,数字化1.0。自制研发业务系统,聚焦业务体系和系统的一致性,得到六大系统、三个运营支撑、两大门户。基于事业部的定位提出一个美的、一个体系、一个标准。实现了整个集团与各个事业部之间的一致性,包括流程、业务标准、管控机制等。

流程转型的战略向导。消费者导向,基于消费者洞察进行产品创新,提升产品竞争力,努力提升消费者的服务体验。精益化运营,提升端到端研发销协作的效率与质量,合理化成本,使经营管理的风险可以控制。利益方共赢。在外部,与供应商、渠道伙伴互利共赢,良性发展;在内部,重视人才培育发展,建立人才高地优势。

流程转型两大主轴。70%流程基础,统一标准化。六大流程主线包括研发、外销、内销、供应链、财务、人资。30%流程差距;四大转型主体包括产品力、大计划、透明管控、关键人才。

流程转型收益。产品竞争力,确立产品市场领先地位,提高新品命中率。提高品牌溢价,能够被用户接受,达到收入稳步增长。总体盈利能力,加快响应市场速度,降低运营成本和经营损失,达到业界先进水平。可持续经营能力,与行业生态环境伙伴健康共赢发展,吸引培养优秀内部人才,驱动产品创新与卓越运营。

第二个阶段,2015—2016 年,632①+互联网。美的主推 T+3 模式,指的是以销定产,以营销阶段拉动整个供应链端到端的变革和优化,包括交付柔性的提升。T 指的是订单的下达,属于营销端,打造精品、爆款。T+1 是物料采购,属于供应端,缩短物料采购周期。T+2 是生产制造,是制造端,提升柔性制造能力。T+3 是物流发运,是物流端,提高运输效率。三大流程包括了产品端到端拉通、订单端到端拉通与用户端到端拉通。四大 IT 举措包括智能制造、大数据、移动化、美的云。变革后,以销定产、敏捷交付、快速回款、渠道转型。

第三个阶段,2016—2017 年,数字化 2.0。基于 C2M(用户直连制造)的客户定制,实现了定制打造一体化,包括数字营销、数字企划、柔性制造。例如冰箱、洗衣机等产品都可以做定制化的服务。从大批量的生产模式逐渐转型到小批量,再到最终的交付。依靠大数据进行数字化产品的研发、数字化营销、数字化服务、数字化供应链、数字化物流、智能制造。形成数据闭环,达到产品反馈、品质、体验、维修保养全程跟踪,从而做到产品研发、制造改善与供应商改善。在内部,工业大数据与人、产品、设备、机器、车辆环节集成,实现状态预警、操作驱动、人际互动。在外部,建设工业互联网整体解决方案,打通供应商、客户和合作伙伴,信息透明可视。通过 C2M 倒逼供应链由大规模制造向大规模定制的柔性能力建设转变,从 2B 到 2C 实现选配、定制。

第四个阶段,2017—2018 年,工业互联网。人与自动化设备都通过底层的数据平台连接在一起,打造了工业 AI 与工业云,做了平台化全球推广。美的工业互联网整体解决方案分为四个方面,在软件层面,美的有 IT 与美云;在硬件与自动化方面,有机器人+KUKA+美云+IT;在云平台方面,有美的云+KUKA。美云智数有数智中心与数据托管的服务。在 IoT 这边,有智慧家居+客服+安得智联+智慧物流。

第五个阶段,2019 年至今,数字美的实现了全面数字化和全面智能化的全球营销。软件驱动了美的全球价值链的卓越运营,并助力美的实现了工业互联网的轻型升级。前端从产品层通过数字化企划打造平台化体系,实现模块化的产品研发体系的建设。采购销售端进行个性化的定制,通过美云销 App 这种数字化的支撑,帮助代理商、经销商在线下单,做到供应链的协同,进而到后面的柔性制造、设备联机、数字化工艺及仿真等一整套的体系驱动了今天美的的数字化运营,以及未

---

① 为了集团整体上市,也为了打破事业部之间相互孤立和分散的困境,美的决定整合所有事业部的信息系统,美的"632"战略,就是 6 个运营系统、3 个管理平台、2 个技术平台。也就是说,所有事业部都必须采用同样的运营系统、管理平台和技术平台,确保一致性。

来智慧化的进一步升级(表10-3)。

表 10-3　美的数字化转型之路

阶　　段	第一阶段	第二阶段	第三阶段	第四阶段	第五阶段
时　　间	2013—2015 年	2015—2016 年	2016—2017 年	2017—2018 年	2019 年至今
主要内容	数字化 1.0	632+互联网	数字化 2.0	工业互联网	数字美的、全球营销

美的数字化转型之路虽然取得了一定成绩,但前途漫漫,仍需砥砺前行。

参考文献

[1] 陈剑,黄朔,刘运辉.从赋能到使能——数字化环境下的企业运营管理[J].管理世界,2020,36(2):117-128,222.

[2] 戴双兴.数据要素:主要特征、推动效应及发展路径[J].马克思主义与现实,2020(6):171-177.

[3] 马化腾.推动上"云"用"数"建设产业互联网[N].人民日报,2020-05-07(12).

[4] 谢康,夏正豪,肖静华.大数据成为现实生产要素的企业实现机制:产品创新视角[J].中国工业经济,2020(5):42-60.

[5] 唐要家,唐春晖.数据要素经济增长倍增机制及治理体系[J].人文杂志,2020(11):83-92.

[6] 王静田,付晓东.数字经济的独特机制、理论挑战与发展启示——基于生产要素秩序演进和生产力进步的探讨[J].西部论坛,2020,30(6):1-12.

[7] 王颂吉,李怡璇,高伊凡.数据要素的产权界定与收入分配机制[J].福建论坛(人文社会科学版),2020(12):138-145.

[8] CIO进化论.信息数字化、业务数字化与数字化转型的本质是什么?[EB/OL].(2018-05-29).http://www.ciotimes.com/cio/151299.html.

[9] 陈春花.数字化与新产业时代[J].企业管理,2019(10):14-20.

[10] 陈冬梅,王俐珍,陈安霓.数字化与战略管理理论——回顾、挑战与展望[J].管理世界,2020,36(5):220-236,20.

[11] 赵大伟.分布式商业——区块链与数字经济开启大规模群体协作新时代[M].北京:机械工业出版社,2020.

[12] 孙早,许薛璐.优先升级传统产业还是重在培育先进产业——新科技革命时代的产业战略抉择[J].财贸经济,2020,41(9):117-130.

[13] 戚聿东,肖旭.数字经济时代的企业管理变革[J].管理世界,2020,36(6):135-152,250.

[14] 冯寰宇,杨铭,李玉平.基于"三大平台"的开放式、模块化数字企业管理[J].企业管理,2017(S2):388-389.

[15] 丁雪辰,柳卸林.大数据时代企业创新管理变革的分析框架[J].科研管理,2018,39(12):1-9.

[16] 陈凯华,冯泽,孙茜.创新大数据、创新治理效能和数字化转型[J].研究与发展管理,2020,32(6):1-12.

[17] 滕修攀,魏云飞,程德俊,等.产业互联网背景下传统制造业的转型路径探索:商业模式创新案例分析[J].管理现代化,2020,40(4):19-22.

[18] 孙国茂.区块链技术的本质特征及其金融领域应用研究[J].理论学刊,2017(2):58-67.

[19] 陈凡,蔡振东.区块链技术社会化的信任建构与社会调适[J].科学学研究,2020,38(12):2124-2130.

[20] 徐鹏,徐向艺.人工智能时代企业管理变革的逻辑与分析框架[J].管理世界,2020,36(1):122-129,238.

[21] 徐印州,李丹琪,龚思颖.人工智能与企业管理创新相结合初探[J].商业经济研究,2020(10):113-116.

[22] 徐立平,姜向荣,尹翀.企业创新能力评价指标体系研究[J].科研管理,2015,36(S1):

[23] 韩江波.服务型制造的全球管理变革及实现路径[J].技术经济与管理研究,2017(4):122-128.

[24] 谢卫红,林培望,李忠顺,等.数字化创新:内涵特征、价值创造与展望[J].外国经济与管理,2020,42(9):19-31.

[25] 马名杰,熊鸿儒.新时期创新政策转型思路与重点:以补短板为主向同时注重锻长板转变[J].经济纵横,2020(12):2,54-62.

[26] 周文辉,王鹏程,杨苗.数字化赋能促进大规模定制技术创新[J].科学学研究,2018,36(8):1516-1523.

[27] 陈春花,朱丽,钟皓,等.中国企业数字化生存管理实践视角的创新研究[J].管理科学学报,2019,22(10):1-8.

[28] 邓峰,贾小琳.高技术产业绿色技术创新的动因:内外部研发与协同创新[J].生态经济,2021,37(1):35-43.

[29] 李支东,金辉,罗小芳.商业模式创新与技术创新二元关系——一个面向工业企业的多案例研究[J].技术经济与管理研究,2020(12):3-9.

[30] 罗建强,蒋倩雯.数字化技术作用下产品与服务创新:综述及展望[J].科技进步与对策,2020,37(24):152-160.

[31] 惠娟,谭清美,王磊.服务化转型背景下制造企业新型商业模式运行机制[J].科技管理研究,2020,40(20):204-211.

[32] 王冰.基于"大数据分析"对人力资源管理变革的思考[J].西部皮革,2016,38(24):105,107.

[33] 丁卫伟.大数据在人力资源管理中的应用[J].中小企业管理与科技(中旬刊),2019(5):1-4.

[34] 赵晓宇.大数据时代房地产企业人力资源管理探讨[J].住宅产业,2019(Z1):73-75.

[35] 郑薇薇.大数据时代企业管理的机遇和挑战[J].时代金融,2016(3):99-100.

[36] 王志国.加快培育高级经理人才市场[J].特区理论与实践,2001(5):40-42.

[37] 孙蓓.大数据视野下公安智慧教育的创新[J].辽宁警察学院学报,2018,20(2):113-118.

[38] 何大安.金融大数据与大数据金融[J].学术月刊,2019,51(12):33-41.

[39] 邱晓燕,张赤东.基于产业创新链视角的智能产业技术创新力分析:以大数据产业为例[J].中国软科学,2018(5):39-48.

[40] 国务院办公厅.国务院办公厅关于积极推进供应链创新与应用的指导意见[Z].2017.

[41] 党争奇.智能供应链管理实战手册[M].北京:化学工业出版社,2020.

[42] 秦娟娟,白晓健,张琛.VMI模式下考虑商业信用的供应链协调机制研究[J].管理评论,2016,28(3):207-220.

[43] 况漠,况达.中国智慧物流产业发展创新路径分析[J].甘肃社会科学,2019(6):151-158.

[44] 王帅,林坦.智慧物流发展的动因、架构和建议[J].中国流通经济,2019,33(1):35-42.

[45] 郭荣佐,冯朝胜,秦志光.物联网智能物流系统容错服务组合建模与分析[J].计算机应用,2019,39(2):589-597.

[46] 李佳.基于大数据云计算的智慧物流模式重构[J].中国流通经济,2019,33(2):20-29.

[47] 白燕飞,翟冬雪,吴德林,等.基于区块链的供应链金融平台优化策略研究[J].金融经济学研究,2020,35(4):119-132.

[48] 李健,王亚静,冯耕中,等.供应链金融述评:现状与未来[J].系统工程理论与实践,2020,

40(8):1977-1995.

[49] 曹班石.进击的"亚洲一号"——浅析京东商城的智慧物流[J].信息与电脑,2014(21):69-72.

[50] 余飞.京东物流亚洲一号:国内智能仓储行业的标杆[J].中国储运,2020(10):48-49.

[51] 丁杰.探仓京东北京亚洲一号,供应链物流的数字孪生应用[EB/OL].https://mp.weixin.qq.com/s/x9NgSM4ntlt5T8o-c9rE6Q.

[52] 王友发,周圆圆,罗建强.近20年智能制造研究热点与前沿挖掘[J].计算机工程与应用,2021,57(6):49-57.

[53] 范希嘉.基于数字技术的"中国智造"——以日用产品设计和"智慧城市"数字化管理为例[J].美术观察,2018(7):16-18.

[54] 李晓华.全球工业互联网发展比较[J].甘肃社会科学,2020(6):187-196.

[55] 吴斌.基于工业机器人的智能制造生产线设计[J].机床与液压,2020,48(23):55-59.

[56] 刘意,谢康,邓弘林.数据驱动的产品研发转型:组织惯例适应性变革视角的案例研究[J].管理世界,2020,36(3):164-183.

[57] 郑阳平."智能+"在制造业转型升级中的应用综述[J].机床与液压,2020,48(11):185-188.

[58] 冯昭奎.辩证解析机器人对日本经济的影响[J].理论参考,2016(8):33-37.

[59] 温湖炜,钟启明.智能化发展对企业全要素生产率的影响——来自制造业上市公司的证据[J].中国科技论坛,2021(1):84-94.

[60] 杜传忠,金文翰.美国工业互联网发展经验及其对中国的借鉴[J].太平洋学报,2020,28(7):80-93.

[61] 周云杰.以工业互联网驱动企业高质量发展[J].中国经贸导刊,2020(14):34-37.

[62] 王一晨.运用工业互联网推动中国制造业转型升级[J].中州学刊,2019(4):26-30.

[63] 李拓宇,李飞,陆国栋.面向"中国制造2025"的工程科技人才培养质量提升路径探析[J].高等工程教育研究,2015(6):17-23.

[64] 付思敏,范旭辉.数字化驱动"智造"升级——徐工智能制造创新与实践[J].中国工业和信息化,2020(Z1):58-65.

[65] 丁玲,吴金希.核心企业与商业生态系统的案例研究:互利共生与捕食共生战略[J].管理评论,2017,29(7):244-257.

[66] 宋阳.基于商业生态系统的中小企业成长机制研究[D].徐州:中国矿业大学,2009.

[67] 魏际刚.产经专家魏际刚:数字化平台是新基建的重要支撑要素[EB/OL].https://www.toutiao.com/i6829304492257706503/.

[68] 李志勇.都市圈内中小城市协调发展研究[D].兰州:兰州大学,2008.

[69] 平台经济存在这些短板,如何实现健康发展?[EB/OL].https://www.toutiao.com/i6756474368819200515/.

[70] 魏际刚.数字化时代的平台经济[J].时事资料手册,2019(5):12-15.

[71] 魏际刚.平台经济正在改变产业发展格局[J].山东经济战略研究,2019(8):52-53.

[72] 董策.大数据商业生态系统构建及其治理机制研究[D].广州:广东工业大学,2018.

[73] 魏际刚.平台经济正在改变产业发展格局[N].中国经济时报,2019-08-16(2).

[74] 杜国柱,舒华英.企业商业生态系统理论研究现状及展望[J].经济与管理研究,2007(7):75-79.

[75] 李宁,林清.浅谈生态位理论及其应用[J].今日南国(中旬刊),2010(11):231-233.

[76] 谢春讯,吴忠,彭本红.基于生态位理论的第三方物流合作关系模型研究[J].商场现代化,2006(25):104-106.

[77] 彭本红,孙绍荣.基于生态位理论的第三方物流研究[J].科研管理,2006(5):87-92.

[78] 杜国柱.企业商业生态系统健壮性评估模型研究[D].北京:北京邮电大学,2008.

[79] 王勇,李广斌.生态位理论及其在小城镇发展中的应用[J].城市问题,2002(6):13-16.

[80] 魏际刚.物流平台必须持续打造开放共生的生态体系[J].物流技术与应用,2019,24(9):64-65.

[81] 魏际刚.物流平台须持续打造开放共生的生态体系:下[N].现代物流报,2019-08-28(A02).

[82] 魏际刚.物流平台须持续打造开放共生的生态体系:上[N].现代物流报,2019-08-26(A02).

[83] 魏际刚.物流平台须持续打造开放共生的生态体系[N].中国经济时报,2019-08-20(4).

[84] 胡岗岚.平台型电子商务生态系统及其自组织机理研究[D].上海:复旦大学,2010.

[85] 谭智佳,魏炜,朱武祥.商业生态系统的构建与价值创造——小米智能硬件生态链案例分析[J].管理评论,2019,31(7):172-185.

[86] 夏清华,李轩.乐视和小米公司商业生态构建逻辑的比较研究[J].江苏大学学报(社会科学版),2018,20(2):44-54.

[87] 曹倩,杨林.平台型企业社会责任治理的国际经验借鉴与政策体系构建[J].经济体制改革,2021(3):174-179.

[88] 崔淼,李万玲.资源短缺情境下的核心企业商业生态系统治理研究——基于资源协奏视角[J].管理案例研究与评论,2021,14(2):123-133.

[89] 武志勇,王泽坤.平台生态环境中的大众出版:现实境遇与未来发展[J].编辑之友,2021(4):27-33.

[90] 王水莲,张培.战略与复杂双重维度下商业生态系统形成机理研究[J/OL].科技进步与对策:1-9[2021-06-30].http://kns.cnki.net/kcms/detail/42.1224.G3.20210323.1454.015.html.

[91] 张化尧,薛珂,徐敏赛,等.商业孵化型平台生态系统的价值共创机制:小米案例[J].科研管理,2021,42(3):71-79.

[92] 阳镇,陈劲.数智化时代下的算法治理——基于企业社会责任治理的重新审视[J].经济社会体制比较,2021(2):12-21.

[93] 祁大伟,宋立丰,魏巍.互联网独角兽企业生态圈与数字经济环境的双向影响机制——基于滴滴和美团的案例分析[J].中国流通经济,2021,35(2):84-99.

[94] 张夏恒.跨境电子商务生态系统构建机理与实施路径[J/OL].当代经济管理:1-11[2021-06-30].http://kns.cnki.net/kcms/detail/13.1356.F.20210125.1702.004.html.

[95] 王高峰,杨浩东,汪琛.国内外创新生态系统研究演进对比分析:理论回溯、热点发掘与整合展望[J].科技进步与对策,2021,38(4):151-160.

[96] 孟猛猛,雷家骕.基于集体主义的企业科技向善:逻辑框架与竞争优势[J].科技进步与对策,2021,38(7):76-84.

[97] 刘宗沅,骆温平.平台企业与合作伙伴:从传统合作到生态合作的演变——以菜鸟网络与快递企业为例[J].大连理工大学学报(社会科学版),2021,42(2):31-41.

[98] 韩炜,杨俊,胡新华,等.商业模式创新如何塑造商业生态系统属性差异?——基于两家新创企业的跨案例纵向研究与理论模型构建[J].管理世界,2021,37(1):7,88-107.

[99] 胡英杰,郝云宏,陈伟.互联网平台企业与传统制造企业社会责任差异研究——基于构建双循环新发展格局背景分析[J/OL].重庆大学学报(社会科学版):1-12[2021-06-30].http://kns.cnki.net/kcms/detail/50.1023.C.20201212.0810.002.html.

[100] 肖红军,阳镇,姜倍宁.平台型企业发展:"十三五"回顾与"十四五"展望[J].中共中央党校(国家行政学院)学报,2020,24(6):112-123.

[101] 李然忠,刘德胜,谢明磊.基于IP资源的商业生态优势构建——Disney商业生态系统案例分析[J].山东社会科学,2020(11):175-180.

[102] 李志刚,杜鑫,张敬伟.裂变创业视角下核心企业商业生态系统重塑机理——基于"蒙牛系"创业活动的嵌入式单案例研究[J].管理世界,2020,36(11):80-96.

[103] 卫武,解济美.开放战略演化下的商业生态系统:基于腾讯的案例研究[J].科技管理研究,2020,40(20):188-196.

[104] 张镒,刘人怀.商业生态系统中互联网平台企业领导特征——基于扎根理论的探索性研究[J/OL].当代经济管理:1-10[2021-06-30].http://kns.cnki.net/kcms/detail/13.1356.F.20201015.1549.002.html.

[105] 解学梅,余生辉,吴永慧.国外创新生态系统研究热点与演进脉络——基于科学知识图谱视角[J].科学学与科学技术管理,2020,41(10):20-42.

[106] 阳镇,尹西明,陈劲.新冠肺炎疫情背景下平台企业社会责任治理创新[J].管理学报,2020,17(10):1423-1432.

[107] 毛文娟,陈月兰.激励机制视角下平台社会责任治理的演化博弈分析[J].商业研究,2020(9):71-81.

[108] 许冠南,周源,吴晓波.构筑多层联动的新兴产业创新生态系统:理论框架与实证研究[J].科学学与科学技术管理,2020,41(7):98-115.

[109] 肖红军.责任型平台领导:平台价值共毁的结构性治理[J].中国工业经济,2020(7):174-192.

[110] 朱文忠,尚亚博.我国平台企业社会责任及其治理研究——基于文献分析视角[J].管理评论,2020,32(6):175-183.

[111] 王伟楠,严子淳,梅亮,等.基于数据资源的平台型企业演化——飞友科技的启示[J].经济管理,2020,42(6):96-115.

[112] 宁连举,孙中原,袁雅琴,等.基于交易成本理论的商业生态系统形成与演化机制研究[J].经济问题,2020(6):8-18.

[113] 钟瑛,邵晓.技术、平台、政府:新媒体行业社会责任实践的多维考察[J].现代传播(中国传媒大学学报),2020,42(5):149-154.

[114] 阳镇,尹西明,陈劲.国家治理现代化背景下企业社会责任实践创新——兼论突发性重大公共危机治理的企业社会责任实践范式[J].科技进步与对策,2020,37(9):1-10.

[115] 肖红军,阳镇.平台企业社会责任:逻辑起点与实践范式[J].经济管理,2020,42(4):37-53.

[116] 罗广宁,陈丹华,肖田野,等.科技企业融资信息服务平台构建的研究与应用——基于广东省科技型中小企业融资信息服务平台建设[J].科技管理研究,2020,40(7):211-215.

[117] 肖红军,阳镇.平台型企业社会责任治理:理论分野与研究展望[J].西安交通大学学报(社会科学版),2020,40(1):57-68.

[118] 韩进,王彦敏,涂艳红.战略管理情境下的生态系统:一个动态过程整合模型[J].科技进步与对策,2020,37(1):1-9.

[119] 张勋,万广华,张佳佳,等.数字经济、普惠金融与包容性增长[J].经济研究,2019,54(8):71-86.

[120] 谭智佳,魏炜,朱武祥.商业生态系统的构建与价值创造——小米智能硬件生态链案例分析[J].管理评论,2019,31(7):172-185.

[121] 童昱清,杨尧均.阿里商业生态系统及平台运作模式探究[J].科技管理研究,2019,39(11):254-260.

[122] 丁玲,吴金希.核心企业与商业生态系统的案例研究:互利共生与捕食共生战略[J].管理评论,2017,29(7):244-257.

[123] 孔垂珉,李靠队,蒋雯,等.中国管理会计研究回顾与述评:1978年至2018年[J].会计研究,2019(2):49-56.

[124] 吕铁.传统产业数字化转型的趋向与路径[J].人民论坛·学术前沿,2019(18):13-19.

[125] 艾瑞咨询.2018年中国智能家居行业研究报告[EB/OL].http://dy.163.com/v2/article/detail/ECI01POG05386Q28.html.

[126] 刘育英.中国305个智能制造示范项目生产效率平均提升37.6%[EB/OL].https://baijiahao.baidu.com/s?id=1619564513764500002&wfr=spider&for=pc.

[127] 华为:2019行业数字化转型方法论白皮书[EB/OL].http://www.199it.com/archives/850771.html?from=groupmessage&isappinstalled=0.

[128] 中国信息通信研究院.云计算发展白皮书(2018)[EB/OL].https://max.book118.com/html/2018/0815/7065042041001143.shtm.

[129] 赛迪智库.2018年中国两化融合发展形势展望[EB/OL].https://www.docin.com/p-2182554106.html.